U0578975

权威·前沿·原创

皮书系列为
"十二五""十三五"国家重点图书出版规划项目

BLUE BOOK

智 库 成 果 出 版 与 传 播 平 台

甘肃蓝皮书
BLUE BOOK OF GANSU

甘肃舆情分析与预测（2021）

ANALYSIS AND FORECAST ON PUBLIC OPINION OF GANSU (2021)

主　编／王俊莲　　许振明

社会科学文献出版社
SOCIAL SCIENCES ACADEMIC PRESS（CHINA）

图书在版编目（CIP）数据

甘肃舆情分析与预测.2021／王俊莲，许振明主编
.--北京：社会科学文献出版社，2021.1
（甘肃蓝皮书）
ISBN 978-7-5201-7730-6

Ⅰ.①甘…　Ⅱ.①王…②许…　Ⅲ.①社会调查-甘
肃-2021　Ⅳ.①D668

中国版本图书馆 CIP 数据核字（2020）第 255802 号

甘肃蓝皮书

甘肃舆情分析与预测（2021）

主　　编／王俊莲　许振明

出 版 人／王利民
组稿编辑／邓泳红
责任编辑／张　超

出　　版／社会科学文献出版社·皮书出版分社（010）59367127
　　　　　　地址：北京市北三环中路甲 29 号院华龙大厦　邮编：100029
　　　　　　网址：www.ssap.com.cn
发　　行／市场营销中心（010）59367081　59367083
印　　装／三河市东方印刷有限公司

规　　格／开本：787mm×1092mm　1/16
　　　　　　印 张：21.75　字 数：334 千字
版　　次／2021 年 1 月第 1 版　2021 年 1 月第 1 次印刷
书　　号／ISBN 978-7-5201-7730-6
定　　价／158.00 元

《甘肃舆情分析与预测（2021）》
编辑委员会

主要编撰者简介

王俊莲 甘肃省社会科学院党委委员、副院长，研究员，甘肃省领军人才，甘肃省公共文化服务体系建设专家委员会主任委员。主要研究领域为政府文化治理、中国传统文化的现代价值等，主要研究成果有《甘肃乡镇综合文化站资源利用调研报告》《以创新理念探索基层公共文化服务治理新模式》《现代政府管理视域下的公共文化服务体系构建》《文化资源有效转化产业发展优势的对策研究——以甘肃为例》《甘肃省构建公共文化服务体系的困难与对策》《浅论公共文化服务体系构建与政府职能定位》等。

许振明 甘肃省社会科学院副研究员、马克思主义研究所副所长，中国人口学会理事。主要研究领域为社会学理论与方法、社会保障、社会评估。主要研究成果：主持完成《甘肃省养老服务业发展"十二五"规划》、完成《甘肃省华夏文明传承创新区"十三五"规划》；发表《甘肃社会保障体系建设发展概述》《甘肃省城市农民工群体状况调查与分析》《西北民族地区的生态移民与环境》《夏河县拉卜楞镇族际通婚状况调查》《甘肃底层社会结构分析》《甘肃省城乡社会救助体系建设述评》等论文；主编《甘肃社会发展分析与预测（2019）》，撰写的《2018～2019年甘肃省社会形势分析与预测》，获第二十一次全国皮书年会"优秀皮书报告奖"一等奖；主编《甘肃舆情分析与预测（2020）》；参与多项国家、省市社会评估项目。

总　序

　　"甘肃蓝皮书"是甘肃省社会科学院倾力打造的全面反映甘肃经济、政治、社会、文化、生态等各领域发展最新情况的智库研究成果转化平台。多年来，在省委省政府及有关部门、单位的支持下，经过全院科研人员的合力攻坚，"甘肃蓝皮书"研究成果日益丰富，社会影响力日益扩大，已由最初的院内科研平台，发展成为如今的甘肃省内智库服务党委政府决策和全省经济社会发展的重要品牌、社会科学的学术品牌、思想文化领域的标志品牌，甘肃有关部门、行业和地方工作成就的展示品牌。

　　"甘肃蓝皮书"的诞生与发展，生动记录了甘肃省经济社会的巨大变迁和人民群众关注点的时代变化，充分展现了传统社会科学研究机构向现代特色智库、高端智库、数字智库转型的发展历程。2006 年《甘肃经济社会发展分析与预测》《甘肃舆情分析与预测》面世，标志着"甘肃蓝皮书"正式诞生。至"十一五"末，《甘肃社会发展分析与预测》《甘肃县域和农村发展报告》《甘肃文化发展分析与预测》相继面世，"甘肃蓝皮书"由原来 2 种增加到 5 种。2011 年首倡甘肃、陕西、宁夏、青海、新疆西北五省区社科院联合编研出版《中国西北发展报告》。从 2014 年起，加强与省内重要部门和市（州）合作，先后与省住房和城乡建设厅、省民族事务委员会、省商务厅、省统计局、酒泉市共同编研出版《甘肃住房和城乡建设发展分析与预测》《甘肃民族发展报告》《甘肃商贸流通发展报告》《甘肃酒泉经济社会发展报告》。2018 年与省精神文明办、平凉市合作编研出版《甘肃精神文明发展报告》《甘肃平凉经济社会发展报告》。2019 年与省文化和旅游厅、临夏州合作编研出版《甘肃旅游业发展报告》《临夏回族自治州经济社会发展形势分析与预测》。2020年与兰州市合作编研出版《兰州市经济社会发展形势分析与预测》，与宁夏、青海、内蒙古、陕西、山西、河南、山东等省区社科院合作编研《黄河流域蓝皮书——黄河流域生态保护和高质量发展报告》。至此"甘肃蓝皮书"的编研出版规模发展到16本，涵盖了经济、政治、社会、文化、县域、住建、商贸、旅游、民族等领域，地域范围从省内市（州）拓展到"丝绸之路经济带"、黄河流域的国内主要相关区域。

2020年"甘肃蓝皮书"继续秉持稳定规模、完善机制，提升质量、扩大影响的编研理念，在选题和框架设计方面，紧密结合世情、国情、党情及省情实际，围绕中心、服务大局，紧跟时代、反映当下。"甘肃蓝皮书"始终坚持追踪前沿、创新驱动、服务党委政府宗旨，坚定不移走高质量发展之路。一是密切跟踪学术前沿，持续拓宽研究视野，及时掌握新思想、新观点、新论断，坚持基础研究和应用研究并重，突出"甘肃蓝皮书"优势、特色。二是坚定开放合作，更好利用省内外创新资源，提升创新能力，大力促进大数据、云平台、人工智能等技术与社科研究渗透融合，建构数字化时代蓝皮书编研体系，驱动"甘肃蓝皮书"向更高质量、更高水平发展。三是面向全省发展需求，聚焦全局性、战略性和前瞻性的重大理论与现实问题，向党委政府决策和社会提供事实依据充分、分析深入准确、结论科学可靠、对策具体可行的研究成果，促使"甘肃蓝皮书"更加"接地气"。

在"十四五"时期，甘肃省社会科学院作为省属综合性社会科学研究机构和智库，将坚持以习近平新时代中国特色社会主义思想为指导，认真贯彻党的十九大及十九届二中、三中、四中、五中全会精神，全面落实习近平总书记对甘肃重要讲话和指示精神，立足新发展阶段，贯彻新发展理念，进一步聚焦甘肃"十四五"时期经济社会发展的重大问题，开展应用研究、战略研究、对策研究，切实发挥好决策咨询、资政建言、服务党委政府作用，沿着打造西部最具国内外影响力的现代特色智库、高端智库、数字智库的方向扎实迈进。

　　凝心聚力著华章，守正创新谱新篇。站在"两个一百年"历史交汇点上，相信在各方共同努力下，"甘肃蓝皮书"将继续提升学术影响力和品牌知名度，展现"甘肃风格"，彰显"陇原品质"，成为服务党委政府科学决策更有价值的参考书，成为深度了解和认识甘肃省情的重要窗口，从而为加快建设幸福美好新甘肃、不断开创富民兴陇新局面提供智力支持和理论支撑。

　　此为序。

王福生
2020 年 12 月 6 日

摘　要

　　《甘肃舆情分析与预测（2021）》，是"甘肃蓝皮书"系列成果之一，是为国家和社会各类智库、科研院所的理论工作者，以及支持和关注甘肃经济社会发展的各界人士提供的具有区域性特点的年度舆情调研报告。本书以"五位一体"总体布局和习近平总书记视察甘肃时重要讲话精神及"八个着力"重要指示为根本统领，由甘肃省社会科学院马克思主义研究所、社会学研究所、公共政策研究所等部门的 10 多位专家学者组成的"甘肃省舆情调研组"承担完成。

　　全书由总报告和 15 个分报告组合而成，分为"总报告""社会热点篇""群众认知篇""专题篇"四个部分。"总报告"从 10 个方面概述了 2020 年甘肃舆情的基本状况及热点和特点，并分析预测了 2021 年甘肃舆情的基本态势。"社会热点篇"重点分析研判了民众对"十四五"规划、全面建成小康社会、黄河中上游生态环境保护治理、地方政府应对重大公共卫生事件等的看法与评价。"群众认知篇"主要以小微企业主、农民群众、专业技术人员、基层干部等阶层为调查对象，就相关问题做了针对性的调查，以期获得他们的真实感受和看法。"专题篇"则主要围绕自媒体、突发公共卫生事件中民众的社会心态、中小学在线教育、兰州市轨道交通建设运营、城市社区垃圾分类等专题进行调研和深度分析，并提出了针对性的对策建议。

　　《甘肃舆情分析与预测（2021）》调查成果显示，2020 年以来，甘肃舆情形势总体平稳向好，主旋律突出，舆情热点话题丰富，舆情热度在中高位运行，体现了以下几个特点：一是向上向好的舆情态势日趋成熟，民众对相

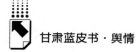

关热点问题的看法更加科学理性；二是民生问题仍然是民众关注的舆情焦点；三是主流媒体已成为舆论引导的最重要阵地；四是舆情传播中自媒体作用凸显，但也带来复杂的信息管理问题；五是网上舆情正能量还需壮大。

当前，甘肃政治、经济、文化、社会各项事业稳定发展，党风政风和社会风气明显好转，社会和谐进步，民众关注的各种民生问题不断得到有效解决和改善，民众的生活环境、收入水平、生活质量和幸福感进一步提升。在这样一个大的社会背景下，本报告预测2021年甘肃舆情态势水平整体稳定，发展形势健康向上向好。

关键词： 甘肃　舆情　民生问题

Abstract

Analysis and Forecast on Public Opinion of Gansu (*2021*) is one of the results of Blue Book of Gansu. It is an annual public opinion research report with regional characteristics for theoretical workers of various think tanks and scientific research institutions of the state and society, as well as people from all walks of life who support and pay attention to the economic, political and social development of Gansu Province. The book is based on the overall layout of the "five in one" and the spirit of Gansu's important speech as well as the "eight efforts" important instructions issued by general secretary Xi Jinping. The Gansu public opinion research group, composed of more than 10 experts and scholars from the Marx Institute, the Institute of Sociology and the Public Policy Research Institute of the Gansu Academy of Social Sciences, is responsible for the completion.

The book is composed of the general report and 15 sub reports, and is divided into four parts: General Report, Social Hot Topics, Mass Cognition and Special Subjects. The General Report summarizes the basic situation, hot spots and characteristics of Gansu public opinion in 2020 from 10 aspects, and analyzes and forecasts the basic situation of Gansu public opinion in 2021. Social Hot Topics focuses on the public's views and comments on the 14th five year plan, building a well-off society in an all-round way, ecological environment protection and management in the middle and upper reaches of the Yellow River, and local governments' response to major public health events. Mass Cognition mainly takes private (small and micro) business owners, farmers, professional and technical personnel, grass-roots cadres and other strata as the survey objects, and makes targeted investigation on relevant issues in order to obtain their real feelings and views. The Special Subjects mainly focuses on the following topics: We Media, people's social mentality in public health emergencies, online education in primary

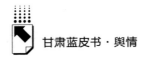
and secondary schools, construction and operation of Lanzhou rail transit, urban community garbage classification and other topics, and puts forward targeted countermeasures and suggestions.

According to the survey results of the book, since 2020, Gansu's public opinion situation has been generally stable and good, with prominent main melody, rich hot topics and high public opinion heat, which reflects the following characteristics: first, the upward trend of public opinion is becoming more mature, and the public's views on relevant hot issues are more scientific and rational. Second, people's livelihood is still the focus of public opinion. Third, the mainstream media has become the most important position to guide public opinion. Fourth, the media plays an important role in public opinion communication, but it also brings complex information management problems. Fifth, the positive energy of online public opinion needs to grow.

At present, Gansu's political, economic, cultural and social undertakings are developing steadily, the Party style, government style and social atmosphere are obviously improved, the society is harmonious and progressing, various livelihood problems of people's concern are constantly effectively solved and improved, and people's living environment, income level, quality of life and happiness are further improved. In such a large social background, it is predicted that the overall situation of public opinion in 2021 will be stable and the development situation will be healthy and upward.

Keywords: Gansu; Public Opinion; People's Livelihood

目 录

Ⅰ 总报告

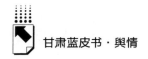
Ⅱ 社会热点篇

Ⅲ 群众认知篇

Ⅳ 专题篇

皮书数据库阅读**使用指南**

CONTENTS

I   General Report

Ⅱ Social Hot Topics

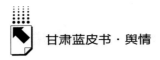
Ⅲ   Mass Cognition

Ⅳ   Special Subjects

总 报 告

General Report

B.1

2020~2021年甘肃舆情分析与预测

许振明 *

摘　要：　2020年8~9月，《甘肃舆情分析与预测（2021）》调研组深入兰州市、武威市、金昌市、张掖市、天水市、白银市、临夏州、陇南市等市（州）进行问卷调查、网络调查、个案访谈、座谈讨论等，形成了15个方面的调研报告。本报告对这些内容进行了归纳和总结，内容主要涵盖了甘肃民众对"十四五"规划的期待及建议、对全面建成小康社会的评价及看法、对黄河中上游生态环境保护治理的认知和建议、对地方政府应对重大公共卫生事件的感受与评价，还有小微企业主对稳经济促发展的认识与评价、农民群众对统筹推进乡村振兴的感受与评价、专业技术人员对"引进人才、留住人才"的评价与建议、基层干部对力戒形式主义和官僚主义的看法和评价，此外报告还涉及民众对主流媒体舆论引导力的认知

---

*　许振明，甘肃省社会科学院副研究员，主要研究方向为社会学理论与方法。

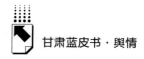

和调查、自媒体在舆情传播中的作用与影响、重大公共卫生事件中民众的社会心态调查、民众对中小学在线教育的看法与评价、民众对城市轨道交通建设运营的感受与评价、甘肃省城市社区垃圾分类政策实施情况调查等专题。最后，报告对甘肃民众关注的社会热点及网络涉甘舆情做了总结分析，得出了2020年甘肃舆情的发展特点和变化，并预测了2021年甘肃舆情的基本态势。

关键词： 甘肃 舆情 热点 民生

2020年是决胜全面小康、如期完成"十三五"规划目标的收官之年。甘肃省在以习近平同志为核心的党中央的坚强领导下，认真学习贯彻习近平新时代中国特色社会主义思想，着力抓好防范化解重大风险、精准脱贫、污染防治三大攻坚战，凝心聚力、攻坚克难，着力提升人民群众的获得感幸福感，全省经济社会各项事业稳定和谐发展。

在此情形下，甘肃的舆情状况有怎样的新发展新变化及新情况新特点呢？由于受到新冠肺炎疫情的影响，调研组对本次舆情调查采用了实地调研和网络调研两种形式进行。2020年8~9月，我们分赴甘肃省的8个市（州）及重点县（区），进行问卷调查、网络调查和访谈。调查样本涵盖国家与社会管理者、经理人员、私营企业主、专业技术人员、办事人员、个体工商户、商业服务业员工、产业工人、农业劳动者、无业失业人员等十大阶层，按社会阶层的人口比例安排问卷数量和访谈人数。同时，兼顾地域环境、经济和社会发展状况以及性别、年龄、民族、文化程度、城乡等社会学统计要素。本次调查共设计15个专题200多个问题，共发放问卷2000份，收回有效问卷1896份，使用SPSS软件录入分析问卷，开展个别访谈数百人次，下面就调查情况做概括论述。

一 坚持规划引领，社会各界对"十四五"规划满怀期待

"十四五"规划编制涉及甘肃未来五年乃至更远时期经济和社会发展的各个方面，同人民群众生产生活息息相关。"十四五"规划编制能否充分体现社会期盼，以更宽广的视野、更高的目标要求聚焦当前国内、省域、县内发展差距，以更有力的举措谋篇布局、解决当前的困难十分重要。

"民众对'十四五'规划的期待及建议"舆情调研区选在定西市、天水市和兰州市，采用问卷调查和访谈的形式。调研共发放问卷450份，收回问卷418份，有效问卷397份，问卷有效率为88.2%。调研问卷通过SPSS软件处理，结合部分市县"十四五"规划编制座谈会及调查的第一手数据对相关问题进行梳理分析。

（一）近九成的被访者对甘肃未来五年经济社会发展表现出乐观态度

问及"您对甘肃未来五年经济社会发展持何种态度"时，66.73%的被访者选择了"非常乐观"，22.28%的被访者选择了"受疫情影响，谨慎乐观"，这两项合计占比为89.01%。6.41%的被访者选择了"比较悲观"，1.42%的被访者选择了"非常悲观"，3.16%的被访者选择了"说不清"。

从阶层的态度来看，国家与社会管理者阶层（行政管理职权的领导干部）对未来五年经济社会发展表现出乐观态度，选择"非常乐观"和"受疫情影响，谨慎乐观"两项合计占比为74.47%；其次是办事员人员阶层，两项合计占比为70.24%。呈现治理和引导经济社会发展的政府部门的工作者或者社会机构的办事人员对未来社会发展持乐观态度的特点。与此同时，受贸易壁垒、关税提升、投资受阻等国际环境的影响，以及国内防疫的常态化，20.83%的国企或私企中的高级管理人员（非业主身份的高中层管理人

员）对甘肃未来五年经济将会呈现的发展态势表现得"比较悲观"，其次为商业服务业员工阶层，选择"比较悲观"的占 13.34%。这就要求政府在常态化防疫中，加大对处于入不敷出乃至濒临破产的边缘群体的政策倾斜，注重在复工复产中科学施策，真正及时落实各项优惠和补助政策，通过政策红利减轻中小企业以及低收入者长期承受的各种负担，帮助他们增加收入，增强民众信心和勇气。

（二）被访者最关心"十四五"规划涉及的民生保障内容

"十四五"规划内容涵盖经济社会发展的各个方面，许多内容同人民群众生产生活息息相关，也是人民群众最关心的、最现实的利益问题。问及"'十四五'规划内容，您最关心哪些方面"，此调查设置了乡村振兴、生态环境保护、产业高质量发展、基础设施建设、创新驱动、改革开放、民生保障、社会治理等 8 个选项，在 397 份有效问卷中，选择人数排在第一位的是民生保障，选择个案比例为 67.51%；排在第二位的是基础设施建设，选择个案比例为 58.94%；排在第三位的是生态环境保护，选择个案比例为 51.39%；排在第四位的是乡村振兴，选择个案比例为 40.81%。

经过 13 个五年的努力，甘肃在很大程度上改观了民生状况，但在就业、教育、医疗、社保、居住、健康养老等公共服务领域仍然存在系列短板。所以，被访者对"十四五"规划涉及的主要内容方面最为关心民生保障也是自然而然的事情。"十四五"时期，也有必要围绕补短板、扩供给、提质量、促创新具体开展民生工作，解决民生问题。

（三）八成多的被访者对甘肃未来五年发展的期待是公共服务设施如教育、医疗、文体等供给更优

问及"您对甘肃未来五年发展的期待是什么"，此调查设计了 13 个选项，在 397 份有效问卷中，选择人次排在第一位的是公共服务设施，如教育、医疗、文体等供给更优，选择个案比例为 83.19%；排在第二位的是综

合经济实力不断增强，选择个案比例为76.42%；排在第三位的是城乡区域更加融合发展，选择个案比例为71.15%；排在第四位的是生态文明建设品质更高，选择个案比例为67.42%；排在第五位的是美丽乡村建设取得巨大成效，选择个案比例为61.89%。公共服务领域的供给途径或者渠道过窄，将会影响民生保障。所以，建立政府、企业、社会乃至个人对民生工作的多元投入运行机制，是增强民生保障和改善工作多层次供给能力、满足群众多样化需求的一个重要措施。在经济增长同时对民生领域的支出和投入需要实现同步增长，政府是做好民生保障和发展的责任主体，在民生领域的保障过程中需要进一步明确省、市、县（区）三级政府各自承担的责任，实现公共财政可持续投入。

关于如何做好"十四五"规划，本研究认为，一是做好相关规划的有效对接，确保"十四五"规划的引领和导向作用。"十三五"规划执行情况是科学编制"十四五"规划的前提和基础，要对"十三五"规划完成和执行情况进行全面对比评估，贴近实际谋划"十四五"目标定位、重点任务、发展大局。同时，甘肃省"十四五"规划编制要加强与国家专项规划、区域规划、空间规划的及时有效衔接，在正确研判甘肃在大区域和环境中的战略地位的基础上，因地制宜编制"十四五"规划。二是深入调查研究，广泛征求民众意见，避免规划脱离实际。一定要深入政府的各个部门及机构，认真广泛听取各地区、各部门、各行业对规划的建议和意见。认真倾听人民群众的心声，寻求解决人民群众最急、最需、最盼问题的着力点和突破口，避免规划脱离实际。三是重视解决瓶颈问题，科学谋划"三个重大"。要立足省情，紧扣国计民生，认真研究提出一批对经济发展和结构调整全局带动性强、主要由政府组织实施的重大工程，对推进社会建设、生态环保、改善民生作用显著的重大项目，对解决突出矛盾、增进公平效率有力有效的重大政策。四是突出自身发展特色，重视规划实施的可操作性。在编制规划过程中，尊重甘肃经济社会发展规律，寻找交通、能源、水利、环保、生态、市政、教育、科技、文化等建设项目，挖掘其发展的价值，准确把握其发展特色，并在规划中突出建设项目的特色。

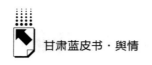

二 决胜收官之年，坚决与全国同步迈入小康社会

2020 年是全面建成小康社会的收官之年。习近平总书记在《关于全面建成小康社会补短板问题》一文中指出，要从把握好整体目标和个体目标、绝对标准和相对标准、定量分析和定性判断"三个关系"，来判断是否全面建成小康社会。全面建成的小康社会能否得到人民群众的认可、经得起历史的检验，不仅体现在各项监测指标在客观上能否达成，还要求其与民众主观感受的辩证统一。

2020 年 8 月甘肃省社会科学院舆情调研组在省内就民众对全面建成小康社会的评价及看法进行了问卷调查。调研问卷通过 SPSS 软件处理，获取了民众对全面建成小康社会的关注与认知、态度与反响等第一手评价资料，就民众对实际生活状态、现实获得感以及"全面建成小康社会补短板"等主观感受、态度进行了梳理和分析，以期在全面建成小康社会的情况下，实事求是找问题、补短板，有序推进下一阶段的发展任务，实现高质量跨越式发展。

（一）94.04%的被访者表示对与全国同步全面建成小康社会充满信心

全面建成小康社会的关键是"建成"。习近平总书记在《关于全面建成小康社会补短板问题》一文中指出，2019 年全面建成小康社会已取得决定性进展，要从把握好整体目标和个体目标、绝对标准和相对标准、定量分析和定性判断"三个关系"，来判断是否全面建成小康社会。问及对全省与全国一起同步在 2020 年全面建成小康社会是否有信心时，51.18%的被访者表示"有信心，一定能实现"，42.86%的被访者表示"需要有更长的时间来实现"，仅有 5.96%的被访者表示"没有信心"，表明被访者对 2020 年全面建成小康社会充满期待。期待中包含着民众对享受到的改革发展成果的肯定，以及实际生活状态的改善和现实获得感的提升，反映出民众对国家实施小康社会战略给予高度的评价。

（二）81.32%的被访者认为全面建成小康社会的目标基本实现

全面建成小康社会的终点是"小康社会"，"小康社会"也是20多年来我国实施小康社会发展战略的目的。整体上看，甘肃省全面建成小康社会总体实现水平是逐年提高的，年均增长速度为4.85%。问及全面建成小康社会的目标是否实现时，被访者中10.54%认为全面建成小康社会的目标"完全实现"，70.78%认为"基本实现"。被访者普遍认为在加快推进建设小康社会的十年里，各项改革取得决定性进展，解决了许多以往想解决而没有解决的难题，办成了许多过去想办而没有办成的大事，尤其是彻底解决了甘肃贫困地区、贫困人口的"两不愁、三保障"问题。

（三）六成被访者认为实际生活状态与预期的小康水平有一定的差距

随着经济社会的发展，人们的物质性需要不断得到满足，人们期盼更好的教育、更可靠的社会保障、更高水平的医疗卫生服务、更舒适的居住条件、更优美的环境、更丰富的精神文化生活等。问及自身的实际生活状态，所有被访者中34.54%认为"达到小康水平"，65.46%表示"尚未达到小康水平"。

人民的生活没有最好，只有更好。从时间的大尺度上看，全面建成小康社会是从一个起点开始不断向终点趋进的过程，向着发展比较均衡，向着工农差别、城乡差别、地区差别逐步缩小，向着广大人民过上更加富足的生活的发展过程。这一过程贯穿于实现"两个一百年"奋斗目标和实现中华民族伟大复兴的中国梦之中。

从决定性阶段到决胜阶段，再到收官之年，全面建成小康社会一步步推进，在部署中一项项落实。甘肃该如何做，才能确保全面建成小康社会圆满收官，才能兑现承诺，实现高质量跨越式发展？本研究认为，一要推进文化强省建设，加快推进文化高质量发展。二要厚植发展新优势，推动黄河流域生态保护和高质量发展。三要坚持法治国家、法治政府、法治社会一体建

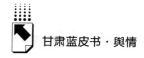
设，推动地方治理体系和治理能力现代化。四要拓宽农民增收渠道，着力提升农民的生活水平。五要提升科技创新能力，加快创新驱动经济发展。

三　厚植发展优势，推动黄河中上游
生态保护和高质量发展

对黄河中上游实行生态保护，实现高质量发展是党的十九大以来生态文明建设的重要措施和重大战略。黄河中上游作为我国重要的生态屏障和重要的经济增长带，是打赢脱贫攻坚战实现高质量发展的重要区域，是以习近平同志为核心的党中央进一步完善全国发展战略布局、塑造区域协调发展新格局的重要组成部分。本研究通过问卷调查的方式，以黄河中上游区域生活的民众为调查对象，对该区域生态环境整体情况的认知进行了调查分析，以便为下一步加快推进黄河流域生态环境保护和高质量发展提供有益的参考。

（一）生态环境问题依然是民众比较关心的热点问题之一

自党的十八大提出将生态文明建设列为"五位一体"发展战略以来，国家采取了包括宣传、规划等一系列办法来推进生态文明策略的实施。民众对生态环境的保护意识也体现出从忽略到关心、从破坏到保护的发展过程。调查显示，有63.47%的被调查对象比较关心当前的生态文明建设，居年度民众比较关心的问题第二位，仅次于教育问题。说明民众对生态环境的保护与建设已逐渐被提升到与生活息息相关的高度。而且在调查本地全面建成小康社会应该重点加强和改善哪方面的问题时，被访对象表示，生态环境的优良是目前全面建成小康社会中应该着重关注的问题，占被访对象的51.54%，有74.68%的被访民众认为小康社会建成的标准之一就是自己所居住的地区生态环境得到明显的改善。说明生态环境建设越来越受到民众的关注，也越来越被大众所重视，成为民众生活需求的一部分。

（二）八成以上的被访民众认可政府对保护黄河中上游生态环境的宣讲力度

大力推动黄河流域的生态保护和高质量发展，让民众对此重大战略有一个深入的了解和认知，这需要政府部门加大推广宣传力度。本次调查显示，有八成以上的民众还是比较认可政府对此方面的宣传力度的，占到被访民众的86%。其中，有28%的被访民众表示政府对保护黄河流域生态环境的宣讲力度较大，而且自己也比较了解这方面的知识，有58%的被访民众表示政府对保护黄河流域生态环境的宣讲力度一般，他们只听说过基本的常识。还有14%的被访民众认为政府对保护黄河流域生态环境的宣讲力度不大，自己对保护黄河生态环境没有什么认识。

（三）有八成以上的民众表示人为因素是造成黄河流域环境问题的主要原因

黄河流域沿线的民众作为黄河最大的受益者，他们是否能够对黄河流域生态环境污染状况有一个清晰的认识，直接关系到黄河流域生态环境能否得到更好的保护和治理。在调查中，当问及"您认为黄河流域环境污染问题主要是由下列哪些原因造成的"时，有65.1%的被访民众选择了化肥、农药不合理地使用，有46.47%的被访民众选择了畜禽养殖污染，有41.95%的被访民众选择了开垦或农田水利建设中的污染，有49.73%的被访民众选择了乱砍滥伐、过度放牧，有48.28%的被访民众选择了森林覆盖率减少，有57.87%的被访民众选择了重金属污染，有67.81%的被访民众选择了人们环保意识较弱，有21.16%的被访民众选择了人口增长速度过快，有58.59%的被访民众选择了企业只注重自身发展而忽视环保，有41.23%的被访民众选择了政府对环保问题重视不够，还有2.17%的被访民众选择了其他原因。

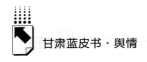
（四）六成以上的民众认为黄河对周边地区经济发展有很大的带动作用

习近平总书记所提出的对黄河流域实施高质量发展战略，就是在黄河流域沿线实施经济与生态共同建设、共同发展的战略思想，既要促进流域沿线地区经济的发展，又要给流域当地居民提供一个山青水秀的生活环境，实现真正意义上的可持续发展。在调查中，当问及"您认为黄河对周边经济发展的带动作用大吗"时，有66%的被访民众表示黄河流域对周边地区的经济发展有很大的带动作用，有24%的被访民众表示黄河流域虽然对周边地区经济发展有一定的带动作用，但是效果一般，有4%的被访民众表示黄河流域对周边地区经济发展的带动作用不大，还有6%的被访民众表示不太清楚黄河流域与周边地区经济发展之间的关系。

根据本次调查情况，本研究对黄河中上游生态环境保护与高质量发展提出以下建议。

第一，提升政府宣传力度，使民众对黄河中上游流域的生态环境保护有深入系统的认知。

第二，推动黄河流域区域产业结构转型，促进高新技术的发展。

第三，建立以水污染治理为主的涉水问题综合修复体系。

第四，统筹推进生态系统修复治理工程，打造现代环境治理体系新格局。

四 加强能力建设，提升政府应对
重大公共卫生事件水平

新冠肺炎疫情的暴发可以说是2020年全球范围内最大的突发公共事件，也可以说是最大的舆情事件。围绕地方政府应对新冠肺炎疫情的表现，我们考察了民众对于政府工作的感受与评价。调查结果显示，甘肃民众对政府应对新冠肺炎疫情总体上高度满意、高度肯定。在应对措施是否科学合理和真实有效方面也呈现高度肯定的态度，绝大多数民众表示在遭遇重大突发事件时愿意无条件配合政府工作。同时我们也发现了一些舆情背后的社会心理，这些都提醒我们在今后的工作中要加强应急管理体系建设，加强社会治理"既有秩序又有活力"和"共建共享共治"新格局建设，不断完善政府与民众意见交流表达机制。

第一个问题是对当地政府的疫情防控措施总体是否科学合理的评价。在全部553个调查对象中有487个调查对象给出肯定评价，占样本数的88%，有22个调查对象给出否定评价，占样本数的4%，而选择"不清楚"的调查对象有44人，占样本数的8%。我们通常说"措施有没有用，关键看实效"，因为本次调查是一个回溯性调查，也就是等事情过去了我们回过头来总结评价其中的优劣得失。到目前为止所有的事实证明，政府采取的疫情防控措施是非常有效的，虽然政府还是采用总体动员的高度集中模式来应对新冠肺炎疫情，但这些措施都是依据严肃客观的科学标准制定和执行的，政府之所以采取这些看似严格的管控措施恰恰是为了对所有民众的生命健康负责，这是"以人民生命健康为重"的疫情防控总原则的重要体现。

第二个问题仍然是考察民众对当地政府防疫措施是否真实有用的看法。从调查结果看，有359人选择了"有很大作用"，占样本数的65%，有177人选择"有一定作用"，占到样本数的32%，两者相加选择"真正发挥了作用"的调查对象达到了样本数的97%。而选择"没有作用"和"不清楚"的调查对象分别只有5人和12人，比例仅占样本数的1%和2%。我们当然不能要求民众只能给出完全肯定的评价，而且客观来说即便是相同的防疫措施在实际执行中也会因为地域不同和工作人员的具体操作不同而出现效果上的差异。真正值得重视的是，有一部分人选择了"有一定作用"，那就说明我们采取的部分措施或者某些措施的执行方式还是有进一步完善和提升的空间。

第三个问题是考察在民众心中究竟是谁在疫情防控期间发挥的作用最大。有129人选择了"地方党政领导"，占样本数的23%，选择"党员干部"的有38人，占样本数的7%，选择"医护人员"的有179人，占样本数的32%，而选择"基层工作者和志愿者"的有207人，占样本数的38%。

关键时刻，地方党政领导的关键决策和果断坚决能够为民众带来很大的安全感。医护人员在本次疫情防控期间居功至伟，这种重要性主要体现在救治方面，他们为有效救治患者以及为群众提供正常的医疗服务发挥了不可替代的作用。对普通民众来说，接触最多、感受最深的人就是每一个奋斗在防控疫情一线的基层工作人员和志愿者，他们基本集中在乡镇、街道和村庄社区，承担大量具体、琐碎、繁重的防控任务。因此，对于有超过1/3的调查对象选择基层工作人员和志愿者作为他们心目中发挥了最大作用的群体，我们认为这是理所当然的。

第四个问题，在"您对地方政府疫情防控工作总体满意吗"这个问题中，有297个调查对象给出了"满意"评价，占样本数的54%，有223个调查对象给出了"比较满意"的评价，占样本数的40%，给出满意评价的调查对象占样本数的94%。有23个调查对象给出了"不太满意"的评价，占样本数的4%，另有10个调查对象表示"不清楚"，占样本数的2%。满意的评价当然来自扎实的防疫工作和真实有效的防疫效果。很多人难以理解为什么中国民众对政府有如此高的支持率和满意度，一个比较合理的解释认为这是长期以来国家建构和意识形态教化的自然体现，也是多年来民众评价政府工作采取"绩效主义"态度的一个必然结果。人民的政府必须要全心全意为人民服务，而人民也必然会信任和支持人民政府。

关于进一步加强和改进政府应对重大突发公共卫生事件的对策建议，首先，是要加快建立"平战结合"的应急管理体系；其次，是加强应急治理的公共性和专业性融合；再次，是加强社会参与和协同治理；最后，是加快形成"共建共享共治"的基层社会治理格局。

五 稳经济促发展，为小微企业营造良好的营商环境

小微企业是国民经济和社会发展的重要基础，是创业富民的重要渠道，

在扩大就业、增加收入、改善民生、促进稳定、推动创新等方面有着举足轻重的作用。同时，小微企业既是创业创新的主体，也是新常态下经济增长新动能的重要来源。近年来，甘肃省"着力推进科技进步和创新，增强经济整体素质和竞争力"，结合甘肃小微企业创业创新环境薄弱等问题发力，破解发展瓶颈。

从调查来看，甘肃小微企业的发展面临外部环境和内部因素的多重影响。

（一）政策体系亟待完善，外部环境有待优化

调查结果显示，面对当前小微企业发展所面临的外部压力，受访者中有80人认为小微企业的发展受到法律和政策的约束，占样本总数的36.36%；有72人认为有来自其他行业的压力，占样本总数的32.73%；有124人认为有来自同行业公司的压力，占样本总数的56.36%；有88人认为社会信用体系有待完善，占样本总数的40%；还有56人认为存在其他外在压力，占样本总数的25.45%。

（二）融资体制亟待完善，监督机制有待健全

统计显示，小微企业主对当前甘肃省融资环境的总体认识与评价，13.64%的受访者认为非常好，较容易快速获得低成本贷款；47.27%的受访者认为比较好，可以从部分渠道获得贷款；30%的受访者认为比较差，只能偶尔获得贷款；9.09%的受访者认为非常差，很难获得贷款。

（三）企业内部管理体系亟待完善，企业文化建设有待加强

调查显示，甘肃小微企业内部面临的主要问题，受访者中有58.18%的人认为是资金问题，49.09%认为是人才短缺问题，33.64%认为是技术瓶颈问题，28.18%认为是产品销售问题，36.36%认为是管理运营问题，11.82%认为是服务质量问题，还有18.18%认为是其他问题。

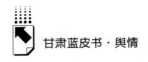

（四）后疫情时期小微企业生存发展所面临的形势

调查统计显示，疫情对甘肃省小微企业的总体影响，受访者中有21.82%表示影响严重，导致企业经营面临严重困难，可能倒闭；21.82%表示影响很大，导致企业暂停经营；35.45%表示影响较大，导致企业经营出现部分困难；16.36%表示影响较小，企业经营出现一些困难，但经营状况总体比较平稳；4.55%表示没有明显影响。在疫情导致甘肃小微企业面临的主要困难中，63.64%的受访者认为订单减少；24.55%的受访者认为虽然有订单，但无法正常生产经营；35.45%的受访者认为生产经营成本上升；16.36%的受访者认为融资难度加大；11.82%的受访者认为企业因无法按时履行合同，存在支付违约金等问题。

进一步发挥小微企业在稳经济促发展中作用的对策建议，一是建立综合政策体系，营造良好的营商环境；二是优化企业管理机制，提高企业融资能力；三是健全用人机制，提升人力资源管理水平。

六　推进乡村振兴，增强农民群众的获得感幸福感

乡村振兴具体是指农业、农村、农民的全面振兴。乡村振兴关键就是要带动农民致富，建设美丽乡村。"产业兴旺、生态宜居、乡风文明、治理有效、生活富裕"是乡村振兴的总要求，是新时代农业现代化发展的战略重点。本课题以农民群众为主要研究对象，以乡村振兴战略的五个关键因素为研究的切入点，通过调查走访、问卷分析的方法，较为客观地评判农民群众对于乡村振兴战略的感受和评价。在乡村振兴战略视域下，对农民的感受进行研究和调查，探索农民对乡村振兴战略实施的满意程度，可以发现战略推进过程中的短板和不足，并给出改进和提升的路径建议，为继续推进甘肃省乡村振兴战略提供参考，进而促进全面小康社会的如期实现。

第一，农民群众对乡村振兴战略的认可程度较高。数据统计表明，有

32.47%的受访者对"乡村振兴战略"不太了解，有38.11%的受访者对"乡村振兴战略"了解，有19.52%的受访者听说过"乡村振兴战略"。可见，接近60%的农民对国家政策了解或有所了解，但超过40%的受访者也表示所在地对此项政策的宣传力度不够，其中有近10%的受访者还完全不了解乡村振兴战略的内容和意义，完全没有体会到国家对"三农"问题的高度重视。

第二，在乡村振兴战略所包含的具体内容中，农民群众较为关注的内容主要表现在几个方面：农民群众普遍对乡村治理、加强农村自治、法治、德治建设等内容比较感兴趣，占比78.68%；受访农民群众较多地对农村教育事业的发展、农民增收、居住地农村基础设施建设、农村社会保障体系完善等问题有较高的关注度，占比74.52%；受访者中对加强农村思想道德建设的关注程度达67.05%；受访者中对农村生态环境建设的关注程度为63.85%；受访者中对农业产业的关注度为50.72%。以上内容的关注度均超过50%，由此可见，随着我国农村社会的全面发展，绝大多数农民已经摆脱了温饱问题，并具有一定的经济保障，现阶段亟待解决的是经济社会综合发展的问题。而在经济社会发展问题中，乡村治理问题成为农民群众关注的焦点。

第三，有超过1/3的受访者对目前农村经济发展情况不满意。如农产品销售渠道的畅通程度，有33.08%的受访者表示不满意；对过去一年收入增长情况，有47.12%的受访者表示不满意；受访者中对农村发展旅游业带来的收入情况，表示不满意的占比为40.82%；对所在村的银行的便利性及相关金融政策表示不满意的受访者达39.74%，而大部分村民表示金融服务水平显著提高，农村小额贷款等信贷措施较为便捷。受访农民对政府财政投入力度的满意度调查显示，31.72%的受访者认为财政投入力度偏低，投入力度仍需加大；有43.15%的受访者对现居住村镇的基础设施条件及建设速度表示满意。

关于对策建议，我们认为在脱贫攻坚与乡村振兴有机衔接的关键时期，甘肃省要立足于本地农民群众的感受和评价，结合本省实际，以产业兴旺为突破、生态宜居为目标、乡风文明为保障、治理有效为基础、生活富裕为根本，推动农业全面升级、农村全面发展、农民幸福安逸，这样才能充分实现乡村全面振兴的根本目标。具体来讲，第一，以产业发展为着眼点推动农村经济发展。第二，以生态建设为切入点优化农村人居环境。第三，以精神文明建设为聚焦点提高农村文明程度。第四，以基层党组织建设为支撑点完善农村治理体系。第五，以精准扶贫为发力点确保乡村振兴战略的全面落实。

七　引进留住人才，深化人才强省战略

从调查数据分析看，大多数被访者对甘肃"引进人才、留住人才"政策有所了解，认为目前甘肃省"引进人才、留住人才"政策制定及落实是具有成效的，对甘肃省人才建设工作的作用是积极、明显的。但由于诸多因素影响，一些被访者认为甘肃省"引进人才、留住人才"政策工作还存在一些问题和不足，政策的制定和落实有待进一步完善和改进。探索加强甘肃省人才引进及培育的政策建议，对深化甘肃省人才强省战略、提高甘肃省综合实力和核心竞争力具有十分重要的战略意义及现实意义。

（一）60%以上的被访者认为"引进人才、留住人才"政策在甘肃人才强省战略中发挥了积极作用

就"您认为'引进人才、留住人才'政策作用如何"的调研项目看，49位被访者认为"有很大作用"，占11.53%，93位被访者认为"有较大作用"，占21.88%，142位被访者认为"有一定作用"，占33.42%，76位被访者认为"没有作用"，占17.88%，65位被访者表示"不好说"，占15.29%。大多数被访者认为甘肃省"引进人才、留住人才"政策发挥了积极作用。甘肃省"引进人才、留住人才"政策的实施对甘肃省推动经济社会发展，建设中国高新技术产业基地、创新基地、成果转化基地具有重要意义，与全国人才发展规划、经济社会的发展同步。

（二）70%以上的被访者表示甘肃省人才评价体系较为合理，60%以上的被访者对目前甘肃省人才激励政策的成效表示满意

目前，甘肃省对"人才"的认定标准主要分为两大类：一类为高层次创新创业（团队）人才，该类人才主要集中在甘肃省重点发展的新能源、新材料、生物医药、信息技术、节能环保、城市规划与建设管理、航天科技、石油化工、煤电化工、有色冶金、装备制造、现代农业、文化产业等领域内，拥有与创业领域产品、技术相关的自主知识产权，能够突破关键技术、发展高新产业、带动新兴学科，是具有领军作用的高层次人才；另一类为重点关键岗位急需人才，该类人才主要集中在科研单位、事业单位及大型企业，在特定的专业和技术领域具备一定的学术造诣和技艺水平。

从"您认为甘肃的人才评价体系是否合理"的调研选项看，35位被访者认为"非常合理"，占8.24%；118位被访者认为"合理"，占27.76%；166位被访者认为"比较合理"，占39.06%；73位被访者认为"不合理"，占17.18%；选择"不了解"的被访者为33人，占7.76%。

从"您对甘肃省人才激励政策成效是否满意"的调研选项看，64位被访者表示"非常满意"，占15.06%；75位被访者表示"满意"，占17.65%；120位被访者表示"比较满意"，占28.23%；117位被访者表示"一般"，占27.53%；表示"不满意"的被访者有49人，占11.53%。

（三）大多数被访者认为人才政策优惠力度不够，政策宣传不到位是"引进人才、留住人才"政策存在的主要问题

从"您认为甘肃省'引进人才、留住人才'政策存在的主要问题"的多选调查项目看，认为"政策太多，系统庞杂"的被访者有146人，认为"政策宣传不到位"的被访者有244人，认为"政策落实困难"的被访者有174人，认为"政策优惠力度不够"的被访者有313人，选择"其他"的被访者有74人。

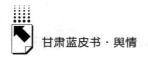
（四）被访者认为经济因素、职业发展前景、教育医疗环境是影响甘肃省"引进人才、留住人才"政策实施的主要因素

从"您认为影响甘肃省'引进人才、留住人才'政策实施的主要因素有哪些"的多选调研选项看，选择"经济因素"的被访者有 333 位，占 78.35%；选择"职业发展前景"的被访者有 316 位，占 74.35%；选择"教育医疗环境"的被访者有 274 人，占 64.47%；选择"生态资源环境"的被访者有 165 人，占 38.82%；选择"其他"的被访者有 96 人，占 22.59%。

关于完善甘肃省"引进人才、留住人才"政策的建议。我们认为，第一，要优化急需紧缺人才引进制度。第二，完善人才持续性发展平台建设。第三，要消除影响甘肃省"引进人才、留住人才"政策落实的不利因素。第四，要加强对"新型人才"的重视程度和引进力度。

八　力戒形式主义官僚主义，确保基层减负取得实效

形形色色的形式主义官僚主义让基层干部不堪重负，严重影响基层干部开展工作的积极性、主动性、创造性。力戒形式主义官僚主义是党和国家健康发展的重中之重，对调动基层干部的积极性主动性也尤为紧迫。本课题研究以甘肃基层干部为对象，通过问卷调查，了解掌握、统计分析甘肃基层干部对形式主义官僚主义的态度和认识、对力戒形式主义官僚主义的看法以及整治形式主义官僚主义成效的评价和整治对策建议，从而了解、掌握甘肃基层干部对形式主义官僚主义的认识状况以及甘肃在贯彻执行力戒形式主义官僚主义行动中取得的成效和仍需解决的问题，以有益于甘肃进一步加强贯彻落实力戒形式主义官僚主义的行动。

（一）绝大多数基层干部对形式主义官僚主义持愤怒或反感态度

问卷调查统计结果显示，甘肃省绝大多数基层干部对形式主义官僚主义

持愤怒或反感态度。对于"您对形式主义官僚主义的态度"的问题，持愤怒或反感态度的基层干部达到173人，占样本总数的95.05%。有9名基层干部持可以理解或无所谓的态度，占样本总数的4.95%。虽然对形式主义官僚主义持可以理解或者无所谓态度的基层干部人数很少，但绝不能因此忽视，形式主义官僚主义长期存在会让一部分人习以为常，不以为然，长此以往必然造成严重后果。

（二）绝大多数基层干部对形式主义官僚主义的表现、危害和根源有着清晰准确的认识

1. 当前形式主义最为突出的表现依然是会议多、文件多、督查检查考核多

问卷调查统计结果显示，63.19%的基层干部认为当前形式主义最为突出的表现是"文山会海，以文件落实文件，以会议落实会议"，紧随其后，57.14%的基层干部认为是"督查检查考核名目繁多，不求实效"，再次是"重痕不重绩，留迹不留心"。此外，"空话套话，热衷党八股""好大喜功，搞政绩工程、形象工程""表态多调门高，行动少落实差""下基层走马观花，专项整治蜻蜓点水""盲目建制，华而不实"分列第四、第五、第六、第七、第八位。也有部分基层干部列出了形式主义的新表现："指尖上的形式主义"。

2. 当前官僚主义最为突出的表现仍然是脱离实际、脱离群众

党的十八大以来，整治形式主义官僚主义取得明显成效，但同时也要清醒地看到形式主义官僚主义的复杂性和长期性，有的问题"树倒根存"，有的老问题又有了新表现。"在党的群众路线教育实践活动中，习近平总书记对官僚主义的表现和实质作了分析概括，官僚主义的主要表现是脱离实际、脱离群众，高高在上、漠视现实，唯我独尊、自我膨胀。其实质是封建残余思想作祟，根源是官本位思想严重、权力观扭曲。"

3. 形式主义官僚主义产生的最主要根源是上级罔顾实际，下级应付差事，官僚主义催生形式主义

43.41%的基层干部认为形式主义官僚主义产生的最主要根源在于"上

级罔顾实际，下级应付差事，官僚主义催生形式主义"。可以说，形式主义的发生有时是被官僚主义给"逼"出来的。其次是"理想信念不坚定，世界观、人生观、价值观出了问题"。理想信念动摇、宗旨意识淡漠必然导致脱离实际、脱离群众。再次是"政绩观错位、责任心缺失导致脱离实际胡乱作为"。此外，"'官本位'思想严重、权力观扭曲导致脱离群众高高在上""'一刀切'政策导致一些党员干部应付差事""缺乏担当、本领恐慌导致懒政怠政""发现难监督难导致心存侥幸少有顾忌""考核评价激励机制不合理"分别排第四、第五、第六、第七、第八位。

4. 形式主义官僚主义在县（市、区）这一级表现较为严重

对于"您认为当前哪一级的形式主义、官僚主义问题最为严重"，问卷调查统计结果显示，53.30%的基层干部认为形式主义官僚主义问题表现最为严重的层级在县（市、区）这一级，其次是市（州）级和乡镇（街道）级，再次是省级，最后是村组（社区）这一级。

（三）甘肃基层干部对整治形式主义官僚主义的期望

1. 牢固树立党员干部正确政绩观

对于"您认为如何从根本上整治形式主义、官僚主义"，50.00%的基层干部认为"牢固树立党员干部正确政绩观"可以从根本上整治形式主义官僚主义。整治形式主义官僚主义就是要对那些只是为了制造出好看"政绩"现象仔细甄别，坚决说"不"。同时，教育引导党员、干部自觉加强党性修养，坚持实事求是的思想路线，牢固树立正确政绩观，始终牢记人民利益高于一切，切实把对上负责与对下负责统一起来，做出的政绩要经得起实践、人民和历史的检验。

2. 建立崇尚实干、带动担当、加油鼓劲的正向激励体系

问卷调查统计结果显示，46.15%的基层干部认为"建立崇尚实干、带动担当、加油鼓劲的正向激励体系"可以从根本上整治形式主义官僚主义。形式主义、官僚主义的滋生蔓延与我们衡量政绩、考核干部的导向不无关系。问卷调查统计结果显示，"考核评价激励机制不合理""相关问责考核

等体制机制不完善"是当前形式主义、官僚主义产生以及难以被查究问责的主要原因之一。有什么样的导向就会形成什么样的风气,建立崇尚实干、带动担当、加油鼓劲的正向激励体系就能激励一片,反之亦然。需要建立完善崇尚实干、带动担当、加油鼓劲的正向激励体系,大力激发广大党员干部锐意进取、奋发有为的精气神,充分调动广大党员干部积极干事的决心、信心和动能。

3. 坚持以上率下,形成"头雁"效应

"坚持以上率下,形成'头雁'效应"也是大部分基层干部对从根本上整治形式主义官僚主义的期待之一。一些形式主义、官僚主义问题的表现看似在下面,其实根子在上面。"以上率下,其力无穷。"防止和克服形式主义官僚主义,要抓住"关键少数",发挥领导干部的"头雁"效应,通过领导干部以身作则,"正人先正己",感召广大党员干部"见贤则思齐",层层压实责任,狠抓工作落实。

4. 持续用力精文减会

26.37%的基层干部认为"持续用力精文减会"可以从根本上整治形式主义官僚主义。问卷调查统计结果显示,当前困扰基层干部最为突出的形式主义表现依然是会议多、文件多、督查检查考核多。因此,一方面要严格控制发文和开会数量。既要精简向县级以下发文的数量,也要严格把控基层向上级报文报表的数量。既要减少开会数量,也要减少参会人员数量。另一方面要着力提高文件和会议质量,让基层干部从无谓的事务中解脱出来,把更多精力用在各项工作任务第一线,谋发展、抓落实。

九　强化阵地建设,加快主流媒体创新发展

报告从渠道与特征、感受与评价、期望与建议等方面对主流媒体的舆论引导能力进行了调查。调查显示,绝大多数被访者认同主流媒体的报道方式、内容、题材,认为主流媒体处于舆论引导的核心位置,但同时部分被访者认为主流媒体在影响力、创新度、传播力等方面还需要提升。

主流媒体要成为舆论引导的主力军,在实际工作中需着力培育和践行社会主义核心价值观,提高自身应对网络突发舆情的硬实力和巧办法,迅速、合理地回应民众关切,消除不实谣言,营造风清气正的网络及舆论空间。

(一)74.11%的被访者通过主流媒体直接获取信息

就问题"您会通过主流媒体直接获取信息吗",15.12%的被访者选择"一直",58.99%的被访者选择"经常",21.12%的被访者选择"偶尔",3.19%的被访者选择"非常少",只有1.58%的被访者选择"从不"。

(二)89.40%的被访者表示主流媒体发布信息对自己有影响

就问题"您会被他人转发的主流媒体信息所影响吗",5.07%的被访者选择"影响很大",26.27%的被访者选择"影响较大",39.17%的被访者选择"影响一般",18.89%的被访者选择"影响较小",10.60%的被访者选择"基本没影响"。

(三)80.18%的被访者对主流媒体报道题材表示认同

就问题"您是否喜欢国内主流媒体报道的题材",62.21%的被访者选择"一直喜欢",7.83%的被访者选择"一直不喜欢",11.98%的被访者选择"原来喜欢现在不喜欢",17.97%的被访者选择"原来不喜欢现在喜欢"。

(四)新媒体越来越多地成为被访者获取热点信息的主要渠道

就问题"试回想一下,大约5年以前,您获取热点信息的主要渠道是",16.13%的被访者选择"广播",83.41%的被访者选择"电视",41.94%的被访者选择"报纸",53.46%的被访者选择"网站",16.59%的被访者选择"微信公众号",11.06%的被访者选择"微博"。调查表明,大约在5年以前民众获取热点信息的主要渠道是电视,其次是网站和报纸,而通过微信公众号、微博等新媒体获取热点信息的占比相对较低。

（五）民众对主流媒体舆论引导工作的期望与建议

当下，思想潮流、媒体格局、舆论生态都发生了重大变化，主流媒体新闻舆论引导力面临不稳定因素，但通过主流媒体应对2020年新冠肺炎疫情可以看出，主流媒体坚持用事实与数据说话，这是提升舆论引导力最有力的途径。问卷调查结果显示，被访者认为提升主流媒体舆论引导力途径很多，但"善用事实与数据，增强舆论引领的公信力"排在第一位。

就问题"您认为通过下面哪些途径可以提升主流媒体的舆论引导能力？"91.24%的被访者选择"善用事实与数据，增强舆论引领的公信力"，73.27%的被访者选择"用受众易关注、易接受的方式进行信息引导"，72.35%的被访者选择"宣传典型先进故事"，54.84%的被访者选择"对外媒的负面评价要及时回应"，42.40%的被访者选择"常设议题应避免老调重弹，抓住时间节点有力引导"，34.10%的被访者选择"从受众角度感知信息需求，情感型、呼吁型新闻应适当"，57.60%的被访者选择"重视民生议题，不对敏感议题失语"，49.77%的被访者选择"做好舆情监测，不缺席热点议题引导"。

十　注重舆论引导，提升自媒体发展质量水平

自媒体传播是由普通大众主导的信息传播活动，目前的自媒体主要有微博、微信、抖音等网络社区平台。自媒体的平民化、个性化、内容多样化，能够极大地满足受众的心理诉求，但由于自媒体的准入门槛低、审查环节的不严谨甚至缺失，自媒体平台内容出现参差不齐、可信度低、庸俗化、同质化和违背主流价值观等现象。可以说在信息时代的快速发展下，自媒体已经深入大众生活，其在舆情传播中的作用与影响不可小觑，对其现象的关注和探究有一定的必要性。

（一）自媒体信息的获取多通过移动网络以手机浏览为主

当问及"您主要通过什么方式浏览自媒体信息"时，有91.88%的被访

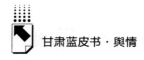

者选择主要通过"手机"，仅有 8.12% 的被访者选择主要通过"电脑"。实际上，在移动网络日益普及和发达的当下，选择通过移动网络，在手机上浏览各种自媒体信息必然是最方便快捷的信息获取方式。

（二）对自媒体信息发布平台的选择偏好各异

在问及"您常浏览的自媒体信息发布平台"时，有 68.75% 的被访者选择"微博"或"博客"，有 75.0% 的被访者选择"微信"，有 55.63% 的被访者选择"贴吧、论坛"，有 77.5% 的被访者选择"抖音"，有 83.13% 的被访者选择"头条"。可见，由于自媒体信息发布的平台众多，被访者对自媒体信息发布平台的选择亦是偏好各异，没有明显的倾向。

（三）关注的自媒体信息类型众多

在问及"您关注的自媒体信息类型"时，有 79.38% 的被访者选择"时政新闻"，有 69.38% 的被访者选择"经济信息"，有 68.75% 的被访者选择"生活娱乐"，有 68.13% 的被访者选择"科教文艺"，有 53.13% 的被访者选择"其他"。总体看来，自媒体信息的获取类型涉及生活工作的方方面面，大到时政新闻，小到文艺娱乐，人们都能通过自媒体渠道获得自己想要的信息。

（四）正能量倾向整体向好

在问及"您对自媒体发布的正能量信息是否会积极转发"时，有 20.63% 的被访者选择"一定会"，有 57.5% 的被访者选择"经常会"，有 14.37% 的被访者选择"偶尔会"，有 7.5% 的被访者选择"不会"。有近八成的被访者大概率会选择转发自媒体发布的正能量信息。可见，民众对正能量信息的接受程度较高，认可度较高，从而愿意再次转发，无形中亦成为自媒体正能量传播大军中的一分子，网络正能量倾向整体向好。

自媒体作为新兴事物，在移动网络普及运用的今天，已经成为不可忽视的传播力量。如何利用好其优点，规避修正其缺陷，积极引导，使其在舆情传播中发挥积极作用，这对我们的舆情工作提出了新的挑战。

第一，对媒介平台、媒介内容生产者与受众三方"三管齐下"，把控信息生产过程。

第二，根据自媒体传播的舆情形成阶段，选择不同的应对策略。

第三，完善自媒体信息发布的法律法规，维护公共话语平台的道德准绳。

十一　2020年热点特点，2021年舆情预测

2020年以来，甘肃舆情形势总体平稳向好，主旋律突出，舆情热点话题丰富，舆情热度在中高位运行，体现出以下几个特点。

（一）向上向好的舆情态势日趋成熟，民众对相关热点问题的看法更加科学理性

从重点监测的数据来看，在生态文明建设方面，有81.59%的民众认为生态环境建设很重要，有88.98%的民众愿意深入学习和传播生态文明。在落实基层减负方面，广大基层干部认为中央关于基层减负的意见出台得很及时，为基层带来了实实在在的变化，同时认为减负重在减负不是减责。在贯彻落实新发展理念方面，数据表明甘肃省党政干部贯彻落实新发展理念的主动性较强，对落实新发展理念预期成效充满信心，有65.92%的民众认为解放思想是甘肃贯彻落实新发展理念的关键因素。

（二）民生问题仍然是民众关注的舆情焦点

舆情的背后是民生。从近年来甘肃民众关注的社会热点问题和网络涉甘事件来看，民生问题始终是各阶层民众关注的焦点。如教育问题连续三年居甘肃民众关注度榜首，也是访谈中被访者反映比较多的方面，入学难、学区房、补课、兴趣班、中考难等问题牵动着广大民众。其次是住房问题，高房价引发的民众焦虑，造成"因房致贫"、高价彩礼及刑事犯罪等问题不容忽

视。2020 年受新冠肺炎疫情影响，与疫情防控相关的话题受到全社会高度关注，"公共卫生与疫情防控"问题居民众关注的第十位，但对民众关注民生问题的主流影响不大。这不仅是因为甘肃位于西部地区，受疫情的冲击和影响相对小，更是因为民生问题与民众息息相关，民众对民生问题的感触更为直接、敏感，也更容易在网上网下引起共鸣，推高舆情热度。因此，舆情的深层次问题就是民生问题，凝聚着民众对美好生活的期盼和对公平正义的诉求。

（三）主流媒体已成为舆论引导的最重要阵地

民众对主流媒体的舆论引导能力持肯定态度。超过八成的被访者对主流媒体舆论引导效果的总体评价为"非常好"或"较好"，接近 3/4 的被访者"一直"或者"经常"通过主流媒体直接获取信息，越来越多的民众开始接受和认同主流媒体的报道题材。但是，主流媒体舆论引导工作仍然任重道远，主流媒体舆论引导工作的好与坏直接关系国家的舆论安全与社会稳定，需要审慎地面对。主流媒体应将社会主义核心价值观作为一切工作的核心遵循，将压力转化为动力，乘风破浪，开创舆论引导工作新局面。

（四）舆情传播中自媒体作用凸显，但也带来复杂的信息管理问题

自媒体发布门槛较低，契合当下网民移动化、碎片化、快节奏的阅读模式，加上自媒体视频、文字、图片形式灵活，易增强网民信任感与参与感，可推动舆情快速发酵及广泛传播。但一些自媒体存在内容失范、虚假信息等问题，加大了有关部门对违法违规信息的管理难度。

（五）网上舆情正能量还需壮大

近年来，甘肃主流媒体通过内容建设、渠道拓展、平台入驻，努力触达更多网民。但网络空间极其宽广，主流媒体如何克服"高大上"的传播内容与人们追求娱乐轻松之间的这个矛盾，如何突破"网生代"与主流舆情疏离这个难点，切实抓好"新闻内容供给侧结构性改革"，持续推动网上舆情生态形成良性循环，是需要进一步解决的课题。

（六）2021年甘肃舆情形势预测

当前，甘肃政治、经济、文化、社会各项事业稳定发展，党风政风和社会风气明显好转，社会和谐进步，民众关注的各种民生问题不断得到有效解决和改善，民众的生活环境、收入水平、生活质量和幸福感进一步提升。在这样一个大的社会背景下，预计2021年甘肃舆情态势整体稳定，发展形势健康向上向好。

社会热点篇
Social Hot Topics

B.2
甘肃民众关注的社会热点
及网络涉甘舆情调查

梁海燕*

摘　要：　当前，全面深化改革进入攻坚期和深水区，舆情主要指向经济社会生活中的重点、难点和关键环节。问卷调查显示，教育、住房、生态环境、养老与社会保障、食品安全、医疗、反腐败和干部作风、就业、经济发展形势、公共卫生与疫情防控是甘肃民众关注的十大热点问题，网络涉甘事件涉及疫情防控、社会治安、公共卫生、市场秩序等方面，反映着民众对公平正义安全的诉求。面对社会热点和网络舆情发展的新特点、新态势，各级政府要革故鼎新树立舆情素养，加强对舆情的监测和评估，线上线下共同发力，解决民生难点痛

* 梁海燕，甘肃省社会科学院马克思主义研究所研究员，主要研究方向为地方法治及法社会学。

点问题，切实提升民众获得感。

关键词： 甘肃民众　社会热点　网络涉甘事件　舆情调查

舆情，是在一定时间或者一定范围内，民众对于社会现实或社会事件的主观反映，是民众思想、意见、要求、心理、情绪的综合表现。舆情是和谐社会的晴雨表，是社会现实的镜像反映。随着我国全面深化改革的纵深推进，改革触及深层次利益关系，改革更加复杂、敏感和艰巨，利益纠葛千头万绪，人民日益增长的美好生活需要和不平衡不充分的发展之间的矛盾突出，民众关注的舆情热点主要指向经济社会生活中的重点、难点和敏感问题，如教育、生态环境、住房、公共卫生、养老保障、食品安全等问题，并通过网络反映出来，呈现自由性、突发性、多元性、交互性等特点，线下和线上相互交织，考验政府社会治理和舆论引导水平。

由于经济发展不平衡，我国东、中、西部地区传媒发展水平、自媒体发展水平和互联网普及程度呈东高西低递减的态势，对社会舆情具有一定影响。从全国范围来看，西部地区舆情事件整体较少，但近年来舆情发展趋向西移，中西部地区的舆情升温较为明显，一些发生在西部地区的热点事件包括扶贫、教育、生态环境、政府执法等方面，如近年来发生的"杨改兰事件""折达公路事件""祁连山生态破坏事件"在全国范围内引发舆论高度关注，西部地区处在了舆情风口浪尖，并容易因处理不当引发次生危机。甘肃省位于西部地区，经济社会发展滞后，生态环境脆弱，公共产品供给不足，在脱贫攻坚和小康社会建设中遇到较多的困难和问题，民众对教育、脱贫、养老保障、住房、公共卫生的诉求更加强烈，其关注的社会热点凝聚着民生诉求，反映着省情地情。开展社会热点问题及网络涉甘舆情调查，倾听民众呼声，分析舆情特点，有助于政府"打捞"基层声音，摸准舆情痛点，回应民众关切，不断提高社会治理能力。

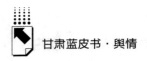

一　当前民众关注的社会热点问题

（一）问卷调查基本情况

2020 年 8 月至 9 月，课题组在全省开展了"甘肃民众关注的社会热点问题"的问卷调查。调查采取网上调查和实地调查方式，在兰州市、武威市、金昌市、张掖市、天水市、白银市共发放问卷 570 份，其中采用网络方式发放问卷 300 份，实地发放问卷 270 份，共收回有效问卷 512 份，问卷有效率为 89.8%。被访者基本情况为：国家与社会管理者占 8.86%，经理人员占 2.15%，私营企业主占 2.93%，专业技术人员占 22.27%，个体工商户占 6.64%，办事人员占 4.69%，商业服务业员工占 9.77%，产业工人占 22.58%，农业劳动者占 8.79%，失业人员占 11.32%。被访者年龄分布为：18～25 岁的占 10.16%，26～35 岁的占 18.75%，36～45 岁的占 33.20%，46～60 岁的占 37.50%，60 岁以上的占 0.39%。被访者文化程度结构为：不识字的占 0.78%，小学占 1.17%，初中占 16.99%，高中（中专、中职）占 26.95%，大专及以上占 54.11%。被访者居住地分布为：城市的占 66.80%，县城的占 13.87%，乡镇的占 4.10%，农村的占 15.23%。问卷还调查了被访者的性别、民族、党派等要素。

（二）民众关注的社会热点问题

课题组根据近一年来全国以及甘肃省经济社会形势变化，设计了 2020 年甘肃省社会热点问题，共有 28 个问题，要求被访者从中选出最关注的十项。统计分析结果显示，被访者最关注的十项热点问题按选择频次从高到低依次为：教育问题、住房问题、生态环境问题、养老与社会保障问题、食品安全问题、医疗问题、反腐败和干部作风问题、就业问题、经济发展形势、公共卫生与疫情防控（见表1）。

表1 2020年甘肃民众对社会热点问题的关注度统计

单位：人，%

关注度排名	关注的问题	频次	个案百分比
1	教育问题	364	71.09
2	住房问题	343	66.99
3	生态环境问题	329	64.26
4	养老与社会保障问题	300	58.59
5	食品安全问题	290	56.64
6	医疗问题	280	54.69
7	反腐败和干部作风问题	262	51.17
8	就业问题	244	47.66
9	经济发展形势	243	47.46
10	公共卫生与疫情防控	218	42.58
11	物价问题	216	42.19
12	新型城镇化建设	169	33.01
13	收入差距和分配制度改革	163	31.84
14	基层降压减负问题	137	26.76
15	交通安全问题	135	26.37
16	农村土地问题	130	25.39
17	扫黑除恶	117	22.85
18	中美关系	113	22.07
19	脱贫攻坚	109	21.29
20	"一带一路"战略和甘肃发展问题	101	19.73
21	乡村振兴	83	16.21
22	中印关系	78	15.23
23	"六稳六保"问题	70	13.67
24	党和国家机构改革	67	13.09
25	"放管服"改革	53	10.35
25	南海局势	53	10.35
25	复工复产问题	53	10.35
28	营商环境问题	47	9.18

与 2019 年甘肃民众关注的热点问题相比较，排在前十位的问题发生了变化。如 2019 年排名第 8 位的"物价问题"下滑到第 11 位，排在第 10 位的"扫黑除恶"问题跌至第 17 位，2020 年新增的"经济发展形势""公共卫生与疫情防控"问题进入被访者关注前十位，其他问题排序基本未变化。这在很大程度上是因为 2020 年突发的新冠肺炎疫情在全国范围内引发了民众对疫情防控、公共卫生及经济形势、就业等问题的极高关注（见表 2）。

表 2　2019 年、2020 年甘肃民众关注热点问题前十位变化情况

关注问题	2019 年排序	2020 年排序
教育问题	1	1
住房问题	3	2
生态环境问题	2	3
养老与社会保障问题	5	4
食品安全问题	6	5
医疗问题	4	6
反腐败和干部作风问题	9	7
就业问题	7	8
经济发展形势	—	9
公共卫生与疫情防控	—	10

结合问卷调查，对 2020 年甘肃民众关注的社会热点问题作如下分析。

1. 教育问题关注度持续高温，连续三年位居榜首

民众对教育问题的关注持续高温。问卷调查显示，有 71.09% 的被访者（364 人）关注"教育问题"，位列第一。这也是自 2018 年以来，教育问题连续三年位居民众关注度榜首。教育公平和教育质量是被访者关注较多的方面。从十个阶层被访者的选择看，私营企业主、专业技术人员、办事人员、个体工商户、商业服务业员工、农业劳动者 6 个阶层被访者选择"教育问题"居其选择首位，国家与社会管理者、产业工人、失业人员选择该项居其选择第 2 位（见表 3）。

表3　十大社会阶层对"教育问题"的选择

单位：人，%

阶层	频次	比例	同阶层中排序
国家与社会管理者	30	68.18	2
经理人员	7	63.64	3
私营企业主	15	100.00	1
专业技术人员	84	73.68	1
办事人员	15	62.50	1
个体工商户	21	61.76	1
商业服务业员工	42	84.00	1
产业工人	83	70.94	2
农业劳动者	32	71.11	1
失业人员	35	60.34	2

2. 住房问题关注度稳中有升，居第2位

住房问题乃民生头等问题，房子、房价一直牵动全社会关切。问卷调查显示，66.99%的被访者（343人）选择"住房问题"，居第2位，排序比2019年上升一个位次。分阶层看，各阶层被访者对于住房问题的关注度都较高，产业工人选择该项居其阶层选择第1位，国家与社会管理者、私营企业主、专业技术人员、办事人员、商业服务业员工5个阶层被访者选择该项居其阶层选择第2位，经理人员和失业人员的关注度略低，选择该项居其阶层第7位、第6位（见表4）。

表4　十大社会阶层对"住房问题"的选择

单位：人，%

阶层	频次	比例	同阶层中排序
国家与社会管理者	26	59.09	2
经理人员	5	45.45	7
私营企业主	11	73.33	2
专业技术人员	79	69.30	2
办事人员	14	58.33	2
个体工商户	18	52.94	3

续表

阶层	频次	比例	同阶层中排序
商业服务业员工	32	64.00	2
产业工人	99	84.62	1
农业劳动者	28	62.22	4
失业人员	31	53.45	6

3. 生态环境问题关注度略有下降，居第3位

甘肃生态环境脆弱，生态环境问题一直是民众关注的热点。2019 年 8 月习近平总书记视察甘肃时指出："这些年来祁连山生态保护由乱到治，大见成效。甘肃生态保护工作体现了新发展理念的要求，希望继续向前推进。"① 近年来，甘肃坚持践行绿色发展理念，持之以恒推进生态环境治理和保护，成效显著。较之 2019 年，民众对"生态环境问题"的关注度下降了 1 个位次，有 64.26%（329 人）的被访者选择，居第 3 位。从十个阶层被访者的关注度来看，国家与社会管理者、经理人员关注度最高，选择该项居其阶层选择第 1 位；个体工商户、农业劳动者选择该项居其阶层选择第 2 位，除了办事人员、失业人员被访者的选择居其阶层第 8 位、第 9 位外，其余阶层的选择都进入其阶层选择前 5 位（见表 5）。

表5　十大社会阶层对"生态环境问题"的选择

单位：人，%

阶层	频次	比例	同阶层中排序
国家与社会管理者	37	84.09	1
经理人员	9	81.82	1
私营企业主	9	60.00	4
专业技术人员	77	67.54	3
办事人员	10	41.67	8
个体工商户	19	55.58	2

① 张晓松、朱基钗、杜尚泽、岳小乔：《开创富民兴陇新局面——习近平总书记甘肃考察纪实》，新华社，2019 年 8 月 24 日。

续表

阶层	频次	比例	同阶层中排序
商业服务业员工	31	62.00	4
产业工人	78	66.67	4
农业劳动者	31	68.89	2
失业人员	28	48.28	9

4. 养老与社会保障问题的关注度有所上升，居第4位

养老与社会保障关系百姓切实利益，是社会稳定器。问卷调查显示，58.59%的被访者（300人）选择关注"养老与社会保障问题"，居第 4 位，关注度比 2019 年上升 1 个位次，反映出民众对于健全养老与社会保障体系的强烈期盼。近年来，甘肃省积极完善养老医疗就业多层次保障体系，在持续扩大覆盖面的同时不断提高保障水平，让百姓实实在在受益。调查显示，各阶层被访者对这一问题的关注度都较高，其中，失业人员、商业服务业员工表现出更多的关注与担忧，选择该项居其阶层选择第 2 位；经理人员、产业工人、农业劳动者阶层被访者选择该项居其阶层选择第 3 位，还有工人在访谈中提出建议国家提高退休职工的待遇，解决生活困难；国家与社会管理者、私营企业主、个体工商户的关注度略低，选择该项居其阶层选择第 9 位、第 9 位和第 8 位。值得注意的是，体制内的专业技术人员和办事人员对这一问题的关注度也比较高（见表6）。

表6　十大社会阶层对"养老与社会保障问题"的选择

单位：人，%

阶层	频次	比例	同阶层中排序
国家与社会管理者	21	47.73	9
经理人员	7	63.64	3
私营企业主	7	46.67	9
专业技术人员	62	54.39	5
办事人员	12	50.00	4
个体工商户	15	44.12	8
商业服务业员工	32	64.00	2

续表

阶层	频次	比例	同阶层中排序
产业工人	80	68.38	3
农业劳动者	29	64.44	3
失业人员	35	60.34	2

5. 食品安全问题关注度与上年持平，居第5位

"民以食为天"，食品安全关系国计民生，始终是民众关注的热点问题。为了让老百姓吃得放心，保障"舌尖上的安全"，甘肃省大力整治食品安全问题，严厉打击生产经营中的违法违规行为，坚决取缔"黑工厂""黑作坊""黑窝点"，整治农产品质量问题，取得积极成效。问卷调查显示，民众对食品安全问题的关注度与上年基本持平，有56.64%的被访者（290人）选择关注，居第5位，与上年相比上升了1个位次。但食品安全问题不容小觑，2020年4月甘肃陇南市发生2起非洲猪瘟疫情，引发了舆论广泛关注。从不同阶层的选择看，被访者关注度有所差异，如经理人员和私营企业主阶层被访者的关注度较高，被访者对该项的选择居其阶层选择第2位，专业技术人员、国家与社会管理者、产业工人、商业服务业员工的关注度居中，办事人员、农业劳动者、个体工商户的关注度较低，如个体工商户被访者选择该项居其阶层选择第11位（见表7）。

表7 十大社会阶层对"食品安全问题"的选择

单位：人，%

阶层	频次	比例	同阶层中排序
国家与社会管理者	23	52.27	5
经理人员	8	72.73	2
私营企业主	11	73.33	2
专业技术人员	62	54.39	4
办事人员	10	41.67	8
个体工商户	14	41.18	11
商业服务业员工	30	60.00	6

续表

阶层	频次	比例	同阶层中排序
产业工人	75	64.10	5
农业劳动者	24	53.33	9
失业人员	33	56.90	5

6. 医疗问题关注度有所下降，居第6位

医疗问题一直是民众关注度居高不下的热点问题。调查结果显示，有54.69%的被访者（280人）选择关注"医疗问题"，居第6位，相比2019年下降了2个位次。这得益于甘肃省大力发展医疗卫生事业，健全基本医疗卫生体系，但医疗资源分配不均、看病难看病贵、就医不方便等问题在不同程度上存在，如有被访者提出，"医院能否对穷困人员去看病，先看病后收钱"，反映出对医疗收费制度改革的盼望。分阶层看，医疗问题进入各阶层被访者选择前十位。其中，办事人员、农业劳动者、失业人员的关注度较高，选择该项居其阶层选择第3位、第4位、第4位，国家与社会管理者、私营企业主的关注度略低，选择该项都位于其阶层选择第9位（见表8）。

表8 十大社会阶层对"医疗问题"的选择

单位：人，%

阶层	频次	比例	同阶层中排序
国家与社会管理者	16	36.36	9
经理人员	6	54.55	6
私营企业主	7	46.67	9
专业技术人员	60	52.63	7
办事人员	13	54.17	3
个体工商户	16	47.06	7
商业服务业员工	27	54.00	7
产业工人	73	62.39	6
农业劳动者	28	62.22	4
失业人员	34	58.62	4

7. 反腐败和干部作风问题关注度稳中有升, 居第7位

当前, 反腐败斗争压倒性态势已经形成并巩固发展, 但反腐败和干部作风建设仍然是民众关注的热点问题。问卷调查显示, 51.17%的被访者 (262人) 关注 "反腐败和干部作风问题", 居第 7 位, 与 2019 年相比上升了 2个位次。从十个阶层的选择看, 各阶层关注度差异较大, 如国家与社会管理者的关注度最高, 选择该项居其阶层选择第 3 位; 私营企业主、办事人员和个体工商户的关注度次之, 都居其阶层选择第 4 位; 专业技术人员和产业工人、商业服务业员工的关注度较低, 尤其是商业服务业员工的关注排名在其阶层 10 名之外, 居第 11 位 (见表 9)。

表 9   十大社会阶层对 "反腐败和干部作风问题" 的选择

单位: 人, %

阶层	频次	比例	同阶层中排序
国家与社会管理者	23	52.27	3
经理人员	5	45.45	7
私营企业主	9	60.00	4
专业技术人员	53	46.49	9
办事人员	12	50.00	4
个体工商户	17	50.00	4
商业服务业员工	23	46.00	11
产业工人	63	53.85	8
农业劳动者	26	57.78	6
失业人员	31	53.45	6

8. 就业问题关注度趋于稳定, 居第8位

调查结果显示, 47.66%的被访者 (244 人) 关注 "就业问题", 排名第 8 位, 比 2019 年下降 1 个位次。从关注情况看, 甘肃民众对就业问题的关注度受疫情影响不大, 这也得益于甘肃省在疫情防控期间采取多种服务保障措施, 如建立 24 小时重点企业用工调度保障机制、建立省际 "点对点" 劳务对接合作机制、开通农民工返岗复工对接服务平台等, 确保就业形势稳定。从十个阶层的选择看, 失业人员对就业问题的关注度居其阶层首位; 商

业服务业员工、国家与社会管理者的关注度也相对靠前，分别居其阶层选择第 4 位、第 5 位；农业劳动者、产业工人和经理人员对就业问题的关注度不高，居其阶层选择第 11 位、第 12 位和第 14 位（见表 10），反映出民众的关注度和职业密切相关。

表 10　十大社会阶层对"就业问题"的选择

单位：人，%

阶层	频次	比例	同阶层中排序
国家与社会管理者	21	47.73	5
经理人员	3	27.27	14
私营企业主	6	40.00	11
专业技术人员	56	49.12	8
办事人员	11	45.83	7
个体工商户	15	44.12	8
商业服务业员工	31	62.00	4
产业工人	41	35.04	12
农业劳动者	20	44.44	11
失业人员	40	68.97	1

9. "经济发展形势"和"公共卫生与疫情防控"居第9位、第10位

2020 年，新冠肺炎疫情对甘肃经济产生了一定冲击，市场主体面临生存压力，尤其是对服务业、中小型制造企业影响较大，引发民众对经济发展形势与公共卫生及疫情防控的密切关注。问卷调查显示，"经济发展形势"和"公共卫生与疫情防控"进入甘肃民众关注前十位。有 47.46% 的被访者（243 人）关注"经济发展形势"，排名第 9 位；有 42.58% 的被访者（218 人）关注"公共卫生与疫情防控"，排名第 10 位，反映了民众对政府提振经济、抗击疫情的期盼。分阶层看，"经济发展形势"进入除农业劳动者之外各阶层选择的前十位，其中经理人员和办事人员的关注度较高，选择该项分别居其阶层选择第 3 位、第 4 位。相比之下，被访者对"公共卫生与疫情防控"的关注度略低，个体工商户、私营企业主、国家与社会管理者、产

业工人的关注进入其阶层选择前十位（见表 11），反映出甘肃民众对疫情没有过度恐慌，对疫情防控充满信心。

表 11 十大社会阶层对"经济发展形势""公共卫生与疫情防控"的关注情况

单位：%

阶层	经济发展形势		公共卫生与疫情防控	
	比例	排序	比例	排序
国家与社会管理者	50.00	5	45.45	9
经理人员	63.64	3	23.27	14
私营企业主	53.33	6	53.33	6
专业技术人员	53.51	6	38.60	11
办事人员	50.00	4	29.17	13
个体工商户	47.06	6	50.00	4
商业服务业员工	54.00	7	48.00	10
产业工人	44.44	10	46.15	9
农业劳动者	42.22	12	51.11	10
失业人员	32.6	10	31.03	13

10. "物价问题"关注度略有下降，居第11位

物价问题是民众感触最直接、最明显的民生问题。问卷调查显示，有42.19%的被访者（216 人）关注"物价问题"，居第 11 位，排名与上年相比下降 3 位。物价问题的高关注度传递出了民生焦虑，寄托着对政府物价调控的希望。从十个阶层被访者的选择看，商业服务业员工、产业工人、失业人员的关注度较高，选择该项居其阶层选择第 7 位、7 位、8 位，国家与社会管理者、经理人员、个体工商户、农业劳动者对该问题的关注较低，选择该项分别居其阶层选择第 16 位、第 21 位、第 18 位、第 17 位（见图 1）。

11. "新型城镇化建设"关注度未变，居第12位

近年来，甘肃省加快推进城镇化建设进程，推进城乡融合发展，提升公共服务水平，得到群众支持。2020 年 5 月 12 日，甘肃省政府专门印发了《甘肃省关于加快推进新型城镇化和城乡融合发展的政策措施》，进一步推动城乡协调高质量发展。就"新型城镇化建设"的关注度，问卷调查显示，

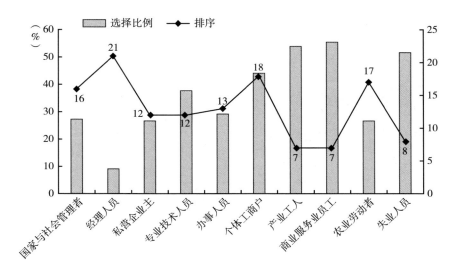

图1　十大社会阶层对"物价问题"的选择

有33.01%的被访者（169人）关注，居第12位，排名与2019年相同。分阶层看，各阶层被访者的关注度差异较大，国家与社会管理者的关注度最高，选择该项居其阶层选择第5位；农业劳动者、私营企业主的关注度次之，对该项的选择在其同阶层中居第6位，这也是因为城镇化建设与农业劳动者关系较大；经理人员和办事人员的关注度靠后，居其阶层选择第20位之后，分别为第21位、第25位（见图2）。

12. "收入差距和分配制度改革"关注度有所上升，居第13位

问卷调查显示，31.84%的被访者（163人）关注"收入差距和分配制度改革"，居第13位，排名比2019年上升2个位次。不同阶层被访者的关注度差别较大。办事人员和专业技术人员被访者的关注度靠前，进入其阶层选择前十位，分别居其阶层选择第8位、第10位；经理人员、农业劳动者、国家与社会管理者、个体工商户对这一问题的关注度不高，分别居其阶层选择第18位、第19位、第21位、第26位（见图3）。

13. "基层降压减负问题"受到较高关注，居第14位

习近平总书记强调，要坚决杜绝形形色色的形式主义官僚主义，持续为

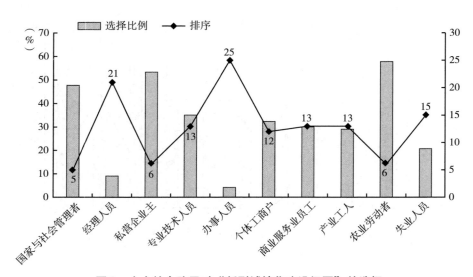

图2 十大社会阶层对"新型城镇化建设问题"的选择

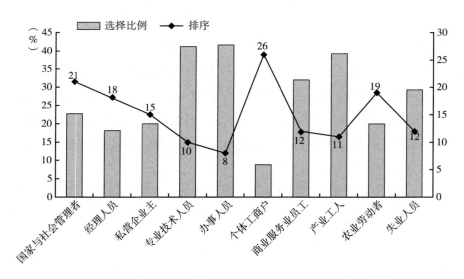

图3 十大社会阶层对"收入差距和分配制度改革问题"的选择

基层松绑减负,让干部有更多时间和精力抓落实。① 2019年是"基层减负年",全省各地深化基层减负各项措施,在繁文缛节上做"减法",在务实

---

① 谭用发:《持之以恒为基层减负》,《人民日报》2020年4月20日。

作风上做"加法",持续解决困扰基层的形式主义问题,受到民众高度赞扬。问卷调查显示,有26.76%的被访者（137人）关注这一问题,居第14位。访谈中,被访者也提出增强工作实效性、多深入基层、多办实事等建议。分阶层看,国家与社会管理者阶层被访者的关注度最高,选择该项居其阶层选择第9位,深刻反映出广大基层干部对减负降压的期盼。个体工商户、农业劳动者和私营企业主对"基层降压减负问题"的关注度较低（见图4）。

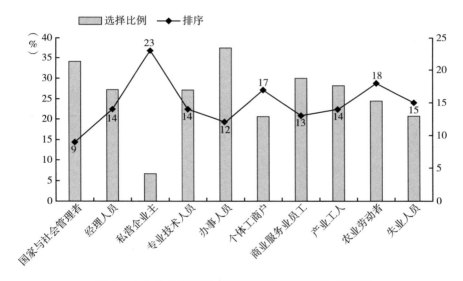

图4 十大社会阶层对"基层降压减负问题"的选择

14. "交通安全问题"和"农村土地问题"关注度基本稳定,居第15位、第16位

调查显示,有26.37%的被访者（135人）关注"交通安全问题",居第15位,相比2019年排名下降1个位次;有25.39%的被访者（130人）关注"农村土地问题",居第16位,比2019年排名上升1个位次。从十个阶层被访者的选择看,商业服务业员工和失业人员对"交通安全问题"的关注度最高,选择该项均居其阶层选择第13位;专业技术人员和产业工人的选择次之,都居其阶层选择第14位。不同阶层被访者对"农村土地问

题"的关注度有所差异。农业劳动者的关注度远高于其他阶层,有57.78%的被访者选择,居其阶层选择第6位;国家与社会管理者作为政策的制定者、实施者,对该问题的关注度也较高,有45.45%的被访者选择,居其阶层选择第14位。

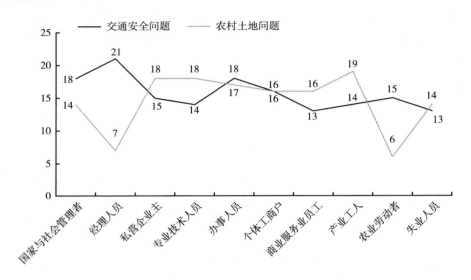

图5 十大社会阶层对"交通安全问题""农村土地问题"的关注排序

15. "扫黑除恶"和"脱贫攻坚"问题关注度下降明显,居第17位、第19位

问卷调查显示,"扫黑除恶"和"脱贫攻坚"问题关注度与2019年相比下降明显。有22.85%的被访者(117人)关注"扫黑除恶",居第17位,相比2019年第10的排名下降7个位次;有21.29%的被访者(109人)关注"脱贫攻坚",居第19位,相比2019年第11的排名下降8个位次,在一定程度上反映出"扫黑除恶"和"脱贫攻坚"在实施中取得了较大成效,赢得了民众的支持和信心,使这两类问题逐渐从热点转为非热点。分阶层看,经理人员、私营企业主和农业劳动者对"扫黑除恶"的关注度略高;经理人员、农业劳动者和个体工商户对"脱贫攻坚"的关注度较高。

16. "中美关系"问题关注度大幅上升,居第18位

调查结果显示,甘肃民众对"中美关系"关注度大幅上升,有22.07%

的被访者（113 人）关注"中美关系"，排名第 18 位，相比 2019 年上升了 4 个位次。这在较大程度上受到新冠肺炎疫情和中美贸易摩擦的影响。相比之下，甘肃民众对"中印关系""南海局势"的关注度较低。有 15.23% 的被访者（78 人）选择关注"中印关系"，排名第 22 位。关注"南海局势"的被访者较少，有 10.35%（53 人）的被访者关注，排名第 25 位。

17. "'一带一路'战略和甘肃发展问题""乡村振兴"民众关注度变化不大，居第20位、第21位

"'一带一路'战略和甘肃发展问题""乡村振兴"都是关系甘肃发展的重大工程、重大任务。问卷调查显示，民众对于这些问题的关注度不高。有 19.73% 的被访者（101 人）关注"'一带一路'战略和甘肃发展"问题，排第 20 位，同 2019 年相比下降 1 个位次；有 16.21 的被访者（83 人）关注"乡村振兴"问题，排第 21 位，比 2019 年下降 3 个位次。反映出"一带一路"建设、乡村振兴的宣传力度还需加强。分阶层看，被访者中国家与社会管理者对"'一带一路'战略和甘肃发展问题"最为关注，选择该项居其阶层选择第 13 位；农业劳动者对"乡村振兴"问题最为关注，有 28.89% 的被访者选择，居其阶层选择第 16 位。

18. 民众对"'六稳六保'问题""复工复产问题"关注度不高，排名靠后

受新冠肺炎疫情、中美贸易摩擦等影响，我国经济运行稳中有变，稳中有忧，统筹抓好疫情防控和复工复产，做好"六稳六保"，对于稳定社会预期和维持正常的经济社会秩序意义重大。但受宣传等因素影响，甘肃民众对"'六稳六保'问题""复工复产问题"的关注度不高。问卷调查显示，有 13.67% 的被访者（70 人）关注"'六稳六保'问题"，排名第 23 位；有 10.35% 的被访者（53 人）关注"复工复产问题"，排名第 25 位。

19. 民众对"党和国家机构改革""'放管服'改革"关注热情低，"营商环境问题"关注度居尾

问卷调查显示，民众对"党和国家机构改革""'放管服'改革""营商环境问题"的关注度较低，排名靠后。有 13.09 的被访者（67 人）关注

"党和国家机构改革",排名第 24 位;有 10.35 的被访者(53 人)关注"'放管服'改革",排名第 25 位,两个问题的关注度排名与 2019 年相同。有 9.18% 的被访者(47 人)关注"营商环境问题",排名末位,相比 2019 年下滑了 5 个位次。

(三)社会热点问题关注原因

被访者选择关注热点问题的主要原因是"与个人利益有联系"和"相关社会问题影响大"。问及"您关注上述问题的原因",29.14% 的被访者认为是"与个人利益有联系",28.11% 的被访者认为是"相关问题社会影响大",此外,媒介的报道对被访者的关注也有影响,如有 24.34% 的被访者认为是"电视、报刊等媒体报道多",这在民众对疫情防控、经济发展形势和中美关系等问题的关注上表现得尤为明显(见图 6)。

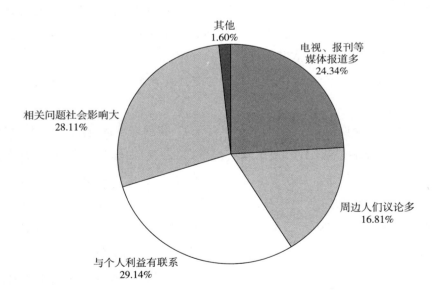

图 6 被访者选择热点问题的原因

二　网络涉甘舆情调查

　　网络舆情是社会舆情的主要方面，对舆情生成、传播和引导具有深刻影响。中国互联网络信息中心（CNNIC）发布的第 45 次《中国互联网络发展状况统计报告》显示，截至 2020 年 3 月，我国网民规模达 9.04 亿，较 2018 年底增加 7508 万，互联网普及率达 64.5%，较 2018 年底提升 4.9 个百分点。① 目前，随着微信、微博、抖音、网络社群等媒体的快速普及，网民规模持续增长，形成了一个个风格各异的网络群体。网络群体具有共情性、本我性、身份焦虑性、盲从性、无组织性等特征，深刻影响着政治、经济、社会和文化舆论的形态。基于此，本课题对一年来网络涉甘事件进行梳理，并对其特点、趋势进行分析，为政府及有关部门有效应对网络舆情提供参考。

　　在研究方法上，课题依托新闻、新浪微博、微信、论坛等，对网络涉甘事件进行检索整理，将检索时间限定于 2019 年 10 月至 2020 年 9 月。经检索，共梳理出网络涉甘事件 19 件（见表 12）。

表 12　主要网络涉甘事件

序号	时间	事件
1	2019 年 10 月 22 日	兰州一医生被患者袭击身亡
2	2019 年 11 月 16 日	甘肃人社厅任性用权被问责
3	2019 年 11 月 28 日	兰州兽研所布鲁氏菌抗体阳性事件
4	2019 年 12 月 2 日	惊艳！中国旅游标志"铜奔马"再次奔上央视
5	2020 年 2 月 16 日	"甘肃方剂"助力新冠肺炎防治
6	2020 年 2 月 28 日	甘肃省妇幼保健院回应护士被剃光头
7	2020 年 3 月 19 日	甘肃 5 名公职人员私自接境外输入病例回国被刑拘
8	2020 年 3 月 19 日	甘肃倡议干部带头下馆子：每周消费不低于两百元
9	2020 年 4 月 2 日	市民连夜抢购米面油
10	2020 年 4 月 9 日	甘肃援鄂护士求入编

① 中国互联网络信息中心（CNNIC）：《第 45 次〈中国互联网络发展状况统计报告〉》，2020 年 4 月 28 日。

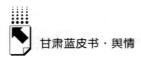

序号	时间	事件
11	2020 年 4 月 5 日	甘肃某银行股价大跌引发挤兑事件
12	2020 年 8 月 18 日	甘肃陇南连遭暴雨,13 万人受灾! 紧急转移 2000 余人
13	2020 年 9 月 6 日	甘肃白银一公司发生爆炸,致 1 死 7 伤 2 人失踪
14	2020 年 9 月 7 日	西北民族大学 265 人感染诺如病毒
15	2020 年 9 月 13 日	"敦煌陷阱公厕"
16	2020 年 9 月 21 日	甘肃一男孩摸路边锁车钢管触电身亡
17	2020 年 9 月 15 日	兰州通报兽研所布病事件:确认阳性 3245 人
18	2020 年 9 月 15 日	甘肃省 8 市县入围第六届全国文明城市参评名单
19	2020 年 9 月 22 日	兰州出租车驾驶员不得有文身

由于网络基础设施建设的不平衡,网民的素质、参与热情和参与能力等影响,以及筛选样本和检索方法的有限性,上述网络涉甘事件不能全面反映甘肃网络舆情,但能在一定程度上反映涉甘网络舆情的特点和走向。2019年下半年至 2020 年上半年,网络涉甘事件涉及疫情防控、社会治安、食品安全、市场秩序等方面,数量不多,正负面都有涉及,其中不少是由新冠肺炎疫情影响引发的,如"'甘肃方剂'助力新冠肺炎防治""甘肃省妇幼保健院回应护士被剃光头""甘肃 5 名公职人员私自接境外输入病例回国被刑拘",也有一些本区域发生的舆情引发网民高度关注。如"兰州一医生被患者袭击身亡"引发了全社会对暴力伤医甚至杀医行为的思考。"兰州兽研所布鲁氏菌抗体阳性事件"在网络问答平台知乎发帖后,被大量关注,登上知乎热搜,并被人民网、搜狐网等多家媒体报道,凸显了舆情热度板块下沉的特点。从政府应对来看,积极回应舆情呈常态化。如"兰州布病事件"发生后,甘肃省、兰州市高度重视,组成调查组开展调查,做好善后处置工作,及时公布最新信息,依法从严、快速追究相关单位和人员责任,促进问题解决,一定程度上平息了舆论不满。

三 分析与结论

分析 2020 年甘肃民众关注的社会热点问题及网络涉甘事件,得出以下结论。

（一）民生问题仍然是民众关注焦点

舆情的背后是民生。分析近年来甘肃民众关注的社会热点问题和网络涉甘事件，民生问题始终是各阶层民众关注焦点（见图7）。如教育问题连续三年居甘肃民众关注度榜首，也是访谈中被访者反映比较多的方面，入学难、学区房、补课、兴趣班、中考难等问题牵动着广大民众的神经，其次是住房问题，高房价引发的民众焦虑，造成"因房致贫"、高价彩礼及刑事犯罪等问题不容忽视。2020年受新冠肺炎疫情影响，与疫情防控相关的话题受到全社会高度关注，"公共卫生与疫情防控"问题居民众关注第十位，但对民众关注民生问题的主流影响不大。这不仅是因为甘肃位于西部地区，受疫情的冲击和影响相对小，更是因为民生问题与民众息息相关，民众对民生的感触更为直接、敏感，也更容易在网上网下引起共鸣，推高舆情热度。因此，舆情的深层次问题就是民生问题，凝聚着民众对美好生活的期盼和对公平正义的诉求。

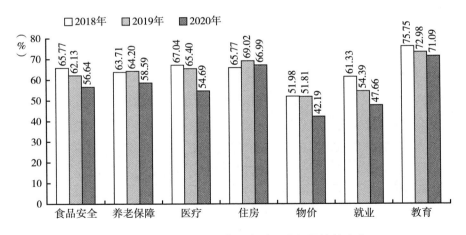

图7　2018～2020年甘肃民众对民生问题的关注度

（二）阶层和居住地影响民众关注度

不同职业、不同居住地的民众利益诉求不同，其所关注的社会热点问题就有所差异。结合问卷调查来看，阶层和居住地影响民众对热点问题的关注度。如国家与社会管理者对"反腐败和干部作风问题""公共卫生与疫情防控""基层降压减负问题""党和国家机构改革"等问题的关注度高于其他阶层被访者；经理人员、私营企业主阶层对"经济发展形势""'六稳六保'问题"的关注度较高；失业人员、商业服务业员工对"就业问题""物价问题"的关注度较高，受职业影响，农民对"乡村振兴""脱贫攻坚""农村土地问题""新型城镇化建设"等问题的关注度较高。

同时，不同居住地民众的关注热点也有差别。如对于排名前十位的社会热点问题，居住在城市、县城的被访者对教育问题更为关注；居住在乡镇、农村的被访者对住房问题更为关注；居住在乡镇的被访者对就业问题、医疗问题、反腐败和干部作风问题的关注度更高，居住在县城的被访者对生态环境问题的关注度更高（见图8）。

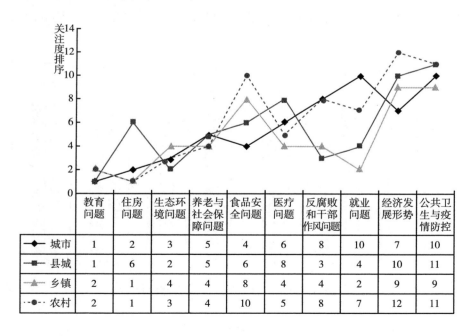

图8　不同居住地被访者对热点问题的关注度比较

（三）经济发展对社会舆情生成变化影响最大

经济发展是公共服务和民生建设的基础，也是影响民众社会心态、舆论表达及行为选择的重要因素。问卷调查中，75.98%的被访者认为"经济"问题是影响当地社会发展的主要问题，居被访者选择首位。"发展理念"和"发展环境"分别有61.52%和56.45%的被访者选择（见图9）。地方舆情的形成和变化，可以说是地方经济、发展环境、干部作风、教育水平等因素综合作用的结果。对于欠发达地区而言，因资源有限，一定范围存在分配不公、贫富差距、市场环境不优等现象，部分群众的诉求得不到满足容易产生不满情绪，发表负面舆论。

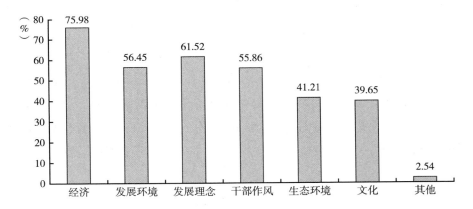

图9　甘肃民众对影响当地社会发展主要问题的选择

（四）网络舆情基本平稳，政府应对能力提升

梳理2020年网络涉甘事件，可以看出网络舆情总体平稳，出现个别影响力较大的舆情事件，如"兰州布病事件""敦煌陷阱公厕"等，受到舆论高度关注，但基本稳定可控，网民能够理性参与，正能量充沛，如中国旅游标志"铜奔马"再次奔上央视、"甘肃方剂"助力新冠肺炎防治、甘肃省8市县入围第六届全国文明城市参评名单等事件都是网民从正面对甘肃进行宣

传；政府具备了一定舆情素养，能够在事件发生后快速回应、及时处置、公开信息，应对能力不断提升。从网络涉甘事件的特点来看，一是舆情热点主要围绕民生问题、社会安全、疫情防控、市场秩序等，体现出网民对于民生保障和公平正义的诉求。二是事件网络传播中自媒体作用突出。不少事件最先都是由微博、抖音、微信发出，再由其他媒体转发引发社会高度关注的。如"敦煌陷阱公厕"最先由网友爆料并迅速引发舆论关注，在2020年9月13日至15日晚间，视频在抖音平台的点赞量已超过40万，有上万条评论，微博、网易、知乎、中国网、人民网等媒体进行了转载。三是政府舆情处置趋于成熟。各地通过健全制度机制，建设领导干部应急演练基地、舆评中心、融媒体中心等，提高了舆情处置能力，互联网和社会治理的甘肃样本在实践中不断深化。在"兰州布病事件"中，甘肃省卫健委发布了事件调查处置情况通报，开展了诊疗、污染物整改及患者心理辅导等工作，2020年9月，兰州市卫健委发布了《兰州兽研所布鲁氏菌抗体阳性事件处置工作情况通报》，自10月分批次开展补偿赔偿工作，推进了事件解决。"敦煌陷阱公厕"事件中，敦煌市对涉事经营者进行了相应调查和处理，开展了旅游业行政执法专项整治，得到了群众认同。但是，一些事件的处置也暴露出政府舆情管理能力欠缺、危机应对能力不足、信息沟通渠道不畅等问题。

四　对策建议

近年来，随着西部地区全面深化改革的深入推进，经济社会发展不平衡不充分的状况得到改善，但在发展过程中一些困难和问题也随之产生，脱贫攻坚、生态环境、乡村振兴、公共服务、医疗卫生等领域容易出现重大舆情风险，舆情治理面临群众利益诉求增多与治理机制不完善的矛盾，对地方社会治理形成压力，也对地方扩大宣传、提升形象带来机遇。各级政府要革故鼎新固有思维，提升舆情素养和治理能力。问卷调查中，就"解决当前突出的社会热点问题，您认为应该采取哪些举措"，居被访者选择前三位的"持续保障和改善民生"、"健全社会问题解决机制"和"民众科学对待，理性参与"，选择比例分别为 70.90%、63.09%、53.91%（见图 10）。对此，治理社会热点问题及网络舆情，需从以下方面着手。

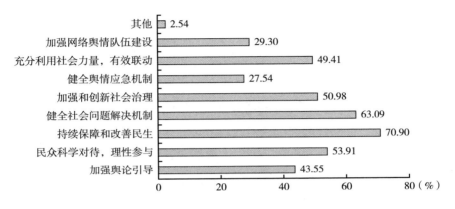

图 10　被访者对解决社会热点问题对策的看法

（一）提高政府舆情素养和应急能力

当前，涉医疗、教育、生命健康等民生领域，政府部门重大政策措施存在被误解误读的问题，涉及公众切身利益且产生较大影响的问题以及涉及突发公共事件处置和应对的问题是当前社会舆论的高敏领域。[1] 各级政府及相关部门要提高舆情素养，对群众关切的热点问题和舆情事件要快速发声、释放权威信号、加强舆论引导，最大限度压缩谣言炒作空间，防止"次生灾害"发生。互联网舆论变化过程呈倒 V 形或单峰形、圆形、双峰形或者多峰形、波浪形等形态。[2] 波浪形的互联网舆情是长期社会现象的舆情反映。[3] 针对网络舆情传播变化的规律，政府要尊重网络运行规则，读懂网民群体特征，区分不同类型的网络舆论加以引导，大力优化政策供给，化解网络事件发生的环境酝酿和动机。要加强对高敏领域舆情的预警及研判，不断健全舆

---

① 人民网舆情数据中心：《舆情风险防范与化解研究》，http：// yuqing. rednet. cn/Article. asp? id = 317841，2019 年 2 月 25 日。
② 李楠：《网络舆情的应对与处置研究》，《新闻研究导刊》2020 年第 3 期。
③ 李纲、陈璟浩：《突发公共事件网络舆情研究综述》，《图书馆情报知识》2014 年第 2 期。

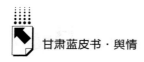

情引导处置机制，加强自身应急管理、应对公共危机预警与处置能力建设，健全信息公开机制，及时、主动公布相关信息，掌握舆论引导的主动权。

（二）加强舆情监测和评估

一是利用舆情监测技术、大数据等，对新闻网站、贴吧、微博、微信、抖音、博客、论坛、社交网站的信息进行采集监测、滤除、保存等，并定性定量结合，对网民的情感态度、舆论动向、群体行为、公众情绪、社会认知进行分析处理，得到评论的正负取向。二是健全网络舆情监测机制和网络舆论的跟踪机制、联动处置机制，利用大数据对各阶层、群体进行分析。针对评估结果，建立舆情预警和应急预案，并构建应急处置的领导机构和专家咨询队伍，提高舆情处理的制度化程度。三是加强专业培训。围绕新时代舆情素养及风险防控，对全省各地特别是基层舆情从业人员进行专业化培训，传授舆情管理的专业知识、实战知识和应对技巧，积极探索和总结舆论引导与舆情应对的实操经验。

（三）重视公众参与

党的十九届四中全会提出"坚持和完善共建共治共享的社会治理制度"，政府应当以"寻求社会共识的最大公约数"的理念来对待社会热点及网络舆论的公众参与性问题，建立多层次的治理体系，从治理的单一主体过渡到多元主体的共同治理。[①] 一要发挥党政机关和主流媒体的作用。建立舆情收集反馈机制，利用门户网站、听证论证、留言箱、网络留言板、微信公众号、抖音平台等方式，倾听民意、了解民情、接受监督、纾解舆情；组织专业力量对政府电子政务建设情况进行评估，逐步构建省域乃至全国统一的网络舆情平台。巩固壮大主流思想舆论阵地，做大做强舆论传播平台，正确、及时地发布信息，合理引导舆论发展，牢牢把握舆论主导权。二要加强自媒体平台基础管理能力。持续整治自媒体散布虚假信息、宣传错误价值

---

① 刘楠：《治理网络舆情，政府该如何着手》，《人民论坛》2018 年 3 月 13 日。

观、恶意营销等乱象，进一步完善自媒体内容生产及运营的制度规范，建立正向激励机制，鼓励自媒体生产高质量的信息内容；推进微博、微信等平台公众账号的分级分类管理，靠实平台、用户和属地责任，提高平台基础管理能力。三要发挥网评员和广大党员的积极作用。加强对政府重大决策、重点工作、重要荣誉的宣传，凝聚发展正能量，引导广大网民合理、科学、有序认同，并针对不良舆论及时解疑释惑，疏导民怨。四要促进网民理性参与。不断完善网络法律制度，从立法层面明确舆情治理的主体、原则、法律责任、措施手段等，严厉打击网络违法犯罪行为，并教育广大网民文明用网，不信谣、不传谣，维护网络清朗空间。

（四）着力保障改善民生

在全面小康社会建设的决战时期，政府应对舆情应从关注民生做起，关注不同阶层民众多样化的物质文化需求，把握舆情主流民意，聚焦短板弱项，着力推进各领域改革，创新基层治理制度，将民生问题落到实处。特别是对于民众长期关注的舆情问题，对于教育、医疗、养老、住房等容易影响弱势群体心理安全感和相对剥夺感的问题要重点考量，大力实施民生工程，借助大数据等先进技术整合服务资源，逐步改善民生条件，增进百姓福祉，并利用多种媒体加大宣传力度，提高民众获得感、幸福感、安全感。

B.3
民众对"十四五"规划的期待及建议

魏学宏*

摘　要：　"十四五"规划是对未来五年经济社会的擘画。本研究通过问卷、访谈调查了解到，被访者对甘肃未来五年经济社会发展表现出乐观态度，最关心规划中民生保障内容，期待甘肃未来五年在公共服务设施如教育、医疗、文体等方面供给更优。编制"十四五"规划，需要做好过去基础与未来建设的有效对接，确保规划的引领和导向；科学编制规划需要深入调查研究，广泛征求民众意见，从群众最根本的利益出发，坚持群众观点，搞清楚问题、找精准症结，避免脱离实际；规划编制需要重视解决瓶颈问题，科学谋划"三个重大"，突出自身发展特色，重视规划实施的可操作性，拿出破解问题的实招、硬招。

关键词：　"十四五"规划　科学编制　民生保障

　　"十四五"规划将在我国实现第一个百年奋斗目标全面建成小康社会，向第二个百年奋斗目标全面建设社会主义现代化国家的历史交汇期编制并出台。"十四五"规划是对过去五年经济社会发展的检视，也对未来五年发展起着指导作用，是事关经济社会发展的纲领性文件。"十四五"规划编制能否充分体现社会期盼，以更宽广的视野、更高的目标要求聚焦当前国内、省

---

　　* 魏学宏，甘肃省社会科学院决策咨询研究所研究员，主要研究方向为美学、信息与文化。

域、县内发展差距，以更有力的举措谋篇布局，解决当前的困难问题十分重要。因此，"十四五"规划编制不但需要强有力的顶层设计，更需要开门问策、问计于民，把人民群众的巧构思、好想法、新期待充分反映在规划中，集思广益，齐心协力，使"十四五"规划成为集中民意、汇聚民智、形成共识的科学规划。

"十四五"规划是促进甘肃未来五年国民经济和社会持续、快速、健康发展的重要保障，核心是为甘肃未来五年国民经济和社会发展擘画蓝图。那么，民众对甘肃"十四五"规划充满哪些期待，对"十四五"内容有哪些建议？对此，本课题组做了调查访谈。民众对规划的期待和建议，表达的是对甘肃经济社会发展的宏观设想和微观感受，也是规划科学编制的努力方向。

一　调查对象的基本概况

《民众对"十四五"规划的期待及建议》的舆情调研形式是问卷和访谈，课题组先后在定西市、天水市和兰州市发放 450 份问卷，收回 418 份问卷，有效问卷 397 份，问卷的有效率是 88.2%，我们用 SPSS 软件处理了所有问卷，结合部分市县"十四五"规划编制座谈会及调查的第一手数据对相关问题进行梳理分析。

在本次调研中，被访对象涵盖了生活在市区、县城、乡镇、农村等区域的居民。从性别结构看，69.38% 为男性，30.62% 为女性。从年龄分布看，18～25 岁的有 24 人，比例为 6.04%；26～35 岁的有 97 人，比例为 24.43%；36～45 岁的有 159 人，比例为 40.05%；46～60 岁的有 109 人，比例为 27.46%；60 岁以上的有 8 人，比例为 2.02%。职业分布在 10 个阶层，国家与社会管理者阶层比例为 25.79%、办事人员阶层比例为 18.74%、专业技术人员阶层比例为 11.83%、产业工人阶层比例为 10.91%、农业劳动者阶层比例为 8.17%、私营企业主阶层比例为 7.60%、商业服务业员工阶层比例为 6.62%、个体工商户阶层比例为 4.44%、经理人员阶层比例为 3.25%、失业人员阶层比例为 2.65%。

二 调研问卷数据分析

（一）近九成的被访者对甘肃未来五年经济社会发展表现出乐观态度

问及"您对甘肃未来五年经济社会发展持何种态度"时，66.73%的被访者选择了"非常乐观"，22.28%的被访者选择了"受疫情影响，谨慎乐观"，这两项合计占比为89.01%。6.41%的被访者选择了"比较悲观"，1.42%的被访者选择了"非常悲观"，3.16%的被访者选择了"说不清"（见图1）。

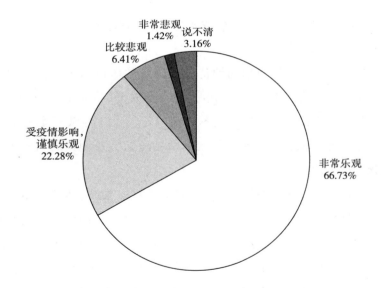

图1　被访者对未来五年经济社会发展持有态度的选择比例

经济社会发展关乎每一个百姓的工作和生活。未来五年，我国经济社会发展面临许多挑战和机遇，特别是新冠肺炎疫情之后，世界经济低迷，我国经济下行压力增大。从调查来看，被访者对甘肃未来五年经济呈现的发展态势充满憧憬和期待。

从调查的阶层来分析，国家与社会管理者阶层（行政管理职权的领导干部）对未来五年经济社会发展态势表现出乐观态度，选择"非常乐观"和"受疫情影响，谨慎乐观"两个选项的比例共计为74.47%；办事员人员阶层对这两个选项的选择比例共计为70.24%。总体而言，治理和引导经济社会发展的政府部门的工作者或者社会机构的办事人员，对"十四五"时期经济社会发展呈现的是乐观态度。与此同时，受贸易壁垒、关税提升、投资受阻等国际环境的影响，以及国内防疫的常态化，国企或私企中的高级管理人员对甘肃"十四五"时期社会经济呈现的发展态势表现得"比较悲观"，占比为20.83%，商业服务业员工阶层的选择比例是13.34%。这就要求政府在常态化防疫中，加大对处于入不敷出乃至濒临破产的边缘群体的政策倾斜，注重在复工复产中科学施策，真正及时落实各项优惠和补助政策，通过政策红利减轻中小企业以及低收入者需要长期应对的各种负担，帮助他们增加收入，增强民众、企业信心和勇气。

（二）被访者最关心"十四五"规划涉及的民生保障内容

"十四五"规划内容涉及基础设施建设、生态环境保护、现代产业体系构建、创新驱动、改革开放、民生保障、社会治理等经济社会发展的各个方面，一些内容、问题也是人民群众最关心的、最现实的与自己利益相关的问题。对于问题"'十四五'规划内容，您最关心哪些方面"，此问题设置了乡村振兴、生态环境保护、产业高质量发展、基础设施建设、创新驱动、改革开放、民生保障、社会治理等8个选项，在397份有效问卷中，选择人数排在第一位的是民生保障，选择个案比例为67.51%；排在第二位的是基础设施建设，选择个案比例为58.94%；排在第三位的是生态环境保护，选择个案比例为51.39%；排在第四位的是乡村振兴，选择个案比例为40.81%（见图2）。

破解发展的不平衡不充分问题，是"十四五"规划的出发点和落脚点，满足人民日益增长的对美好生活需要的内容是"十四五"规划的重点，让人民群众享受更多的发展福祉是"十四五"规划中需要新突破的内容。实

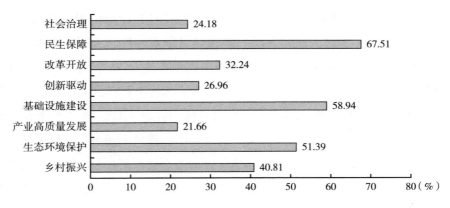

图2　被访者关心"十四五"规划涉及主要内容的选择比例

际关注民生也是历届党代会报告、历年政府工作报告、历次五年规划重点关注的问题。如党的十六大的"千方百计扩大就业，不断改善人民生活"，党的十七大的"加快推进以改善民生为重点的社会建设"，党的十八大的"在改善民生和创新管理中加强社会建设"，党的十九大的"提高保障和改善民生水平，加强和创新社会治理"。历年政府工作报告中关于民生都有总体阐述，2015年是"持续推进民生改善和社会建设"，2016年是"切实保障改善民生，加强社会建设"，2017年是"推进以保障和改善民生为重点的社会建设"，2018年是"提高保障和改善民生水平"，2019年是"加快发展社会事业，更好保障和改善民生"。我国国民经济计划中从"六五"开始增加社会发展的内容，"十五"提出"坚持把提高人民生活水平作为根本出发点"，"十一五"内容是"要按照以人为本的要求，从解决关系人民群众切身利益的现实问题入手，更加注重经济社会协调发展，加快发展社会事业，促进人的全面发展"，"十二五"内容是"坚持把保障和改善民生作为加快转变经济发展方式的根本出发点和落脚点"，"十三五"内容是"必须坚持以人民为中心的发展思想，把增进人民福祉、促进人的全面发展作为发展的出发点和落脚点"。经过十三个五年的努力，我国在很大程度上改观了民生状况，但当前在就业、教育、医疗、社保、居住、健康养老等公共服务领域仍然存在系列短板。所以，被访者对"十四五"规划主要内容方面最为关心民生保障也是自然而然的事情。"十四五"时期，也十分有必要围绕补短板、扩供给、提质量、促创新具体开展民生工作，解决民生问题，增强民众的获得感和幸福感。

（三）被访者对"十四五"规划涉及主要内容方面的具体期待

1. 近六成的被访者认为应该加强农村基础设施建设推进乡村振兴战略

问及"您认为应该从哪些方面推进乡村振兴战略"，9 个选项中，选择人次排在第一位的是加强农村基础设施建设，个案百分比为 67.76%；排在第二位的是发展优质高效绿色现代农业，个案百分比为 59.65%；排在第三位的是推进农村民生综合服务建设，个案百分比为 54.39%（见图 3）。

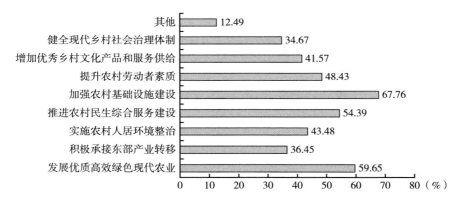

图 3　被访者认为推进乡村振兴战略需要加强的方面的选择比例

2. 近八成的被访者认为生态环境保护与治理应该提升空气质量

问及"在生态环境保护与治理方面，您认为最应该做的是"，10 个选项中，选择人次排在第一位的是提升空气质量，个案百分比为 77.57%；排在第二位的是加强自然生态保护，个案百分比为 69.46%；排在第三位的是加快黄河流域生态保护和高质量发展，个案百分比为 64.17%（见图 4）。

"十四五"时期是深化生态文明改革、全面重构生态环境保护制度的关键阶段，也是开启美丽中国建设的攻坚期。建设"天蓝、地绿、水清、河美"的生态环境就要坚决打好蓝天、碧水、净土保卫战。人们对美好环境

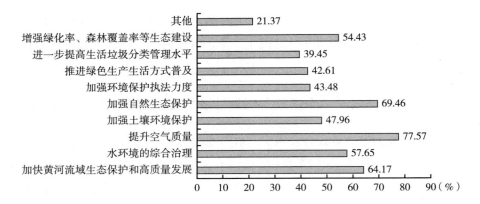

其他 21.37
增强绿化率、森林覆盖率等生态建设 54.43
进一步提高生活垃圾分类管理水平 39.45
推进绿色生产生活方式普及 42.61
加强环境保护执法力度 43.48
加强自然生态保护 69.46
加强土壤环境保护 47.96
提升空气质量 77.57
水环境的综合治理 57.65
加快黄河流域生态保护和高质量发展 64.17

图4　被访者认为在生态环境保护与治理方面最应该做的事情的选择比例

的向往和期盼就是蓝天白云、碧水青山，清风缕缕，繁星点点。所以，人们选择把提升空气质量放在建设生态文明、保护生态环境的首要位置。

3. 八成多的被访者认为全面补齐城乡基础设施建设需要加快对外快速交通设施建设

问及"您认为全面补齐城乡基础设施建设需要加快的是"，8个选项中，选择人次排在第一位的是加快对外快速交通设施建设（飞机、地铁、公路、快速公交等），个案百分比为84.73%；排在第二位的是加快城镇基础设施支撑保障能力建设，个案百分比为78.36%；排在第三位的是加快推进信息基础设施建设，个案百分比为72.17%（见图5）。

经济发展的大动脉是交通，交通互联互通的缺乏是城乡基础设施的短板，"十四五"期间不但要全面补齐短板，加快城乡基础设施互联互通，更要加快对外快速交通设施建设（飞机、地铁、公路、快速公交等）的统筹安排，通过现代基础设施网络的提档升级、安全高效、智能绿色，体现交通对经济社会发展的巨大支撑作用。访谈中，民众期待加大贫困地区公路建设，建好、管好、护好、运营好"农村四好"公路，实施一批资源路、旅游路、产业路项目建设，巩固脱贫攻坚成果，推动生产要素流动，打破"越贫穷发展越慢、发展越慢越贫穷"的恶性循环。同时，被访者认为，在未来经济社会发展中，新基建发挥的支撑作用将更加重要，并将在新一轮经

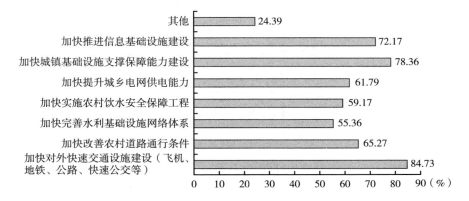

图5 被访者认为全面补齐城乡基础设施建设需要加快做的工作的选择比例

济增长中发挥新动能的作用。特别是大数据、互联网、人工智能将推动经济社会数字化转型。因此，期待国家加大对5G网络、数据中心等新型基础设施建设的投入，让更多人享受新时代智慧经济、数字经济的红利。

4. 七成多的被访者认为民生发展方面应该加强就业帮扶

民生问题是"十四五"规划内容绕不开的问题，也是民众最关心、最充满期待的问题。为此，我们设计了加强就业帮扶、推进教育优质均衡、加快推进卫生健康事业高质量发展、健全全覆盖可持续的社保体系、提升文化体育发展质量、提高城乡居民收入、其他等7个问题进行了问卷调查。问及"在民生发展方面，您认为规划应该包含的内容是"时，在397份问卷中，选择人数超过一半的有四项，排在第一位的是加强就业帮扶，个案百分比为72.06%；第二位的是推进教育优质均衡，个案百分比为66.14%；第三位的是加快推进卫生健康事业高质量发展，个案百分比是60.54%；第四位的是健全全覆盖可持续的社保体系，个案百分比为55.09%（见图6）。

就业是民生之本、稳定之基。解决各个群体就业、失业群体再就业问题，以及如何开发更多就业岗位，不仅影响甘肃未来经济社会的发展，而且也关系到社会稳定。被访者普遍期待民生发展方面加强就业帮扶。访谈中，被访者普遍希望国家能有更加积极的就业政策出台，实现更高质量和更充分的就业，同时多渠道、多途径地解决大学生、退役军人、就业困难人员等重

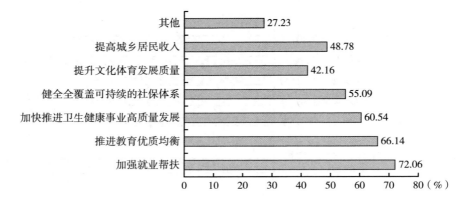

其他　27.23
提高城乡居民收入　48.78
提升文化体育发展质量　42.16
健全全覆盖可持续的社保体系　55.09
加快推进卫生健康事业高质量发展　60.54
推进教育优质均衡　66.14
加强就业帮扶　72.06

图6　被访者认为民生发展方面应该包含的内容的选择比例

点群体就业创业，加大对低收入人群的政策兜底与支持力度。所以，面对当前就业压力，需要在"十四五"规划做好顶层设计，采取切实有效措施和办法解决就业再就业问题。

5. 近七成的被访者认为未来五年的全面深化改革应推进农业农村改革

发展中国特色社会主义的基本方略之一是坚持全面深化改革。未来五年提升人们的获得感，全面深化改革不可或缺。问及"您认为未来五年的全面深化改革，应该都从哪些方面着手"，在深化供给侧结构性改革、深化要素配置改革、着力优化良好营商环境、推进农业农村改革、加快投融资体制改革、深化医药卫生体制改革、推进人才体制机制改革7个选项中，被访者选择排在第一位的是推进农业农村改革，个案百分比是68.51%；第二位的是深化医药卫生体制改革，个案百分比是57.72%；第三位的是着力优化良好营商环境，个案百分比是51.34%；第四位的是推进人才体制机制改革，个案百分比是50.18%（见图7）。

6. 近八成的被访者认为国家治理体系和社会治理能力建设应重点提升政府治理能力和服务水平

问及"未来五年，您认为国家治理体系和社会治理能力建设应在哪些方面进行重点提升"，选择提升政府治理能力和服务水平一项的最多，个案百分比是76.89%；第二位是深化司法改革，个案百分比是69.73%；第三

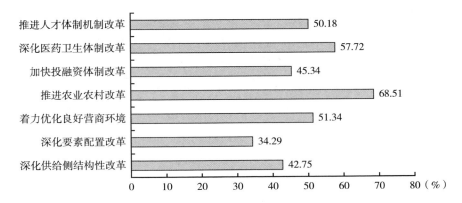

图7 被访者认为未来五年全面深化改革应该着手的工作的选择比例

位是应急预警管理体系建设,个案百分比是 65.09%;第四位是加强城乡社区建设,个案百分比是 60.93%。第五位是完善信用制度,个案百分比是 54.73%（见图 8）。

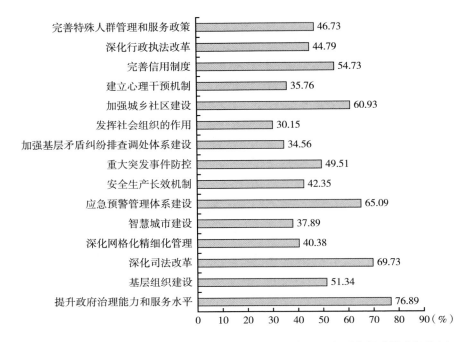

图8 被访者认为国家治理体系和社会治理能力建设需要进行重点提升的选择比例

中国特色社会主义制度优势和治理效能，在2020年新冠肺炎疫情防控阻击战中得到了充分彰显。被访者认为国家治理体系和社会治理能力建设应重点提升各级政府的治理能力及服务水平。访谈中，一些被访者希望县乡基层政府的治理能力和服务效率有所提升。而基层社会治理绕不开社区，一些被访者认为要全面提升社区治理的温度与厚度，创新社区治理模式，完善治理体系。对于城市的一般治理问题，被访者对于自己居住的小区管理及物业管理有很多看法。不少被访者认为，小区管理就是最基层的治理，但街道办、居委会没有参与治理，很大程度上是物业公司说了算，业主几乎没有话语权，被访者希望国家能推出新的政策，引导多方参与居住小区的治理。

7. 六成多的被访者认为"十四五"规划中深化实施创新驱动发展战略首先是优化创新政策环境

问及"'十四五'规划围绕深化实施创新驱动发展战略，您认为从以下哪些措施或方案着手比较好"，8个选项中，选择人次排在第一位的是优化创新政策环境，选择个案比例为64.92%；排在第二位的是深化科技体制改革，选择个案比例为57.53%；排在第三位的是创新引人用人育人长效机制，选择比例为52.65%（见图9）。

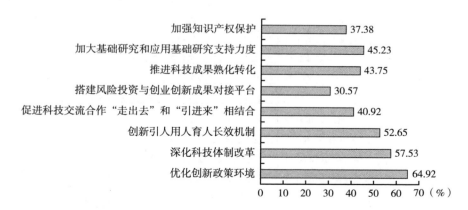

**图9　被访者认为围绕深化实施创新驱动发展战略着手
比较好的措施或方案的选择比例**

制度、科技、文化等各方面的创新对经济社会的发展发挥着巨大作用。实施创新驱动发展战略离不开创新环境的营造,被访者认为"十四五"规划中深化实施创新驱动发展战略首先是优化创新政策环境。访谈中,被访者也积极建言应该营造全社会崇尚创新的氛围,举办全国性的劳动技能技术比赛,兴起技术立国、科技强国比学赶超的热潮,让创新成为一项基本国策,持续推动经济社会高质量发展、可持续发展。一些被访者建议进一步创新发展理念,面向重点产业需求要提升自主研发能力,支持高校和科研院所开展联合攻关和技术研发,同时建立有效的利益分配机制,最大限度调动科研人员的积极性。

(四)八成多的被访者对甘肃未来五年发展的期待是公共服务设施如教育、医疗、文体等供给更优

问及"您对甘肃未来五年发展的期待是什么",此调查设计了 13 个选项,在 397 份有效问卷中,选择人次排在第一位的是公共服务设施如教育、医疗、文体等供给更优,选择个案比例为 83.19%;排在第二位的是综合经济实力不断增强,选择个案比例为 76.42%;排在第三位的是城乡区域更加融合发展,选择个案比例为 71.15%;排在第四位的是生态文明建设品质更高,选择个案比例为 67.42%;排在第五位的是美丽乡村建设取得巨大成效,选择个案比例为 61.89%(见图 10)。

民生保障更多的是通过公共服务领域的供给来实现,途径过窄或者渠道不宽都会影响人民群众享受更多的福祉。所以,满足人民群众的多样化需求,多元投入运行机制是必不可少的。而在民生领域的支出和投入增长不是单纯的增长,甘肃很多地方财政收入增长比较缓慢,在经济增长同时要实现民生保障花费的同步增长,还需要付出更多努力。而民生保障和发展的责任主体是政府,这就需要在改善民生保障过程中,进一步明确省、市、县(区)三级政府各自承担的责任,特别是国家要从甘肃地方财政收入实际出发,降低或者减免一些项目的地方政府的配套资金及比例,实现民生保障的可持续投入。

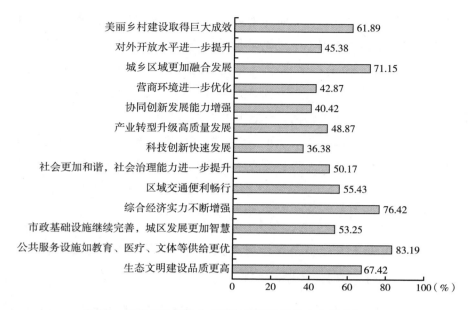

图10　被访者对甘肃未来五年发展的期待内容的选择比例

三　结论与分析

（一）被访者对"十四五"规划中重要任务具体有不同的期待

期待一：期待更多的高质量的民生保障。很多被访者希望能有一个稳定收入的工作，民众期待国家出台更好的就业政策，创造更多的就业岗位，实现更高质量和更充分的就业。同时为大学毕业生、退役军人、农村剩余劳动力、就业困难人员等重点群体提供更多的就业岗位，创造更多的创业途径和渠道。在新型城镇化建设中，家政、安保等岗位应预先设置，解决好城市失业人员和农村劳动力进入相关行业。

期待二：期待加快交通基础设施建设和新型基础设施建设。民众期待"十四五"规划中构建更为高级的现代综合交通运输体系，更好地发挥交通在国民经济和社会发展中的支撑引领作用。做好新型基础设施建设，加大对

5G 网络、数据中心等新型基础设施建设的投入，让更多人享受新时代智慧经济、数字经济的红利。

期待三：期待乡村振兴。习近平总书记说，"打好脱贫攻坚战是实施乡村振兴战略的优先任务"。所以，在做好脱贫攻坚与乡村振兴有效衔接的同时，加强城镇和乡村互动协作，从产业、人才、生态、文化、组织等方面推进乡村振兴。

期待四：期待提升基层治理的效率和能力。现在部门还是存在不良工作作风，群众办事成本高、效率低、周期长的问题还是没有得到有效解决。普通百姓还是希望提升基层管理队伍的专业水平和业务能力，提高服务质量，从而更优质、高效投入社会治理工作之中，真正实现群众办事"少跑路""零跑路"。

期待五：期待更高质量的生态环境保护与治理。普通百姓大多数还是期待能够呼吸到更新鲜的空气，希望"十四五"时期提升空气质量，从更远来考虑，规划中应对生态文明建设有浓墨重彩的一笔。

（二）被访者对未来五年经济社会发展表现出乐观态度

调查显示，66.73%的被访者对未来五年经济社会发展选择了"非常乐观"，22.28%的被访者选择了"受疫情影响，谨慎乐观"，这两项合计占比为89.01%。未来 5 年，世界进入动荡变革期，国际环境和国内环境都增加许多影响经济发展的不稳定不确定因素，中国经济下滑压力进一步增大。但我国众多人口的消费对经济增长的作用和贡献进一步加强，超大规模市场优势不断显现，内需潜力不断发挥，正在形成的以国内大循环为主体、国内国际双循环相互促进的新发展格局将对未来 5 年经济社会的发展产生巨大作用，未来 5 年我国经济发展趋势还是稳中向好、长期向好。

（三）被访者对甘肃未来面貌的期待是公共服务设施如教育、医疗、文体等供给更优

被访者对甘肃未来面貌的期待实际还是围绕民生保障产生的心理期待。

结合甘肃发展实际情况，在甘肃"十四五"规划中需要加强基本民生保障的顶层规划，采取针对性更强、覆盖面更大、政策更可持续、作用更直接、效果更明显的举措加强基本民生保障，让民众有更多的获得感。在就业、教育、医疗、文体、养老、农村人口有序向城镇转移以及人民群众收入水平提高等方面提出具体设计，使经济发展规划与民生保障的制度设计相契合，在规划的引领之下，安排一批普惠性公益项目，确保和促进民生工作措施得到有效贯彻落实，推进民生保障事业全面进步。

四　对策建议

（一）做好规划的有效对接，确保"十四五"规划的引领和导向作用

编制"十四五"规划，一是做好"十三五"规划和"十四五"规划的有效对接。"十三五"规划执行情况是科学编制"十四五"规划的前提和基础，通过对"十三五"规划完成和执行情况的全面对比评估，在做好"十三五"时期完成工作和成绩总结的基础上，客观总结、准确把握当前所处的发展阶段及特征，研究国际环境变化和国家政策指向，客观分析存在阻碍发展的原因和面临的挑战，分析现有资源支撑和发展基础，寻势识势，判断未来发展形势，才能更贴近实际谋划"十四五"目标定位、重点任务、发展大局。同时，"十四五"规划编制，既要以五年为主，也要处理好与未来十年两个规划之间的关系，预测2035年基本实现社会主义现代化的各项目标和政策安排。二是做好与国家专项规划的有效衔接。省级规划依据国家发展规划制定，甘肃省"十四五"规划编制要加强与国家专项规划、区域规划、空间规划的及时有效衔接，在正确研判甘肃在大区域和环境中的战略地位的基础上，因地制宜，编制"十四五"规划。

（二）深入调查研究，广泛征求民众意见，避免规划脱离实际

"十四五"规划是政府履行工作职责和制定相关政策的重要依据，是全

省各级各类规划遵循的纲领性文件，也是未来五年引领全省人民谋发展的行动纲领。因此，在"十四五"规划编制过程中，一定要深入政府的各个部门及机构，通过实地走访和座谈等多种方式，认真广泛听取各地区、各部门、各行业对规划的建议和意见。此外，还要深入田间地头、工厂商店，充分借助互联网等现代信息平台，倾听人民群众的心声，寻求解决人民群众最急、最需、最盼问题的着力点和突破口，避免规划脱离实际。

（三）重视解决瓶颈问题，科学谋划"三个重大"

"十四五"规划是未来五年经济社会发展的宏伟蓝图，规划既要全面，又要突出重点任务，尤其要重视解决瓶颈问题、核心问题，发挥战略导向作用。同时又要立足省情，紧扣甘肃的国计民生，认真研究当前发展需要，提出一批促进经济社会发展，促进产业结构调整，具有带动全局发展的、主要由政府投入并组织实施的重大工程，对改善基础设施、生态文明、民生保障能发挥显著作用的重大项目，对解决突出社会矛盾、增进公平效率有力有效的重大政策。对一些工程和项目需要科学充分论证，保证其能为甘肃经济社会发展补短板、增后劲、促均衡、上水平提供支撑。

（四）突出甘肃发展特色，重视规划的可操作性

在规划编制中，要尊重甘肃经济社会发展规律，寻找交通、能源、水利、环保、生态、市政、教育、科技、文化等建设项目，挖掘其发展的价值，准确把握其发展特色，并在规划中突出建设项目的特色。同时，规划编制要注重前瞻性和实施可能性。既要站在国家未来发展及西北乃至西部大区域发展中考虑问题，正确预测甘肃未来发展走向和国际国内环境变化的影响，又要切合甘肃现在的发展实情，制定的规划目标通过努力基本可以实现，重点规划的任务要具体到工程和项目具体实施，确保规划有良好的实施效果。

B.4
民众对甘肃全面建成小康社会的
评价及看法

李巧玲 *

摘　要：　2020年是一个丰收年，全国全面建成小康社会取得了决定性
成就，甘肃脱贫攻坚取得决定性进展。到2020年底，甘肃将
同全国一道全面建成小康社会。民众是全面建成小康社会的
参与者，又是全面小康成果的共享者。调查民众对全面建成
小康社会的评价及看法，总结与见证第一个百年奋斗目标的
实现及其历程，为全面建设社会主义现代国家开好局起好步
"下好先手棋"做舆论宣传、营造氛围，激发民众向第二个
百年奋斗目标进军的热情。问卷调查显示，民众对全面建成
小康社会的知晓度很高，接近100%。所有被访者中，有
94.04%的被访者对甘肃与全国同步全面建成小康社会充满信
心，81.32%的被访者认为全面建成小康社会的目标基本实现。
除此之外，近八成被访者对目前的生活状态表示满意，希望未
来五年内甘肃加快补短板强弱项，缩小与发达地区在收入、医
疗、文化、教育及公共服务方面的差距，在发展中解决老问
题。同时也要站在新起点谋划新发展取得新成效，通过加强舆
论宣传营造良好氛围、改善提升人居环境质量和居住水平、推
进巩固拓展脱贫攻坚成果同乡村振兴有效衔接、保障和改善民
生新基建、创民营经济发展新优势、推动黄河流域生态保护等

---

* 李巧玲，甘肃省社会科学院公共政策研究所副研究员。

实践路径，增进民生福祉，不断实现人民对美好生活的向往。

关键词：　民众　全面建成小康社会　甘肃

　　"小康"是古代思想家对理想社会的描述，后来被儒家思想阐释为一种生活模式，是人们对安居乐业、衣食无忧生活的憧憬。对"小康社会"的擘画一直伴随着中华文化源远流长，成为一个与民众息息相关、内涵不断丰富发展的概念。直至现代，中国共产党把人民的愿望变成自己的历史责任，从改革开放初邓小平同志提出建立一个小康社会，党的十六大强调全面建设小康社会，党的十八大确立要全面建成小康社会，直到党的十九大提出了决胜全面建成小康社会，形成了全面科学完整的建设小康社会的理论体系，指导我国社会主义现代化建设，付诸增进民生福祉的治理实践。

　　2020 年 9 月甘肃省社会科学院舆情调研组在全省范围内就民众对全面建成小康社会的评价及看法进行了问卷调查，获取了第一手资料，并运用 SPSS 软件对调查问卷进行了统计分析，就民众对全面建成小康社会的认知与评价、对实际生活状态的感受等舆情反响进行了梳理与分析，提出要高质量全面建成小康社会，在发展中解决老问题，站在新起点谋划新发展取得新成效，向着第二个百年奋斗目标不断奋进、砥砺前行。

一　被访者的基本情况

　　本次调查采用线上问卷调查方式展开，线上收回问卷 560 份，其中 553 份问卷是有效问卷，问卷有效率为 98.75%。所有采集到的样本中，被访者的民族及各民族人数在总人数中的占比为：汉族 525 人（94.94%），回族 18 人（3.26%），藏族 5 人（0.90%），其他 5 人（0.90%）。被访者的政治面貌及其占比为：中共党员 186 人（33.64%），民主党派 4 人（0.72%），无党派人士 363 人（65.64%），被访者的其他基本信息见表 1。

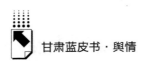

表1　被访者的基本信息

单位：人，%

基本情况		人数	占比
性别	男	281	50.81
	女	272	49.19
年龄段	18～25岁	59	10.67
	26～35岁	103	18.63
	36～45岁	180	32.55
	46～60岁	208	37.60
	60岁以上	3	0.55
文化程度	不识字	6	1.08
	小学	7	1.27
	初中	90	16.27
	高中（职中）	143	25.86
	大专及以上	307	55.52
职业	国家与社会管理者	46	8.32
	经理人员	14	2.53
	私营企业主	17	3.07
	专业技术人员	92	16.64
	办事人员	64	11.57
	个体工商户	38	6.87
	商业服务业员工	50	9.04
	产业工人	121	21.88
	农业劳动者	111	20.08

注：本文图表数据均源自专题问卷统计结果。

二　民众对全面建成小康社会的评价与看法

（一）民众对全面建成小康社会的了解与评价

1. 98.01%的被访者对全面建成小康社会有不同程度的了解

小康社会在我国现代化过程中是一个特定的阶段，全面建成小康社会与全面建设社会主义现代化国家之间联系紧密。2017年习近平总书记指出，既要全面建成小康社会、实现第一个百年奋斗目标，又要乘势而上开启全面建设社会主义现代化国家新征程，向第二个百年奋斗目标进军。民众是建设小康社会的参与者和见证人，对 2020 年全面建成小康社会这一战略目标，15.01% 的被访者表示"非常了解"，62.39% 的被访者表示"基本了解"，20.61% 的被访者表示"听说过，不是很清楚"，仅 1.99% 的被访者表示"完全不知道"（见图 1）。这组数据充分表明，甘肃民众对全面建成小康社会及其实施情况，知晓度非常高，接近 100%。

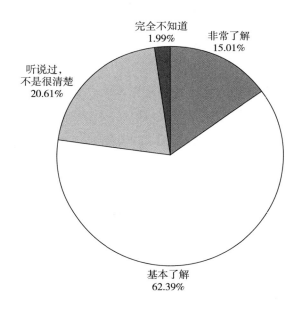

图 1　被访者对全面建成小康社会的了解程度

2. 八成被访者高度赞扬全面建成小康社会及其取得的成就

党的十九届五中全会高度评价了决胜全面建成小康社会取得的决定性成就。甘肃地处西北一隅，经济社会发展相对缓慢，但是干部群众撸起袖子加油干、脚踏实地拼命干、没日没夜加班干，取得了前所未有的成绩。"十三五"时期，甘肃省经济运行基本平稳，绿色发展稳步推进，脱贫攻坚成果显著，科技创新成效突出，生态环境明显改善，人民生活水平显著提高，社会保持和谐稳定。

2020 年甘肃前三季度经济运行"成绩单"① 显示，全省生产需求持续改善，固定资产投资稳步加快，投资快速增长。市场主体降本减负成效明显，新动能增势强劲。营商环境持续改善，民营经济增势良好。城镇新增就业平稳，劳务输转有序开展。民生支出保障有力，居民收入稳步提升。②

2013 年以来，截至 2020 年 10 月底全省累计减贫 550 万人，75 个贫困县中有 67 个已经摘帽，7262 个贫困村中已经有 6867 个退出了贫困序列。2017～2019 年，贫困地区农民收入增速分别达到 10.2%、10.3%、11.8%，都明显高于农村居民的普遍增速，农村居民的收入增速又明显地高于城镇居民的收入增长。③

当前，甘肃省科技综合实力保持在全国第二梯队，科技创新水平居全国第 23 位、西部第 5 位。"十三五"期间，甘肃省组织实施 37 个方面重大科技专项，争取国家各类科技项目 2800 余项，26 项科技成果获得国家科学技术奖，生物医药、先进制造、新能源、现代农业、资源环境等领域取得一批重要科研成果。全省共登记各类技术合同超过 2 万项，成交额达691.06 亿元；1000 万元以上的重大技术合同成交 1288 项，成交额为499.76 亿元；1299 项应用技术成果实现产业化应用，创造经济效益1780.99 亿元。④

---

① 数据显示，全省地区生产总值 6444.3 亿元，同比增长 2.8%，增速比上半年提高 1.3 个百分点。全省城镇新增就业 29.04 万人，输转城乡富余劳动力 525.4 万人，同比增长 1.4%。全省公共卫生、农业农村、灾害防治及应急、最低生活保障、就业补助、扶贫等财政民生支出较快增长，其中，财政 11 类民生支出 2367.6 亿元，占一般公共预算支出的 80.8%。全省城乡居民收入稳步增加，全省城镇居民人均可支配收入 25064 元，同比增长 4.2%；农村居民人均可支配收入 6877 元，同比增长 6.7%。

② 《全省经济运行稳定向好态势进一步巩固》，中国甘肃网，2020 年 10 月 23 日，http://www.gscn.com.cn/gsnews/system/2020/10/23/012479235.shtml。

③ 《甘肃省长：今年年底将同全国一道全面建成小康社会》，凤凰网甘肃，2020 年 11 月 10 日，http://gs.ifeng.com/c/81HpB9SCrFA。

④ 《"十三五"期间我省科技创新成效显著 科技综合实力保持在全国第二梯队》，新华网甘肃频道，2020 年 11 月 7 日，http://www.gs.xinhuanet.com/news/2020-11/07/c_1126709100.htm。

"十三五"期间，黄河流域水环境质量实现较大改善，国家和甘肃省监测的黄河流域 14 条河流 34 个断面的水质优良比例由 94.1% 提高至 97.1%，高于全国平均水平 23 个百分点。2018 年全省空气质量平均优良天数比率为 82.8%，PM2.5 浓度均值较 2015 年下降 19%。地级城市集中式饮用水水源地水质达标比例为 100%，城市建成区 18 条黑臭水体消除比例为 94.04%。①

一系列"看得见摸得着"的成效显著增强了百姓的获得感。绝大多数被访者表示，在中国共产党坚定而强大的领导下，中国实现了千百年来思想家所描摹憧憬的小康生活与大同社会，切身感受到党全心全意为人民服务的真情实意。

课题组以 2017 年《甘肃全面建成小康社会统计监测指标体系（修订稿）》② 为依据，设计了以"您认为目前全面建成小康社会的哪几项目标已经实现"为题目，"经济、法治、文化、生活、环境"五项指数为选项的问题，通过被访者对这五个方面的选择来反映其对全面建成的小康社会的看法。85.17% 的被访者认为基本实现了社会公平正义，81.74% 的被访者认为社会发展和谐有序，84.81% 的被访者认为人民生活水平显著提升，75.77% 的被访者认为经济又好又快发展，74.68% 的被访者认为生态环境质量明显改善（见图 2），说明被访者对"十三五"时期全省取得的发展成就有目共睹，高度赞扬全面建成小康社会及其取得的成就。

3.94.04% 的被访者对与全国同步全面建成小康社会充满信心

作为全国脱贫任务最重的省份之一，甘肃全面建成小康社会的关键是打赢全面脱贫攻坚战。到 2020 年 11 月底，东乡县、临夏县、宕昌县、西和

---

① 《污染防治效果明显 生态环境持续改善——"十三五"时期甘肃省贯彻绿色发展理念取得显著成效》，每日甘肃网，2020 年 10 月 5 日，https://baijiahao.baidu.com/s? id = 1679671815832045171。

② 《甘肃全面建成小康社会统计监测指标体系（修订稿）》中的统计监测指标包含了经济发展、民主法治、文化建设、人民生活、资源环境五个方面的 38 项具体指标，重点反映甘肃"五位一体"的进展情况，经济发展的权重为 20%、民主法治的权重为 12%、文化建设的权重为 12%、人民生活的权重为 33%、资源环境的权重为 23%。

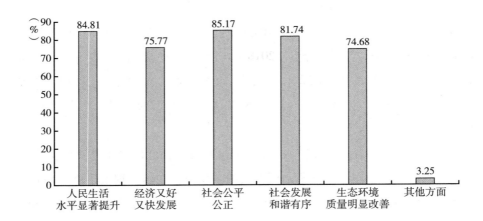

图2 被访者对全面建成小康社会的评价

县、礼县、通渭县、岷县、镇原县等8个贫困县脱贫摘帽，是甘肃同全国一道全面建成小康社会的重要标志。问及对全省与全国一起同步在2020年全面建成小康社会是否有信心时，51.18%的被访者表示"有信心，一定能实现"，42.86%的被访者表示"需要用更长的时间来实现"，仅有5.96%的被访者表示"没有信心"（见图3）。一些被访者表示自己亲眼看到深度贫困县和深度贫困村生产生活条件发生了巨大变化，也切实感受到贫困群众打心底里认可脱贫攻坚成效、感恩党中央和习近平总书记。正如习近平总书记所言，脱贫摘帽不是终点，而是新生活、新奋斗的起点。这组数据表明，近100%的被访者对2020年全面建成小康社会充满信心，期待脱贫群众和大家一起过上更加美好的生活。

4. 81.32%的被访者认为全面建成小康社会的目标基本实现

全面建成小康社会的终点是"小康社会"。所有被访者中，有10.54%的被访者认为全面建成小康社会的目标完全实现，70.78%的被访者认为基本实现（见图4）。这组数据表明，81.32%的被访者认为全省"五位一体"的全面建设取得了决定性进展，全面建成小康社会的目标基本达成。由此看出，经济社会发展持续向好，文化事业不断发展，民主法治逐步健全、人民

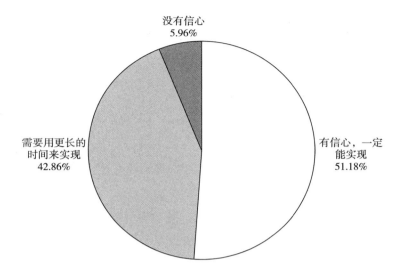

图3　被访者对全面建设小康社会的信心与期待

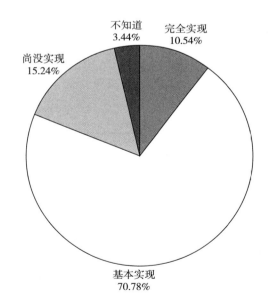

图4　被访者对全面建成小康社会实现程度的评价

收入稳步增加，资源环境渐趋改善……全面建成小康社会的美好图景愈来愈清晰地展现在民众眼前。

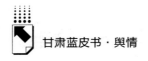

（二）民众对目前的生活状态的感受与认知

1. 78.49%的被访者对目前的生活状态表示满意

满意度是考量获得感和幸福感的一项重要指标。问及目前的生活状态，7.06%的被访者表示非常满意、28.57%的被访者表示满意、42.86%的被访者表示比较满意，仅21.51%的被访者表示不满意（见图5）。这组数据说明，只有两成左右的被访者认为获得感和幸福感还有待提升。他们认为全面建成小康社会的目标基本达成，但是对城乡、区域、人群之间存在的收入差距感受明显，少数被访者还没有认识到，到2020年底全面建成的小康不是平均主义，全国范围内实现的全面小康也会有差别，不可能是同一水平。

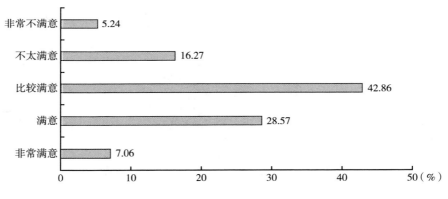

图5 被访者对实际生活状态的满意程度

2. 六成被访者认为生活状态与预期的小康水平有一定的差距

从时间的大尺度上看，全面建成小康社会是要从一个起点开始不断向终点趋进的过程，是由不充分不平衡的发展向着工农差别、城乡差别、地区差别逐步缩小，协同发展的过程，这一过程贯穿于实现"两个一百年"奋斗目标和实现中华民族伟大复兴的中国梦之中。全面建成小康社会不是终点，是新的起点，当问及自身的生活状态与心目中的小康是否一样、是否能够达到预期时，有34.54%的被访者认为"已经达到预期的小康水平"，65.46%的被访者表示"尚未达到预期的小康水平"（见图6）。这组数据表明，随着经济社会的发展，人们的物质性需要不断得到满足，开始更多追求社会性需要和心理性需要。民众对良好的教育、可靠的社会保障、高水平的医疗卫生服务、舒适的居住条件、优美的工作生活环境、丰富的精神文化生活的期盼和追求，将成为"十四五"时期政府增进民生福祉、提升民众获得感和幸福感的着力点。

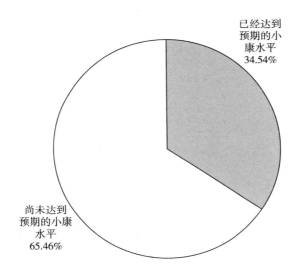

已经达到
预期的小
康水平
34.54%

尚未达到
预期的小康
水平
65.46%

图6　被访者对生活状态与预期的小康水平是否一致的认知

三　民众对高质量全面建成小康社会的看法

（一）七成被访者认为要补齐经济发展和人民生活两项"短板"

"十三五"时期全省在全面提升经济发展、人民生活、民主法治、文化建设、资源环境指数的同时，着力完成脱贫攻坚任务，着力解决环境污染问题，着力补齐民生领域短板，着力健全社会保障体系，着力防范化解各类风险。被访者认为自己在这些领域的获得感由多到少依次排列前3位的是：资源环境（63.47%）、文化建设（50.63%）、人民生活（43.22%）（见图

7），大多数被访者认为自己在资源环境领域的获得感最多、感受最好。对于高质量全面建成小康社会需要补齐的短板弱项，被访者的选择由多到少排列前3位的是：经济发展（88.25%）、人民生活（66.91%）、文化建设（61.66%）（见图7），近九成被访者认为经济发展指数是甘肃发展木桶里最短的那块板子，除此之外，进一步提升民众的获得感幸福感需在人民生活和文化建设领域里精准攻坚、不断突破。

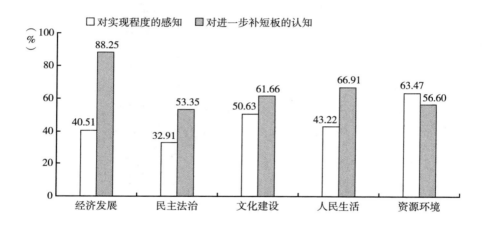

图7 被访者对甘肃全面建成小康社会的感受

（二）近七成被访者认为"观念与思想不够开放，创新不足"是制约高质量全面建成小康社会的主要因素

思想解放是改革开放的最大动力源泉，观念与思想的开放是经济活力的催化剂，也是创新的驱动器。创新在我国现代化建设全局中处于核心地位。就影响全省高质量全面建成小康社会的主要障碍因素，被访者认为"观念与思想不够开放，创新不足"（68.54%）、"区域发展不协调、地区贫富差距大"（64.92%）、"人才短缺"（62.75%）排列在前3位，说明大多数被访者认为创新能力不适应高质量发展要求，是制约甘肃进一步发展的主要因素（见图8）。

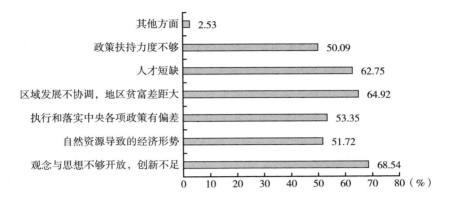

图8　被访者对影响高质量全面建成小康社会主要因素的认知

（三）八成被访者希望收入水平、医疗保障、文化教育得到提高和完善

收入是民生之本，教育是民生之基，医疗是民生之需，社保是民生之依，住房是民生之安，治安是民生之盾。被访者就高质量全面建成小康社会应该重点加强与改善的领域，按选择次数由多到少依次排列前3位的是收入水平（87.70%）、医疗保障（82.10%）、文化教育（74.50%）（见图9）。俗话说，小康不小康关键看老乡，到2020年稳定实现农村贫困人口不愁吃、

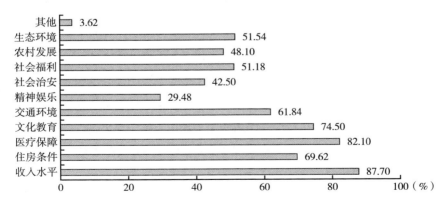

图9　被访者对本地全面建成小康社会重点加强和改善方面认知

不愁穿，义务教育、基本医疗、住房安全有保障，是贫困人口脱贫的基本要求和核心指标。由此可见，民众认为收入水平、医疗保障和文化教育的不断提高和完善是高质量全面建成小康社会的三大根本任务，受到八成被访者的关注和期盼。

四 结论

被访者高度赞扬甘肃全面建成小康社会取得的成果，对高质量全面建成小康社会带来的生活新图景充满期待。94.04%的被访者对甘肃与全国同步全面建成小康社会充满信心，他们认为甘肃脱贫攻坚取得决定性进展为全面建成小康社会打下坚实基础。"十四五"时期是向第二个百年奋斗目标进军的最关键的冲刺5年。87.70%的被访者关注民生发展，期待高质量全面建成的小康社会惠及民众，他们表示推进巩固拓展脱贫攻坚成果与乡村振兴等一系列举措的出台，提高城乡居民收入水平、医疗保障、文化教育，是城乡融合发展、发展成果由城乡居民共享的体现。78.49%的被访者对目前的生活状态表示满意，81.32%的被访者盛赞党中央的治国方略，坚信未来更加美好，他们认为未来5年是人民生活越来越好的5年，分别有87.70%、82.10%和74.50%的被访者希望自己的收入水平会更高、医疗保障更可靠、文化教育更普及。

在实现全面建成小康社会战略目标之际，党的十九届五中全会召开，全会审议通过的《中共中央关于制定国民经济和社会发展第十四个五年规划和二〇三五年远景目标的建议》，是未来5年甘肃经济社会发展的行动指南，是全省向着第二个百年目标前进的纲领性文件。被访者衷心希望当前和未来更长一段时期，党的十九届五中全会精神能落到实处，各项举措都能全面贯彻执行，推动全省经济发展、改革开放、社会文明、生态文明、民生福祉、社会治理方面实现新的进步、达到新的水平、得到新的提升。

五 坚持创新赶超发展，全面释放发展新动能

全面建设社会主义现代化国家的号角已经吹响，全省要如期实现全面建成小康社会的目标，高质量全面建成小康社会，必须崇尚创新发展、注重协调发展、倡导绿色发展、厚植开放发展、推进共享的高质量发展大道，确保在党的领导下实现第一个百年奋斗目标之后，全省乘势而上开启全面建设社会主义现代化国家新征程、向第二个百年奋斗目标进军。

（一）加强舆论宣传，营造良好氛围

要加强正面宣传，充分发挥报刊、电视等传统媒体和网络等新媒体作用，在统筹好传统媒体与新兴媒体发展的同时，通过网上网下互相协调、互相配合，为凝心聚力向全面建成小康社会冲刺营造浓厚的舆论氛围。及时总结推广推进全面建成小康社会的经验，广泛宣传创新做法和突出成效，引导民众理解、支持和参与高质量全面小康社会，并随之踏上全面建设社会主义现代化国家的新征程，激发民众干事创业热情，营造良好的氛围。

（二）加快解决突出的环境问题，改善人居环境质量和提升居住水平

着力开展工业、城镇生活、农业面源和尾矿库四类污染综合治理。全面完成"两不愁三保障"生态环境目标任务，优先解决农村群众饮水安全问题，全面实施农村饮用水水质提升工程。推进农村环境综合治理，持续开展脱贫村改水、改厕、改厨、改圈，建立生活污水治理和垃圾处理长效机制。推广绿色建筑和建材，改善居住环境和配套设施。加快租赁市场发展，满足新市民等"夹心层"群体住房需求。推进城镇老旧小区改造和社区建设，提升物业的管理服务水平，实施激励支持政策推进智慧小区建设，着力提高居住水平。

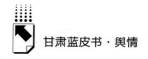

（三）推进巩固拓展脱贫攻坚成果同乡村振兴有效衔接，实现城乡融合共享发展

没有农村的全面小康和深度贫困地区的全面小康，就没有甘肃的全面小康。要缩小城乡区域发展差距，实现城乡融合发展，必须推动特色产业可持续发展，坚持长短结合、多点支撑、多重覆盖思路，构建长链条紧密型的现代农业产业体系，巩固拓展产业就业，稳定增加农民收入。紧紧抓住国家集中支持一批乡村振兴重点帮扶县的政策机遇，争取将通渭县、岷县列入乡村振兴重点帮扶县，增强重点帮扶县巩固脱贫成果及内生发展能力。摘帽县要积极争取国家数字乡村试点，推动网络帮扶与数字乡村的产业衔接，推进巩固拓展脱贫攻坚成果同乡村振兴有效衔接。

（四）保障和改善民生新基建，提升民生建设数字化、网络化和智能化水平

面对新形势，"压茬推进老基建、谋划新基建"，抢先推动以数字化供应链为代表的新型基础设施建设，以"新基建"重大战略布局为契机促转型、稳增长、补短板，统筹推进省属企业用"新基建"及其他各类基础设施补短板。全面贯彻《甘肃省5G建设及应用专项实施方案》等一系列政策，加快推动落地实施省政府制定的"1+3+6"重大项目谋划方案，提升保障和改善民生领域建设数字化、网络化和智能化水平。

（五）营造良好营商环境，创民营经济新优势壮大实体经济

紧紧依靠民营企业家振兴实体经济，增加经济总量，实现经济高质量发展。不折不扣兑现甘肃省出台的各项支持政策，集中解决企业生产经营中的困难和问题。政府当好服务企业的"娘家人"，真正做到"企业无事不打扰，企业有事随时到"，激发新产业、新技术、新业态、新模式快速发展，增强各类市场主体活力。提高政府服务意识，提升干部服务能力，完善社会服务机制，打造一流的政务环境、法治环境、宜居环境和人文环境。

（六）推动黄河流域生态保护，实现可持续高质量发展

　　紧紧抓住国家推动黄河流域生态保护和高质量发展重大战略机遇，发挥比较优势，支持兰州建设国家中心城市、天水建设全省中心城市，统筹推进兰州—西宁、关中平原城市群一体发展，提升兰州—西宁在全国城市群发展中的位势。推动兰州与西安、宁夏等省会城市交流合作，打造兰西承接产业转移示范区。加强与沿黄省（区）在农牧业领域、水资源领域的交流合作，联合建设绿色生态安全农业示范区，联合开发特色旅游目的地营销推广，共建黄河现代产业合作示范带。争取国家部署生态保护和修复、黄河长久安澜、产业转型升级、保护弘扬黄河文化等方面的重大任务及国家黄河国家文化公园（文旅）项目在甘肃落地实施。

B.5
民众对黄河中上游生态环境保护治理的认知和建议

段翠清*

摘　要：　对黄河流域实施高质量发展是党的十九大以来生态文明建设的重要措施和重大战略。民众作为此战略的直接受益者和保护者，其对黄河流域生态环境保护的认知程度，直接关系黄河流域高质量发展的推进速度。调查结果显示，民众对黄河流域生态环境保护和治理方面有一定程度的认知，能够意识到保护生态环境的重要性，同时也对如何治理黄河中上游区域环境污染提出了对策建议。但是，总体上民众对此方面的认知深度和广度还不足，需要在今后的工作中通过多种办法提升民众的认知深度和广度。

关键词：　黄河　生态环境　保护　认知　甘肃

黄河流域作为我国重要的生态屏障和重要的经济地带，是打赢脱贫攻坚战的重要区域，是党的十九大之后，以习近平同志为核心的党中央进一步完善全国发展战略布局、塑造区域协调发展的新格局。黄河流域中上游区域作为黄河流域的发源地和中国贫困易发易高的主要区域，中上游区域的保护和发展对整体黄河流域生态环境保护和高质量发展具有至关重要的作用。作为

---

* 段翠清，甘肃省社会科学院副研究员，主要研究方向为生态经济学、环境科学。

居住在中上游区域的民众，对本区域生态环境的整体认知直接决定了黄河中上游区域生态环境保护的效果和发展的可持续性。本文通过问卷调查的方式，以黄河中上游区域生活的民众为调查对象，对该区域生态环境整体情况的认知进行了调查分析，以便为下一步加快推进黄河流域生态环境保护和高质量发展提供有益的参考信息。

一　被访者基本情况

2020 年，由于受到新冠肺炎疫情的影响，调研组对本次舆情调查采用了实地调研和网络调研两种形式进行。两种方式共计发放问卷 570 份，其中发放纸质问卷 270 份，通过问卷星发放问卷 300 份，有效回收问卷共计 553 份，回收问卷有效率为 97.02%，男性人数 281 人（占比 50.81%），女性人数 272 人（占比 49.19%）。问卷调查范围主要涉及兰州、白银、天水、张掖等市及所辖县。被访对象涵盖了汉、回、藏等民族群众，其中汉族人数 525 人（占比 94.94%）、回族人数 18 人（占比 3.25%）、藏族人数 5 人（占比 0.9%）、其他民族人数 5 人（占比 0.9%），被访对象的职业范围包括国家与社会管理者阶层（行政管理职权的领导干部）46 人（8.32%）、经理人员阶层（非业主身份的高中层管理人员）14 人（2.53%）、私营企业主阶层 17 人（3.07%）、专业技术人员阶层 92 人（16.64%）、办事人员阶层 64 人（11.57%）、个体工商户阶层 38 人（6.87%）、商业服务业员工阶层 50 人（9.04%）、产业工人阶层 121 人（21.88%）、农业劳动业阶层 111 人（20.07%）九大阶层，其中中共党员 186 人（占比 33.63%）、无党派人士 17 人（占比 3.07%）、民主党派人士 4 人（占比 0.72%）、群众 346 人（占比 62.57%）。被访民众包括从不识字、小学、初中、高中（中职）、大学本科及研究生以上学历的城区、城郊、县城、乡镇、农村等各个地区的民众。被访者年龄构成及居住地情况见图 1 和图 2。

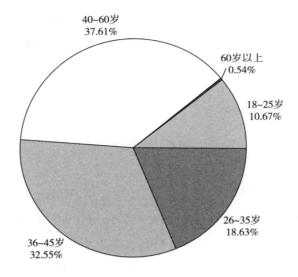

图1 被访人员年龄构成情况

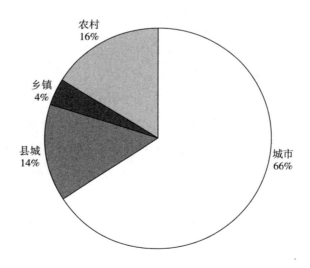

图2 被访人员居住地情况

二 问卷调查分析

（一）生态环境问题依然是民众比较关心的热点问题之一

自党的十八大提出将生态文明建设纳入中国特色社会主义"五位一体"总体布局和"四个全面"战略布局以来，国家采取包括宣传、规划、策略等一系列办法来推进生态文明策略的实施。民众对生态环境保护的意识也经历了从忽略到关注、从破坏到保护的发展过程。本次调查显示，有63.47%的被访民众比较关心我国生态文明建设情况，位列2020年民众比较关心的问题第二位，仅次于教育问题。说明民众对保护和建设好生态环境的意识已逐渐增强，提升到与生活息息相关的高度。而且在调查本地全面建成小康社会应该重点加强和改善哪些方面的相关问题时，被访民众也表示，生态环境的优劣是目前我国在全面建成小康社会中应该比较着重关注的问题，占被访民众的51.54%。而且有74.68%的被访民众认为小康社会建成的标准之一就是自己所居住的地区生态环境得到较好的改善。说明生态环境建设越来越受到民众的关注，也越来越被大众所重视，成为民众生活需求的一部分。

（二）民众对黄河流域高质量发展规划的认知程度

1. 有六成的被访民众听说过国家正在实施黄河流域生态保护和高质量发展战略

目前，黄河流域的生态环境治理作为生态环境建设的重要部分，已上升到国家战略高度，成为我国生态文明建设的重要组成部分。本次调查显示，当被问及"是否知道国家在实施黄河流域生态保护和高质量发展战略"时，只有24%的被访民众表示知道正在实施此项国家战略，有60%的被访民众表示只是听说过此项战略，但是具体不了解，还有16%的被访民众表示不知道国家正在实施此项生态环境保护和发展战略（见图3）。

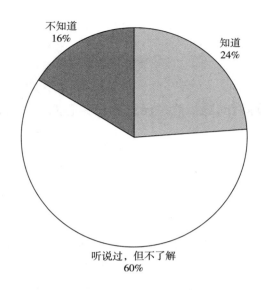

**图3　民众对国家实施的黄河流域生态保护和
高质量发展战略的了解程度**

　　黄河流域沿线涉及全国九省区，与京津冀协同发展、长江经济带发展、粤港澳大湾区建设、长三角一体化发展一样，同属于重大国家战略。① 黄河流域生态保护和高质量发展作为一项国家重大战略，对推动黄河中上游生态环境保护和治理具有重要的指导意义，深入了解此项发展战略，是切实落实好国家关于黄河流域生态保护和治理各项措施、促进和推动黄河中上游地区生态环境保护治理的基础和指引。因此，需要今后大力进行普及和推广。

　　2. 有八成以上的被访民众认可政府对保护黄河流域生态环境的宣讲力度

　　大力推动黄河流域的生态保护和高质量发展，让民众对此项重大战略有一个深入的了解和认知，政府部门的推广和宣传必不可少。本次调查显示，有八成以上的民众比较认可政府对此方面的宣传力度，占到被访民众的86%，其中，有28%的被访民众表示政府对保护黄河流域生态环境的宣讲

----

　　① 《人民日报评论员：推动黄河流域生态保护和高质量发展》，人民网，2019年9月21日。

力度较大，而且自己也比较了解这方面的环保知识，有58%的被访民众表示政府对保护黄河流域生态环境的宣讲力度一般，他们只听说过基本的常识。还有14%的被访民众认为政府对保护黄河流域生态环境的宣讲力度不大，自己对保护黄河流域生态环境没有什么认知（见图4）。

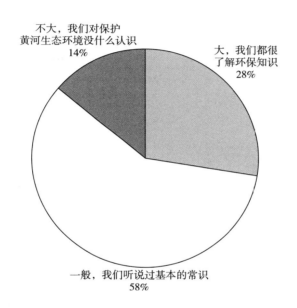

图4 民众对政府在保护黄河流域生态环境反面宣讲力度的认可程度

对黄河流域生态环境保护的重要性、治理方式以及保护策略等方面的政策理论宣讲是民众获得黄河流域中上游生态环境保护治理方面认知的基础路径，各级政府只有在领会贯通国家对黄河流域高质量发展战略的前提下，通过多种方式在民众中进行深入广泛的宣传，才能让广大民众对黄河中上游生态环境保护治理有更加深刻的认知。此次调查表明，虽然民众对政府在此方面的宣讲力度比较认可，但是政策理论的宣讲力度和深度还有待提高。

3. 有六成以上的民众认为保护及治理黄河流域环境问题需要各界力量的协同作用

保护环境，人人有责，黄河流域的生态环境保护和治理需要社会各界力量团结一致，共同行动，才能使黄河流域生态环境得到根本治理和改善。在本次调查中，当被问及"您认为保护及治理黄河流域环境问题主要依靠谁的力量"时，有68%的被访民众表示保护及治理黄河流域环境问题需要各界力量协同作用，有27%的被访民众表示保护及治理黄河流域环境问题主要依靠政府的力量，有3%的被访民众表示保护及治理黄河流域环境问题主要依靠附近居民的防治与保护，有2%的被访民众表示保护及治理黄河流域环境问题主要依靠周边企业的环保治理（见图5）。

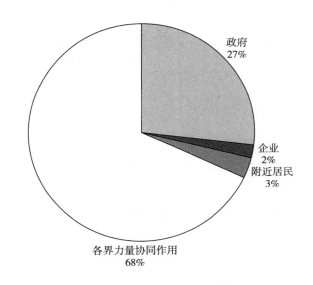

图5　民众对保护及治理黄河流域环境问题的自我认知情况

（三）民众对黄河流域水资源情况的认知

1. 有三成以上的被访民众认为水污染仍然是黄河流域面临的主要环境问题

黄河流域全长约5464公里，流域总面积约752443平方公里。对黄河水资源的保护是黄河生态环境治理的重中之重。在本次调查中，当被问及

"您认为当前黄河流域面临的环境问题主要是什么"时，有36%的被访民众选择了水污染，占到被访民众总数的1/3以上。除此之外，还有15%的被访民众选择了植被破坏，有18%的被访民众选择了固体废弃物污染，有6%的被访民众选择了全球变暖，有5%的被访民众选择了生物多样性减少，有18%的被访民众选择了水土流失，还有2%的被访民众选择了其他（见图6）。

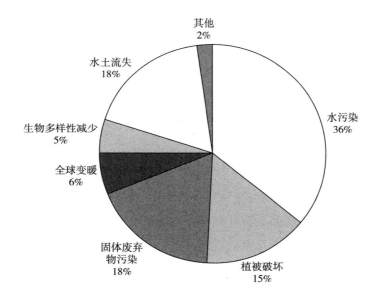

图6　民众对黄河流域面临主要环境问题认知情况

2. 有近八成的被访民众认为近年来黄河流域水域污染情况有所改善

自党的十八大以来，国家大力倡导生态文明建设，重视大气、水资源、土壤环境、森林草场植被等方面的环境保护和治理。黄河作为中华民族的母亲河，其水域状况是黄河流域整体生态环境状况的直接体现。本次调查显示，当被问及"您认为近年来黄河水域污染情况是否发生变化"时，有79%的被访民众认为黄河流域水域污染问题有所改善，有11%的被访民众认为黄河流域水域污染状况没有什么变化，有10%的被访民众表示黄河流域水域污染状况呈逐年加重的趋势（见图7）。

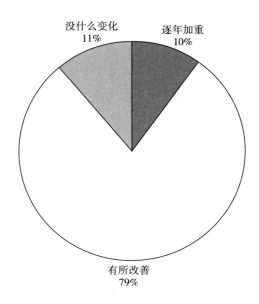

图7 民众对黄河流域水污染情况的认知

黄河流域发源于西藏唐古拉山脉，流经我国西北、华北平原地区，涉及省份众多，流域面积广阔，富有多种矿产资源。改革开放以来，随着我国工业经济的大力发展，越来越多的工厂、企业在黄河流域建成并逐渐扩大生产规模。由于受制于技术水平落后和长期的粗放经营，黄河流域环境的污染和资源的过度浪费加剧。近年来，随着绿色发展理念的提出并不断创新，黄河流域水污染情况得到一定程度的改善，也得到了民众一定的认可。

3. 有七成以上的被访民众知道黄河流域一级水源地的覆盖情况

黄河作为我国第二大长河，其沿线分布有众多淡水湖泊，以及黄河水下渗后储存于地下的地下水，是沿线民众重要的饮用水来源地，同时，黄河流域沿线土地肥沃，是我国重要的粮食产区。因此，关注民众对一级水源地的认知情况是了解黄河流域高质量发展的一个重要方面。在本次调查中，当被问及"您知道什么是一级饮用水源地吗"时，有23%的被访民众表示自己知道什么是一级水源地，有52%的被访民众表示自己听说过一级水源地，但不了解，有25%的被访民众表示自己根本不知道什么是一级水源地（见图8）。

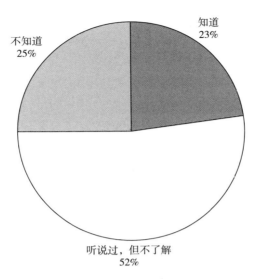

图8　民众对黄河流域一级水源地的了解情况

水是人类生存的根本，水是人类发展的命脉。对一级水源地的保护作为黄河中上游地区生态保护和高质量发展的重要方面，不仅关系着黄河中上游地区的生态环境建设问题和国民经济发展问题，更重要的是它维系着黄河流域沿线中华儿女的生命健康。让民众了解自己所在地区一级水源地的分布和供给情况，是民众对黄河流域生态环境保护的首要任务，只有对一级水源地的分布、现状、承载情况有一个详细透彻的了解，才能做好对本区域黄河流域的重点保护。

（四）民众对黄河中上游地区污染原因情况的认知

1. 有八成以上的民众认为黄河流域污染程度与自身生活有很大的关系

只有正确认知黄河流域生态环境与民众生活之间的关系，才能正确关注和重视黄河流域的生态环境问题。在本次调查中，当被问及"您觉得黄河流域环境污染对您影响大吗"时，有83%的被访民众认为黄河流域环境污染问题与自己的生活有很大的关系，有5%的被访民众认为黄河流域环境污染问题与自己的生活关系不大，甚至认为其污染问题与自己本身没什么关系，有12%的被访民众表示自己还没有想过这个问题（见图9）。

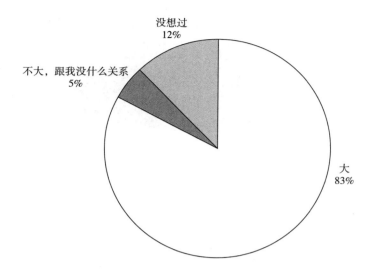

图9　民众对黄河流域污染与自身关系的认知

正所谓，认识自然，才能保护自然。作为在黄河流域中上游地区居住和生活的居民，要对其所在流域中出现的问题和利用现状有一个全面客观的认知，才能更好地安排和规划自己的生活，才能在有限的资源里生活得美满幸福。

2. 有八成以上的民众表示人为因素是造成黄河流域环境问题的主要原因

近年来，以植被减少、水土流失、土壤污染、水质污染等为代表的一系列环境问题在黄河流域频繁发生，严重影响了黄河流域居民的生活和身体健康。居住在黄河流域的民众，他们是否能够对黄河流域生态环境污染状况有一个清晰的认识，直接关系到黄河流域生态环境是否能够得到更好的保护和治理。在本次调查中，当被问及"您认为黄河环境问题主要是由下列哪些原因造成的"时，有65.1%的被访民众选择了化肥、农药不合理地使用，有46.47%的被访民众选择了畜禽养殖污染，有41.95%的被访民众选择了开垦土地或农田水利建设中的污染，有49.73%的被访民众选择了乱砍滥伐、过度放牧，有48.28%的被访民众选择了森林覆盖率减少，有57.87%的被访民众选择了重金属污染，有67.81%的被访民众选择了人们环保意识较弱，有21.16%的被访民众选择了人口增长速度过快，有58.59%的被访民众选择了企业只注重自身发展而忽视环保，有41.23%的被访民众选择了政府对环保问题重视不够，还有2.17%的被访民众选择了其他原因（见图10）。

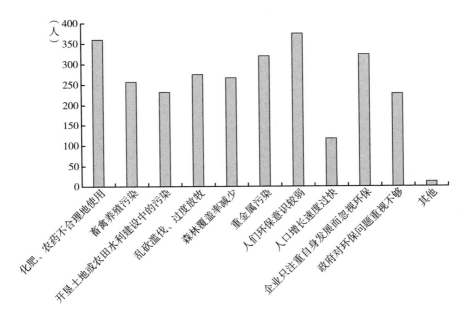

图10　民众对导致黄河流域生态环境产生问题原因情况的认知

综合上述统计资料，化肥和农药不合理地使用、人们环保意识的淡薄、重金属污染趋势的加重，以及企业只注重自身发展而忽略环保投入等是人们普遍较认可的造成黄河流域生态环境问题的主要原因。

3. 九成以上的民众认为应从多方面着手改善黄河生态环境问题

黄河流域生态环境的建设和保护，不仅需要民众对生态环境状况具有充分的表观感知，还需要主动去思考如何使用适当的方法去治理流域的污染问题。在本次调查中，当被问及"您认为应当从哪些方面着手改善黄河生态环境问题"时，有85.35%的被访民众认为需要加强工业"三废"（废水，废弃，废渣）的治理，有78.66%的被访民众认为需要对生活垃圾进行及时分类处理,有61.48%的被访民众认为需要对农药残毒进行及时防治,有60.22%的被访民众认为需要及时疏浚河道,加强水域管理,有56.06%的被访民众认为要严惩乱砍滥伐,鼓励植树造林,有60.04%的被访民众认为需要搞好城乡环境规划,合理综合地利用自然资源,有53.71%的被访民众认为需要加大环保知识的普及力度(见图11)。

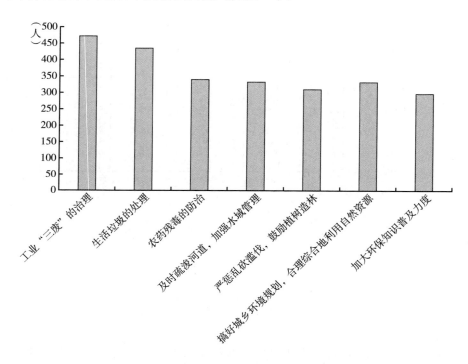

图11　民众对如何改善黄河生态环境方面的认知

(五)民众对黄河中上游地区生态环境建设与经济发展关系的认知

1. 有六成以上的民众认为黄河对周边地区经济发展有很大的带动作用

习近平总书记所提出的对黄河流域实施高质量发展战略,就是在黄河流域沿线既要促进沿线地区的经济发展,又要为当地居民提供一个山青水秀的生活环境,实现真正意义上的可持续发展。在本次调查中,当被问及"您认为黄河对周边经济发展的带动作用大吗"时，有66%的被访民众表示黄河流域对周边地区的经济发展有很大的带动作用，有24%的被访民众表示黄河流域虽然对周边地区经济发展有一定的带动作用，但是效果一般，有4%的被访民众表示黄河流域对周边地区经济发展的带动作用不大，还有6%的被访民众表示不太清楚黄河流域与周边地区经济发展之间的关系（见图12）。

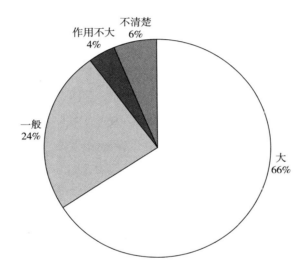

图12　民众对黄河流域与地区经济发展之间关系的认知

本次调查显示，民众对黄河流域对周边地区经济的带动作用还不是很了解，理解得也不够透彻。黄河流域沿线涉及九省一区，只有更好地利用流域的连通作用，发挥各自地区的产业优势，弥补各地区产业发展的不足，因地制宜、取长补短，实现沿线地区产业链的融会贯通，促进区域一体化协调发展，才能真正实现黄河流域的高质量发展。民众只有更深入透彻地理解黄河流域对地区经济的带动作用，才能更好地促进本地区经济的持续和高质量发展。

2. 有九成以上的民众认为周边企业对黄河流域生态环境有影响

黄河流域资源储备丰富，随着工业经济的发展，各类企业在黄河流域沿线建厂，或者开挖矿藏，或者开发水利资源，或者依靠其丰富的水资源建立各类化工企业，在建厂初期，由于资金不足、环保意识淡薄，以及过度追求经济利润，忽略了环保设施的同步建设，黄河流域生态环境遭到严重破坏。要想尽快解决这些问题，除了国家相关法规的约束，还需要当地居民的有力监督。本次调查显示，当被问及"您认为周边企业对黄河流域生态环境的影响"时，有32%的被访民众认为周边企业对流域生态环境的影响不大，污染小，治理程度较大，有62%的被访民众认为周边企业对流域生态环境影响较大，污染大，并且在环保方面疏于治理，还有6%的被访民众认为周边企业的建设和发展对流域生态环境影响不大，有没有都无所谓（见图13）。

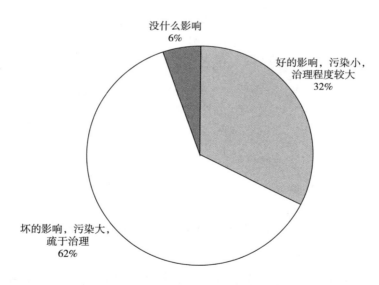

图13 民众对周边企业发展与黄河流域生态环境之间关系的认知程度

3. 有六成以上的民众的认为保护环境比加快经济发展更重要

2020年，我国将全面建成小康社会，目前正处于完成此项目标的关键时期，但是，面对全球气候变暖、自然灾害频发、环境不断恶化等情况的发生，保护生态环境也是目前我国所面临的重大问题。黄河中上游区域作为我国重要的生态安全屏障和粮食生产基地，如何平衡保护生态环境和发展经济显得至关重要。在本次调查中，当被问及"您认为经济发展与环境保护的关系是怎样的"时，有68%的被访民众认为要在保护环境的基础上，加快经济发展，有24%的被访民众认为保护环境比发展经济更重要，因为"先污染后治理"难度会更大，也有7%的被访民众认为目前经济发展更重要，环境可以以后再治理，还有1%的被访民众表示自己没有考虑过此问题，对二者的关系也不是很清楚（见图14）。

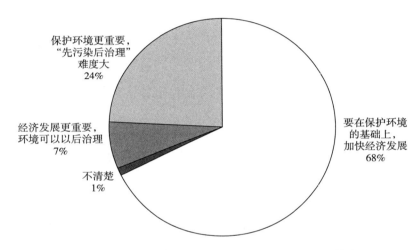

图14　民众对黄河流域环境治理和经济发展之间关系的认知

三　存在的问题及不足

通过本次走访调查，我们发现绝大多数民众对黄河中上游区域环境保护和治理方面的知识有或多或少的认知和了解，但是在认知深度、认知广度、局域专业问题的认知、环境与经济发展两者之间关系的认知等方面都还存在一些不足，主要有以下几方面。

（一）民众对黄河流域高质量发展规划的理解还不够深入

对黄河流域生态环境的保护和治理是实施黄河流域高质量发展规划的

前提的重要内容。随着 2019 年习近平总书记提出要对黄河流域实施生态保护和高质量发展的重大战略，甘肃省作为黄河主要流经的区域和重要的生态安全屏障区域，抢抓历史机遇，在全省范围内做了大量的宣传工作，但是本次调查的结果显示，能真正了解这项利国利民重大战略的民众不到 1/3，只有六成的被访民众听说过这项重大战略，甚至还有将近二成的被访民众不知道此项国家战略。而且，在了解这项战略的人群中，国家与社会管理者、专业技术人员、办事人员占据了很大一部分，而生活在黄河流域沿线的居民对此项战略的认知程度少之又少，甚至有些民众处于基本不知道的状态。

（二）民众对黄河中上游水域情况的相关认知程度还不够

水域问题作为黄河中上游最重要的生态系统，是黄河中上游生态环境保护的重点和关键。民众在此方面的认知直接关系到黄河流域整体生态环境的保护和治理成效。本次调查结果显示，只有三成多的被访民众认为黄河中上游的水域污染很严重，知道和了解一级水源地相关情况的人数只占到被访人数的两成左右。这些调查结果说明，虽然近年来政府在生态文明建设方面的宣传力度不断增强，民众对生态环境的保护和治理方面认识程度也在不断提升，但是本次调查询问到黄河中上游水域污染情况、一级水源地的分布情况，以及黄河水资源分布利用情况等方面的相关问题时，本地居民对自己所在地区的黄河水域资源的了解情况在广度和深度上都不够，这将对下一步黄河流域生态保护和高质量发展战略的有效实施和推进产生一定程度的阻碍作用。

（三）民众对黄河流域的整体污染情况虽有一定的认知，但认知程度不够深入

对黄河中上游流域整体情况有足够的认知深度，才能有针对性地开展保护和治理工作。在本次调查中，调研组专门就民众对黄河中上游流域整体污染情况的认知程度进行了调研，调研结果显示，虽然民众对黄河中上

游流域整体污染情况有一定的认识，但是这种认知仅停留于表层意识当中，只是隐约知道黄河中上游区域水资源受到一定程度的污染，而且被污染的环境也会对自身的生活造成一定的影响，自己在日常生活、生产中一些不合理的方式也会对黄河中上游的生态环境造成一定的破坏。但是，当问到被污染区域的详细情况时，八成以上的民众还是无法回答，这说明民众并没有在内心深处真正理解和意识到黄河中上游流域生态系统存在的问题，也没有从内心深处去严格约束自我行为，真正从行动上成为保护流域生态环境的践行者。

（四）民众对黄河中上游流域生态环境治理与经济发展之间关系认知不够深入

生态文明建设是我国实施新型工业化战略和进行资源约束管理的必然选择。从数千年的农业文明到新中国工业文明的曙光，再到改革开放快速工业化，中国已经成为世界第二大经济体和最具活力的经济体之一。随之而来，快速工业化的弊端逐渐显现，质量差、效率低、高投入、高能耗、不平衡、不协调、不可持续性等矛盾也频繁出现。再加上我国资源的利用率低、资源开发面临枯竭的现状，生态文明建设之路便成为我国经济发展转型的必然选择。保护黄河流域生态环境，就是践行生态文明之路的一项重要措施。黄河中上游区域涉及黄河水源源头，是我国重要的生态安全保护屏障区域，同时也是脱贫攻坚的主战场，如何更好地协调好保护生态环境和经济发展之间的关系，是黄河中上游地区实现高质量发展的关键所在。作为生活在黄河沿线的本地居民，需要对本地区经济发展和生态环境保护的关系有一个正确系统的认知，才能更好地促进本区域的高质量发展。本次调查的结果显示，大部分民众可以认识到对于黄河中上游区域的发展应该遵循保护生态环境优于经济发展的原则，但是，在寻求生态环境保护和高质量发展之间相互关系的平衡点上，大部分民众没有具体的方法和建议，说明民众如何在具体的生产生活中去践行生态环境保护优先的概念还需要进行专业的引导，让绿色发展的理念渗入他们生活的方方面面。

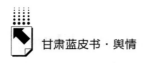

四 对策建议

如何提升民众对黄河中上游地区生态环境的保护和高质量发展的认知，这既需要引导民众在提升自我认知方面下功夫，也需要督促政府、企业等相关部门制定出有效的措施，正确处理好保护生态环境与促进经济发展之间的相互关系。本文根据本次调查情况，对黄河中上游生态环境保护与高质量发展提出以下建议。

（一）提升政府宣传力度和方式的多样性，使民众对黄河中上游流域的生态环境有一个深入系统的认知

近年来，虽然政府通过媒体、报纸、杂志、专题教育、宣传片等多种方式对黄河中上游生态环境保护进行了的宣传，但是真正通过接受专题教育、民众之间相互交流等方式来获取和理解黄河中上游区域生态环境保护的意义的民众并不多。这就需要政府针对民众文化程度、工作环境的不同，设计和开展不同形式的宣传方式。民众也只有将黄河中上游生态环境保护的意义和内涵理解得足够深入，才能自觉和有效地在生活和工作中约束自身行为，进而推动黄河流域高质量发展的建设步伐。

（二）加强水污染治理和管理水平，提升居民对水域相关问题的认知水平

水是黄河流域的生命之源，水是生产力发展的根本。对水污染治理、水安全防治、水资源规划等涉水问题的统筹考虑和规划，是黄河中上游生态环境保护的关键。黄河水资源与长江水资源相比较为匮乏，不足长江总水量的7%，却是西北地区生产用水和人民生活用水的主要来源，占据整个用水量的90%以上。因此，提升居民对黄河水域的认知水平和治理好黄河流域水资源非常重要，只有做到认知水平与治理水平的双提升，才能做到黄河水资源的长治久安。一是以开发建立水利工程为主的方式做好黄河水资源的合理

规划，做好民生工程。目前，随着经济和生产力的发展，居民水资源的利用量呈现逐年上升的趋势，黄河水资源过度利用情况越来越严重。这就需要尽快实施以南水北调西线工程为代表的水利调度民生工程，将西南地区充沛的水量调至西北干旱地区，增加西北地区可利用的水资源，减轻黄河负担，彻底解决西北地区水资源匮乏的问题。二是加快对水污染地区进行防治与修复，优化民众用水环境。统筹推进黄河上游流域各支流、上下游之间的污染同步治理，注重对一级饮用水源地的保护，通过教育、宣传提升居民对一级水源地的认知程度，让民众在生活中做保护水资源的践行者。三是要加强对污染企业和污染物的监管力度，政府既要制定相关法律政策严格控制企业污水的标准化排放和化肥、畜禽粪的管理标准，也要引导民众做好对周边企业的日常监督工作，控制农业活动中化肥、畜禽粪使用数量，自觉做好农村水质的污染防治和监控。四是建立健全水污染防治的环境立法工作，并在流域地区进行大量普及工作，使当地民众能够熟知黄河流域法律管理条例，成为黄河中上游流域生态环境的坚强护卫者。同时，需建立黄河中上游与下游地区的水资源合理利用和保护的生态补偿机制，维护黄河中上游流域地区民众的切身利益，促进水资源在工业、农业、生活过程中的循环化利用，提升企业污水排放标准，强化工业污水的集约化处理，严格把控污染企业的准入和监督标准。

（三）扩大黄河流域高技术产业发展规模，提升民众对高质量发展的认知水平

在黄河中上游区域，地区经济发展相对落后，民众生活水平较东南沿海地区普遍偏低，而且此地区产业结构多以重型化工业为主，生产技术相对落后，资源浪费较严重。这就需要加快该地区产业结构的转型和优化升级，加快区域经济发展水平，提升民众认知高质量发展的水平，让民众真正享受到高质量发展所带来的生活水平的提升。以甘肃为列，其拥有丰富的风能和太阳能，对优先发展以风电和太阳能发电为基础的新能源具有较好的基础。同时，甘肃省在风电和太阳能发电方面起步较早，建设速度也较快，已建成了

以酒泉为主的千万千瓦级风力发电站，太阳能光伏发电站遍布河西各区域，甘肃针对风电和太阳能发电等新能源产业的发展形成了一整套的产业配套体系，并将新能源发展也列入甘肃十大生态产业发展规划中，这些为新能源的发展奠定了一定的产业基础，这些产业的发展也提升了当地的经济发展水平。未来，甘肃可以在提升产业发展的科学技术水平上下功夫，增加新能源配套产业的研发资金和研发投入，引进高素质、高水平的相关专业的科技人才，加强对当地居民的技术培训，提升他们对新型产业技术的掌握能力，进而通过工作影响生活方式的方法来提升当地居民认知水平。

同时，需在黄河中上游区域加快新型产业的布局规模和速度，加快培育一批综合竞争力强的大型节能环保企业，在节能环保产品制造、节能环保服务总承包领域培育骨干企业，形成产业配套能力强、辐射带动作用大的产业集聚区，从而促进节能环保产业快速发展，质量效益得到显著提升，集中度明显增强，使这些产业逐步发展成为黄河中上游区域的支柱产业。

（四）提升民众生活环境质量，打造现代环境治理体系新格局

提升黄河流域居民生活环境质量，不仅需要对水域环境进行治理，还要综合考虑大气、水域、土壤、固体废弃物、森林植被等各个系统之间的协调治理，各个系统缺一不可。一是要加强大气污染的防治和监测，加强对重化工企业烟气排放的监测力度。引导居民形成使用清洁能源的生活方式，在城市地区倡导使用新能源汽车、采用清洁能源取暖等环保的生活方式，通过实施秸秆还田等措施减少农村地区温室气体的排放量，控制农村地区的面源污染状况。二是加强推进以重金属修复为主的土壤污染治理工程，提升农田土壤的可持续利用能力，维护子孙后代的安全健康。三是加强固体废弃物的污染治理，积极推进矿山环境的修复和治理，倡导居民正确倾倒垃圾，加快垃圾分类的实施效率和进度，对黄河中上游区域的生态环境治理和保护同步进行。

参考文献

邵鹏、王齐、单英骥：《基于文本分析的黄河流域生态保护与高质量发展研究》，《干旱区资源与环境》2020 年第 11 期。

陈华：《关于示范引领黄河流域生态保护和高质量发展先行区建设的思考》，《银川日报》2020 年 9 月 24 日。

田文富：《构建黄河流域生态保护和高质量发展一体化的绿色经济文化带》，《农村·农业·农民（B 版）》2020 年第 9 期。

张贡生：《黄河流域生态保护和高质量发展：内涵与路径》，《哈尔滨工业大学学报》（社会科学版）2020 年第 5 期。

刘昌明、刘小莽、田巍、谢佳鑫：《黄河流域生态保护和高质量发展亟待解决缺水问题》，《人民黄河》2020 年第 9 期。

B.6
民众对地方政府应对重大公共卫生事件的感受与评价

——以新冠肺炎疫情为例

刘徽翰 *

摘　要： 新冠肺炎疫情的暴发可以说是2020年全球范围内最大的突发公共事件，也可以说是最大的舆情事件。围绕地方政府应对新冠肺炎疫情的表现，我们考察了民众对于政府工作的感受与评价。调查结果显示，甘肃民众对政府应对新冠肺炎疫情总体上高度满意、高度肯定。在应对措施是否科学合理和真实有效方面也持高度肯定的态度，绝大多数民众表示在遭遇重大突发事件时愿意无条件配合政府工作。同时我们也发现了一些舆情背后的社会心理，这些都提醒我们在今后的工作中要加强应急管理体系建设，加强社会治理"既有秩序又有活力"和"共建共享共治"新格局建设，不断完善政府与民众意见交流表达机制。

关键词： 新冠肺炎疫情　重大突发公共卫生事件　社会治理

　　新冠肺炎疫情在全球范围内的暴发蔓延可以说是 2020 年最大的舆情事件。作为一场超常规的、突发性的大规模公共卫生事件，新冠肺炎疫情对很

＊ 刘徽翰，甘肃省社会科学院社会学所助理研究员，主要研究方向为社会问题、社会治理。

多国家的应急管理能力乃至整体治理能力提出了严峻挑战。因为各种各样的原因，新冠肺炎疫情导致很多国家出现医疗系统不堪重负、经济严重衰退、人民生活水平大幅滑落、社会生产生活秩序严重破坏的恶劣后果。通过各种媒体，我们可以看到许多国家的民众对本国应对新冠肺炎疫情时所表现出来的迟缓、错误、不负责任表达了无比的愤怒。与此形成鲜明对比的是，以中国为代表的一些国家在面对来势凶猛的疫情时，迅速采取了最果断的防控措施，有效减轻了疫情对社会生活的破坏。"没有对比就没有伤害"，中国采取的全国总动员严防严控模式，对所有感染者实行集体救治，在疫情蔓延被有效控制后适时启动复工复产，尽快恢复社会生产生活秩序的做法被实践证明非常有效，甚至可以说是仅有的应对新冠肺炎疫情最有效的方式，在世界范围内赢得了越来越多的肯定与赞同。

新冠肺炎疫情的全球暴发为世界各国政府应对重大突发公共卫生事件提供了一种近似"自然实验室"的设置。如何应对疫情、如何防控、如何救治、如何有效减少生命财产损失、如何更快地走出困境都在考验政府的治理能力和社会的"韧性"。作为这场全球"大事件"的亲历者，每个人有很多深切的感受，可以进行研究分析的切入点也有很多，但是我们认为其中最重要的舆论热点还是民众对政府应对疫情的感受与评价。因此我们选择通过调查收集民众对地方政府应对疫情的看法与评价，来探究政府疫情防控工作能够取得良好效果的民意基础。

一 调查对象的基本情况

本次调查我们选择在甘肃省内兰州、天水、白银、张掖等地级市和所辖县区进行，总共发放 570 份问卷（其中纸质问卷 270 份，网络问卷 300 份），回收 570 份，有效问卷 553 份，有效率 97% 以上，完全满足统计分析需要。

553 份有效问卷中，男性 281 人，女性 272 人，男女性别比是 50.81%：49.19%，相对比较平衡。553 人中，汉族有 525 人，回族 18 人，藏族 5 人，其他民族 5 人。在年龄分布上，18～25 岁的有 59 人，占到了 10.67%；26～35 岁的有 103 人，占到了 18.63%；36～45 岁的有 180 人，占到了 32.55%；46～60 岁的有 208 人，占到了 37.61%；60 岁以上的仅有 3 人，在总样本数中只有 0.54%。可以说，这次调查的主要人群为 36～60 岁的中年人，这个年龄段的人是社会中的主流人群，基本上有家有业，思想成熟、心态稳定，他们的看法具有很强的代表性和典型性。在受教育程度上（问卷中为文化程度），小学及以下（小学和不识字）有 13 人，占调查对象的 2.35%；初中文化程度的被调查者有 90 人，比例为 16.27%；高中文化程度（包括中专、中职）的被调查者有 143 人，比例为 25.86%；大专及以上的被调查者有 307 人，比例为 55.52%。总体而言，本次调查中的大专及以上文化程度的被调查对象超过了总样本数的一半，这虽然在代表性上很难说明真实社会中的民众受教育程度，但从另一个角度看，调查结果可能更加具有可靠性和审慎性。

在政治面貌选项上，有 186 名被调查对象为中共党员，比例为 33.63%；民主党派和无党派人士 21 人，比例为 3.79%；群众 346 人，比例为 62.57%。在职业分布上，我们一共设置了九个职业类别（在问卷中体现为九个阶层，基本上按照职业进行分层）。其中国家与社会管理者阶层（行政管理职权的领导干部）为 46 人，比例为 8.32%；经理人员阶层（非业主身份的高中层管理人员，即职业管理人员）14 人，比例为 2.53%；私营企业主阶层 17 人，比例为 3.07%；专业技术人员阶层 92 人，比例为 16.64%；办事人员阶层 64 人，比例为 11.57%；个体工商户 38 人，比例为 6.87%；商业服务业员工阶层 50 人，比例为 9.04%；产业工人阶层 121 人，比例为 21.88%；农业劳动者阶层 111 人，比例为 20.07%（见表 1）。本次调查的阶层分布基本涵盖了当前社会中的各个阶层，也比较好地反映了真实的社会结构，产业工人阶层和农业劳动者阶层（工农大众）仍然是中国社会的主体，我国依然是一个劳动者社会。在居住地选项中，有 366 人（66.18%）的被调查者居住在城市市区，居住在县城的被调查者有 79 人（14.29%），居住在乡镇的调查对象有 23 人（4.16%），居住在农村的调查对象有85人（15.37%）。这个分布比较真实地体现了当前社会的发展趋势，即城镇化是中国社会持续发展的主要表现形式和主要推动力之一，很多人依托城市就业；在县以下广大区域内，人们也想办法转移到县城和乡镇政府所在地，寻求更好的就业机会，为了孩子接受更好的教育是这种选择的主要原因。

表1　调查民众基本情况统计

单位：人，%

类别		人数	占比
性别	男	281	50.81
	女	272	49.19
年龄	18~25岁	59	10.67
	26~35岁	103	18.63
	36~45岁	180	32.55
	46~60岁	208	37.61
	60岁以上	3	0.54
文化程度	小学及不识字	13	2.35
	初中	90	16.27
	高中	143	25.86
	大专及以上	307	55.52
政治面貌	中国共产党员	186	33.63
	民主党派	4	0.72
	无党派	17	3.07
	群众	346	62.57
职业	国家与社会管理者（行政管理职权的领导干部）	46	8.32
	经理人员（非业主身份的高中层管理人员）	14	2.53
	专业技术人员	92	16.64
	个体工商户	38	6.87
	产业工人	121	21.88
	农业劳动	111	20.07
	商业服务业员工	50	9.04
	私营企业主	17	3.07
	办事人员	64	11.57

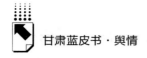

二 民众对政府应对新冠肺炎疫情的感受与评价

（一）地方政府应对疫情行动果断，措施有力

1. 疫情期间绝大多数民众在省内居住，对疫情防控的评价真实有效

我们调查的主题是甘肃民众对地方政府（主要为县区政府）应对新冠肺炎疫情的感受与评价，因此首先要确保调查对象疫情期间尽量在甘肃省内居住。调查结果显示，疫情期间 553 位被调查者中有 482 人居住在本地，也就是本人户籍所在地和常住地，有 50 人居住在甘肃省内其他地区，比例为 9%；只有 21 人疫情期间居住在甘肃省外，比例为 4%。其中居住在城市社区的调查对象有 334 人，占到了样本数的 60%；居住在县城的调查对象有 95 人，占到了样本数的 17%；居住在乡镇的调查对象有 28 人，占到样本数的 5%；居住在村（社）的调查对象有 96 人，占到样本数的 17%。从这个结果看，有 96% 的调查对象疫情期间居住在甘肃省内，这就为我们调查甘肃省内的部分地方政府应对新冠肺炎疫情提供了可靠的基础。同时也能够看出，正是因为各地严格落实"严防严控"的疫情初期管控措施，大多数调查对象都选择居家自我隔离，整个社会的流动性被彻底管制，甘肃和全国其他地方一起，"仿佛一夜之间，社会生活被按下了暂停键"（见图 1 和图 2）。

2. 民众对地方政府疫情防控措施的评价主要取决于直接感知程度

调查结果显示，有 484 人次选择了"封闭式管理"（本题为多选题，因此我们在统计上采用人次或频率标准），有 249 人次选择了"入户摸排"，有 389 人次选择了"广泛深入宣传，普及防疫知识"，有 149 人次选择了"发放防疫物资"，有 120 人次选择了"救助困难群体"，有 398 人次选择了"设卡监测防控"，有 142 人次选择了"严格管控防疫物资，防止囤积居奇"，有 249 人次选择了"保障生活物资正常供应"。选择"封闭式管理"的人次最多，这当然也是所有人都能够直接观察到的防控措施。但是需要注

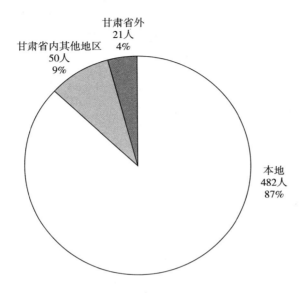

图1 调查对象疫情期间居住地情况

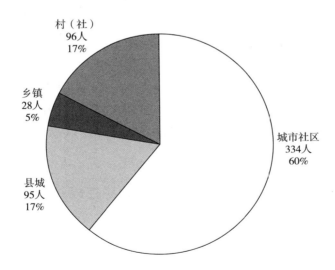

图2 调查对象疫情期间居住地类型

意的是，"封闭式管理"也可以分为"全封闭管理、半封闭管理和一般封闭管理"，根据媒体报道和现实经验，只有出现新冠肺炎确诊和疑似病例、密切接触者时政府才会采取最严格的全封闭管理，就是通俗而言的"门都不能出"，24小时有工作人员监控，实时监测体温和身体状况等。大多数人体会到的"封闭式管理"都是"半封闭管理和一般封闭管理"，即出入小区和街道巷口村口时会查看出入证和测量体温，一般会有工作人员提醒减少外出频率，减少不必要的社会活动，尽量待在家里。"入户摸排"和"广泛深入宣传，普及防疫知识"在频率上有些错位，我们在调查中发现，对具体的调查对象而言，在工作人员进行入户核实时自己并没有直接回答或见面，一些居住在农村的民众可能直接由"家长"在院门口回答了问题。这也许可以说明，在农村这个"熟人社会"里，干部和工作人员对居民情况一般都比较了解，而在城市里人群异质性较强，且居住情况比较复杂（人户分离、租房空房），人与人之间信任感、熟悉感不强。为了减少人际接触，通过张贴通知公告，通过微信群、小程序、社交媒体发布有关防疫信息和知识也是基层普遍采取的方式。设卡监测防控也是一个人所共知的防控措施，只要出门基本上能看到，因此这个选项的出现频率也非常高。其他几个选项出现频率不多确有客观原因，首先，这几项措施是针对特定群体进行的，不是全覆盖；其次，这几项措施与其他几项相比没有那么直观，显得比较"间接和抽象"，因此不易为大多数调查对象所感知。在此我们得出一个重要启示，即对政府工作的评价和认可首先来自是否能够为民众较为容易接触和感受（可及性），民众比较倾向于通过自己的经历与感受对政府工作给出评价，提出意见（见图3）。

（二）绝大多数民众对地方政府疫情防控成效高度肯定、高度满意

1. 绝大多数民众认为地方政府疫情防控措施总体科学合理

调查结果显示，有487个调查对象给出肯定评价，占到样本数的88%，有22个调查对象给出否定评价，占样本数的4%，而选择不清楚的调查对象有44人，占样本数的8%（见图4）。我们通常说"措施有没有用，关键看实效"，本次调查属于回溯性调查，到目前为止所有的事实证明，地方政

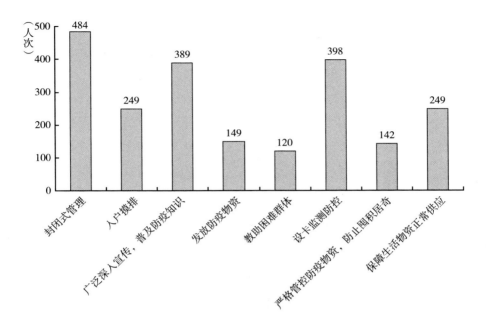

图3 疫情期间调查对象所在地当地政府采取的防控措施

府采取的防控措施是非常有效的。虽然政府一般是通过行政官僚制来推行防控措施，还是采用总体动员的高度集中模式来应对新冠肺炎疫情，但这些措施无疑都是依据严格客观的科学标准制定和执行的。政府之所以采取这些严格的管控措施恰恰是为了对所有民众的生命健康负责，这是"人民生命至上"的疫情防控总原则的重要体现。面对来势凶猛的非常规性突发公共卫生事件，我们只能通过严格控制社会流动性和严防死守的方式来掐断病毒传播链，最终事实证明，这种在某些人看来是"笨办法"的办法才是最好最有效的办法。

2. 绝大多数民众认为当地政府疫情防控措施真实有用，但仍有改进空间

从调查结果看，有359人选择了"有很大作用"，占到样本数的65%，有177人选择"有一定作用"，占到样本数的32%，两者相加选择"真正发挥了作用"的调查对象达到了样本数的97%。而选择"没有作用"和"不清楚"的调查对象分别只有5人和12人，比例仅占样本数的1%和2%。我

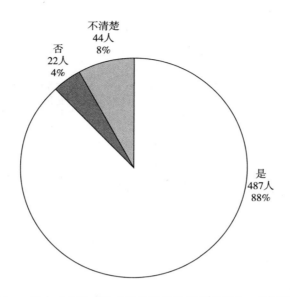

图4 民众对当地政府疫情防控措施是否科学合理的评价

们当然不能要求民众只能给出完全肯定的评价，而且客观来说即便是相同的防疫措施在实际执行中也会因为地域不同和工作人员的具体操作不同而出现效果上的差异。真正值得重视的是，有三成民众选择了"有一定作用"，那就说明政府采取的部分措施或者某些措施的执行方式还是有进一步完善和提升的空间（见图5）。

3. 民众认为领导干部、医护人员、基层工作者在疫情防控期间分别发挥了重要作用，其中基层工作者获得的认同最多

前面探讨了政府的防疫措施是否真正发挥了作用，现在就来看看在民众心中究竟是谁在疫情防控期间发挥的作用最大。调查结果显示，有129人选择了"地方党政领导"，占到样本数的23%，选择"党员干部"的有38人，占到样本数的7%，选择"医护人员"的有179人，占到样本数的32%，而选择"基层工作者和志愿者"的有207人，占到样本数的38%。党和政府是抗击疫情取得重大战略性胜利的首要主体，在中国社会文化传统里，各级党政领导就是国家权威的人格化体现。关键时刻，地方党政领导的关键决策

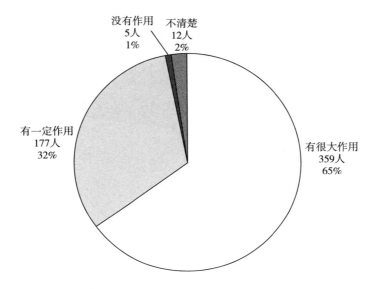

图5　民众对当地政府防疫措施是否真正发挥作用的评价

和果断坚决能够为民众带来很大的安全感。医护人员在本次疫情防控期间居功至伟，这种重要性主要体现在救治方面，他们为有效救治患者以及为群众提供正常的医疗服务发挥了不可替代的作用。对普通民众来说，接触最多、感受最深的人就是每一个奋斗在防控疫情一线的基层工作人员和志愿者，他们基本集中在乡镇、街道和村庄社区，承担大量具体、琐碎、繁重的防控任务。随着疫情防控形势的变化，他们还要兼顾群众正常的公共服务需求，可谓是"身兼数职"，有的工作人员还要面对工作对象的不理解不支持，可谓"任劳任怨"。因此，对于有超过1/3的调查对象选择基层工作人员和志愿者作为他们心目中发挥了最大作用的群体，我们认为这是理所当然的（见图6）。

4. 部分民众明确表示疫情防控期间存在不配合政府工作的情况

并不是每一个人都能够正确认识、理解、支持配合政府的防疫工作，即便是在遭遇像新冠肺炎疫情这样的"黑天鹅"事件，全社会都集中动员起来严阵以待之时，仍然有部分社会成员不听号令、不守规矩。调查结果显

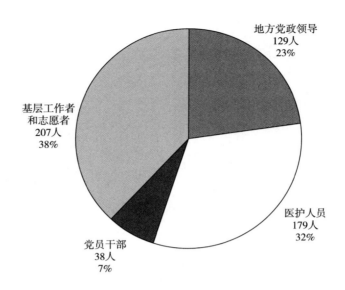

图6　民众对当地疫情期间谁发挥了最大作用的评价

示，有254人回答"在当地疫情防控期间，没有不配合政府工作的情况"，有194人明确表示当地确实有不配合政府防疫工作的情况，还有105人表示不清楚，那就说明或许有或许没有。我们在新闻媒体上也看到了部分地区出现了疫情防控期间不配合政府工作的案例，还有个别人明知自身的行为可能会给社会、他人和政府防疫工作带来巨大负面影响、制造巨大困难，但仍然选择毫不顾忌地外出活动，不进行个人防护，公然聚集参与娱乐活动，最终导致了严重后果，这些人最后都以违反《传染病防治法》和"故意扰乱社会秩序"的名义被执行逮捕，为自己不负责任的行为付出了代价。如果说新冠肺炎疫情防控期间就是中国社会的"战时状态"，那么对不守规矩、损害公众利益的人就应该严格执行"战时纪律"（见图7）。

5. 绝大多数民众表达了对政府（工作）的绝对信任和支持

紧接着上个问题，我们打算考察民众对"在紧急状态下，是否应该无条件配合地方政府工作"的态度，调查结果显示，有431人选择了"当然是"，占到样本数的78%，有100人选择了"应该是"，占到样本数的

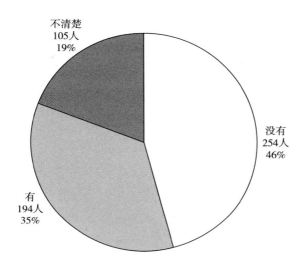

图7　民众对当地疫情防控期间是否有不配合政府工作的情况

18%，选择"差不多是"的回答者有16人，占到样本数的3%，"不清楚"的有6人，仅占样本数的1%（见图8）。这个结果应该说是"意料之中"，但仍然带给我们一些惊喜的感觉。随着市场经济条件下民众利益不断分化和社会中个人主义不断扩散的社会现实，政府的权威相比改革开放前的"革命年代"已经在很大程度上出现了衰退和消解的趋势。我们在众多媒体报道中经常看到因为利益问题而导致的政府与民众的对立甚至冲突，这些事情或者媒体过分渲染的"事实"会直接影响民众对政府工作的评价和信心。政府权威性不足，民众信任度不高，政府工作就很难开展，也很难取得令人满意的效果。但是在本次疫情防控期间，我们看到、听到、感受到的仍然是民众对防疫措施的无条件配合。抗击疫情能够取得良好效果的社会基础就在于中国民众对于政府的高度信任、高度服从和高度支持。我们可以自豪地说这是一场"人民的胜利"。

6. 绝大多数民众对地方政府疫情防控工作总体满意

其实通过上述几个问题的分析，我们已经可以得出一个清晰而确定的结论，但是依然要通过调查结果来说明。在"您对地方政府疫情防控工作总

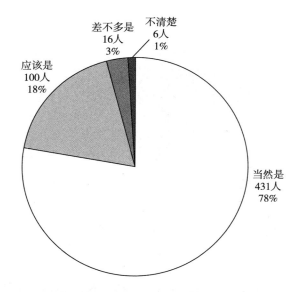

图 8　民众对是否应该无条件配合地方政府做好疫情防控工作的态度

体满意吗"这个问题中，有 297 个调查对象给出了"满意"评价，占样本数的 54%，有 223 个调查对象给出了"比较满意"的评价，占样本数的 40%，给出满意评价的调查对象占到了样本数的 94%。有 23 个调查对象给出了"不太满意"的评价，占样本数的 4%，另有 10 个调查对象表示"不清楚"，占样本数的 2%（见图 9）。满意的评价当然来自扎实的防疫工作和真实有效的防疫效果。很多人难以理解为什么中国民众对政府有如此高的支持率和满意度，一个比较合理的解释认为这是长期以来国家建构和意识形态教化的自然体现，也是多年来民众评价政府工作采取"绩效主义"态度的一个必然结果。人民政府必须全心全意为人民服务，而人民也必然会信任和支持人民政府。

（三）民众更加注重应急体系、制度、工作机制和人才队伍建设

在"通过此次疫情，您认为地方政府今后应对公共卫生事件还需要做哪些工作"当中，我们列出了七个选项，其中选择"建立更完善的应急管理体系"有 460 人次，"加强公共卫生和防疫人才队伍建设"有 439 人次，

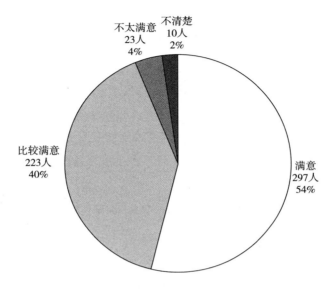

图9　民众对当地政府疫情防控工作的总体评价

"建立健全科学合理的防控工作机制"有409人次，"为一线人员提供更好保障"有396人次，"防控措施更加精准化、人性化"有382人次，"加强政府工作人员能力素质（建设）"有311人次，"更多倾听群众意见"有284人次。本次疫情波及了所有人群，在重大突发公共卫生事件面前，可以说是"众生平等"，这是全社会共同面临的挑战和危机。但在疫情防控取得重要阶段性成果之时、整个社会生活已逐步恢复正常之际，不同人群的看法和意见自然也就有了区别。但无论如何，越来越多的人意识到了社会面对重大突发公共卫生事件时存在的问题和不足，越来越重视制度和机制建设，越来越强调防范公共卫生事件应该做到"公共性和专业性统一"，越来越突出对政府工作人员能力素质和加强一线（基层）人员保障的要求，也对政府工作应该注意引导群众有序参与发出了声音。通过此次舆情调查，在这个问题的结果中，我们看出了民众对政府未来工作的期待，也同样希望政府能够"从善如流"，广纳民意，不断改进和完善政府应对重大突发公共卫生事件的体制机制，不断提升政府应急治理能力（见图10）。

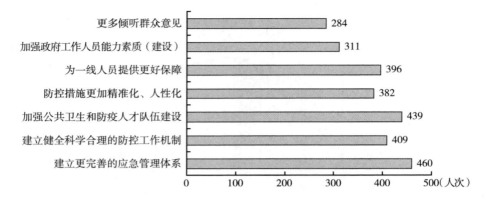

图10 民众对地方政府今后应对公共卫生事件的期待和建议

三 本次调查的一些舆情特征和启示

（一）社会紧急状态有利于增进社会团结，但效果难以持久

疫情防控期间的中国社会进入了一种非常态的社会秩序当中，这种类似"战时状态"的特殊秩序要求人们严格听从政府指令，服从管控，放弃一些个人的、部分的、次要的利益。中国社会的民众无论居住在哪里、从事何种职业都非常熟悉这种严防严控的管理方式，长期的"社会运动"经验客观上培养了民众"服从命令听指挥"的社会本能，尤其是在遭遇突发意外事件时，几乎所有人都会本能地进行自我管控，"不给政府添麻烦"成为绝大多数人的行为选择。这种短期内高度集中的社会动员模式和共同抵御新冠肺炎疫情的现实经历，客观上营造了一种"命运共同体"的社会氛围，形成了一种"所有人都是一家人"的社会心理。此外在疫情期间，一些国外政府和媒体指责中国政府采取的这种"极端"防控措施，让亲历疫情防控的中国民众异常气愤，进而"同仇敌忾"，更进一步增强了对中国特色社会主义制度以及国家治理体系和治理能力的自信和认同，也进一步促进了社会团结。但我们要注意，这种紧急状态下的社会心理或者类似"共同体激情"

很难持续，紧急状态结束后，人们还是会回归到日常，呈现分散、疏懒的生活状态和心理特征。

（二）管控与治理的分界线模糊，需加强日常治理

在疫情初期政府采取的"严防严控"模式对于控制人员流动和病毒传播非常有效，这种自上而下"一竿子插到底"的社会管控模式也是政府比较得心应手的常规治理手段。从历史经验来看，我国社会管理的指导思想和习惯思维长期建立在一种"静态社会"基础上，即认为社会的刚性稳定是必需的也是能够实现的，而这种稳定的突出表现就是管控住所有人的社会活动，尽量防止人员的跨区域自由流动，"城乡分治"的局面在很大程度上体现了这种管制思维。但随着社会的不断发展，特别是市场经济客观上要求人员物资信息大范围流通，强行控制流动性的社会管理方式已经很难适应当今社会的发展现实。近年来，中央一直在倡导建立"既有秩序又有活力"的社会治理新局面，通过此次疫情，中央更是明确提出建立"平战结合"的应急管理体系、制度和机制，这就为地方政府如何创新社会常规治理，如何提升常态社会治理效能指明了方向、提出了新要求。我们的体制特别是行政管理体制在制度设置上非常强调"自上而下"的命令式管控，习惯于频繁地通过社会动员来完成社会治理任务，实现社会治理目标。这种"准战时管理模式"在应对重大突发公共事件，特别是需要进行人员管控时非常有效，但在常态治理中又显得机械僵硬，因此如何做到"平战结合"还是要结合社会治理创新来推动。

（三）"集中点赞"与"日常吐槽"并存，需更关注民情民意

调查结果显示，在涉及政府"应对新冠肺炎疫情是否有效？是否真实管用？是否科学合理？是否总体满意？"等几个核心指标上，民众都给出了集中性的高度评价和肯定。我们在前面曾经提到过这些评价既来自长期意识形态教化和集体主义价值观培育的积累，也来自政府高效科学正确应对疫情的现实绩效。但这种政府与民众高度统一、国家对社会令行禁止的"紧急

状态下的凝聚力和服从性"并不能轻易地转换为日常生活中的"理解支持与配合"。事实上，在日常生活中，很多人都会对政府工作，特别是关系普通民众切身利益的政府具体行政行为，包括一些政策措施表达种种不满，这些不满情绪又经常通过各种社交媒体或明或暗地表现出来。这些不满情绪的公开表达，一方面反映了社会自由度，特别是政府容忍度的提高，另一方面仍然反映了我们在社会治理，特别是公共服务方面有很多长期性、普遍性的问题或"顽症"没有得到彻底解决。在收获民众对政府应对诸如新冠肺炎疫情这样的"大事件和突发事件"治理绩效高度赞同的同时，困扰百姓生活的一些"小事和难事"却长期得不到有效解决，民众对政府工作缺少制度性的反馈渠道、政府与民众没有建立常态化正常沟通机制等问题更值得我们关注。

（四）"接地气"与"见实效"密切相关，需更注重基层工作

在"你认为疫情防控期间，谁发挥的作用最大"中，有38%的调查对象认为基层工作者和志愿者发挥的作用最大，同时也有很高比例的人认为"领导干部和医护人员"发挥的作用最大，这其实反映了在实际生活中民众对于政府工作及其成效评价的感知次序。与百姓直接接触的基层工作者是民众对党和政府（工作）的一种具体化和人格化象征，正如对民众而言共产党的形象直接来源于他们身边每一个共产党员的所作所为。基层工作者是通过自己的"情境化互动与创造性执行"贯彻落实政府的各项工作，同理，民众对于政府工作的感知和评价很多时候并不会直接上升到诸如"顶层设计、高度重视、决策部署"等比较抽象的"文本化或政策性"语言层面。他们往往通过基层工作者是不是细致认真、是不是文明礼貌、语气是不是缓和、态度是不是友好、方式是不是"接地气"、说话办事是不是"通人情"这些具体、细微甚至是琐碎的各种细节来判断政府对待他们的态度，并以此为基础决定要不要"支持配合"政府工作并且最终做到"高度认同和毫无怨言"。这种根植于中国"人情社会"和传统文化当中注重人情与面子的社会互动方式深刻影响了政府与民众的关系。因此，我们有必要在今后的工作

中更加注重对于基层工作者开展"群众工作"的"地方性知识和情境化能力"的培养，用百姓听得懂、看得见、接受得了的方式来推动工作。

四　进一步加强和改进政府应对重大突发公共卫生事件的对策建议

首先是加快建立"平战结合"的应急管理体系。对于地方政府而言，体系和制度建设在很大程度上是一个如何落地、融合及发挥实效的执行过程。通过此次疫情检验，现阶段的基层政府治理体系和制度机制，实际上已经基本实现"平战结合"，今后的工作重点关键是能够做到"平战转换"。这就要求在后续的应急管理体系建设中坚持从实际出发、从实际治理效能出发，重点加强部门间协调机制和职能整合工作。

其次是加强应急治理的公共性和专业性融合。通过此次新冠肺炎疫情，我们要充分认识到现代社会中风险的不确定性和超常规性。政府工作人员不可能成为无所不能、无所不知、事事不出错的"超人"，这就需要由多领域专业人士组成专家委员会参与政府应急治理。除了传统意义上的技术专家，还需要吸收公共管理、信息联络、物资调配、社会工作和心理情绪管理方面的专家。政府要定期组织专家参加政府应急治理工作会议，必要时专家可直接参与决策和现场处置，建立健全部门和专家定期会商机制。此外，还要在政府系统内部开展定期的应急管理知识和技能培训，重点覆盖基层一线工作人员和关键岗位工作人员。

再次是加强社会参与和协同治理。相信群众、发动群众是做好一切基层工作的基础。要加强动员组织群众有序有效参与，建立普通群众和专业社会工作者、志愿者协同配合机制。借助各地优势，建立政府与单位、企业、社会组织的联动响应机制和协同治理机制，合理设置各自的目标任务，发挥治理合力。同时要注意畅通群众利益表达渠道和意见交流渠道，在基层日常治理中，政府工作更应侧重于服务，并且在服务中体现管理，而不能以"管理替代服务"。

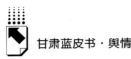
　　最后是加快形成"共建共享共治"的基层社会治理格局。疫情防控工作的实践证明，基层政府防控工作绩效的重要来源之一是社会力量的支持，即"社会韧性"。而形成"有韧性的社会"就是要创建"共建共享共治"的基层社会治理新格局。"共建"自然是党委政府团结带领广大群众共同创建，而且是要"站在群众当中号召大家一起干"，而不是"站在群众头上命令大家干"。"共享"是要加强政府和群众之间的信息沟通和意见表达，在基层日常治理中，特别是要加强听取、吸收群众关于政府工作的合理意见和生活智慧，不断优化基层公共服务供给方式，提供更多更接地气、更符合社区实际的服务内容。"共治"就是要注重发挥社会力量，特别是要发挥社区资源、社会组织和专业人士在社会日常治理中的独特作用，从人民群众最关心的身边小事做起，不断积蓄"社会资本"，共同打造"党委领导、政府负责、社会参与、法治保障、技术支撑的社会治理共同体"。

群众认知篇
Mass Cognition

B.7
甘肃小微企业主对稳经济
促发展的认识与评价

买小英*

摘　要：　甘肃小微企业的发展面临外部环境和内部因素的多重影响。在当前稳经济促发展的社会环境下，甘肃小微企业主应在争取外部环境和优化内部环境上下功夫，在政府牵头建立"公平、高效、开放"的综合政策体系为小微企业营造良好营商环境的同时，在逆周期、后疫情中小微企业需要优化自身管理，加强企业文化建设，完善企业信誉体系；健全用人留人机制，提升企业人力资源的管理水平等。

关键词：　小微企业　营商环境　信誉体系　管理水平

---

* 买小英，甘肃省社会科学院副研究员，主要研究方向为文化研究。

小微企业是国民经济和社会发展的重要基础，是创业富民的重要渠道，在扩大就业、增加收入、改善民生、促进稳定、推动创新等方面有着举足轻重的作用。同时，小微企业既是创业创新的主体，也是新常态下经济增长新动能的重要来源。近年来，甘肃省"着力推进科技进步和创新，增强经济整体素质和竞争力"，结合甘肃小微企业创业创新环境薄弱等问题发力，破解发展瓶颈。

据统计，截至 2019 年，甘肃省新设立市场主体 25.98 万户，累计 170.79 万户，同比增长 7.31%，注册资金达到 3.93 万亿元，同比增长 15%。甘肃省在全国首家开通市场主体微信申报企业年报平台，企业年报公示率 93.96%，位列全国第一梯队。[①] 2020 年全省共有 176.5 万户市场主体，3 月全省市场主体登记数大幅回升，新增市场主体 18068 户，是 2 月的近 4 倍。[②] 2020 年 1~8 月，全省新增减税降费 127.7 亿元，其中 2020 年新出台的税费优惠政策新增减税降费 76.5 亿元，有效减轻了市场主体负担。2020 年前三季度，全省新设立市场主体同比增长 8.45%，日均新登记企业 225 户，比上半年日均多 14 户。[③] 小微企业贷款余额增长 9.7%，增速比 6 月末提高 2.5 个百分点。

一　调查对象基本情况

本课题数据来源主要通过发放调查问卷（含问卷星）、个别访谈等形式获得。本次问卷调查对象主要为甘肃省内小微企业主。本次调查共发放问卷 244 份，其中回收有效问卷 220 份，问卷有效率达 90%。从调查样本的区域分布来看，220 名受访者中兰州市 115 人，占样本总数的 52.27%；

---

① 《2019 年甘肃省新设立市场主体 25.98 万户注册资金达 3.93 万亿元》，人民网，http://gs. people. com. cn/n2/2020/0305/c183348 - 33851370. html。

② 唐仁健：《在全省中小微企业发展推进会上的讲话》，http://www. gansu. gov. cn/art/2020/4/27/art_ 7228_ 454075. html。

③ 曹立萍：《全省经济运行稳定向好态势进一步巩固》，《甘肃日报》2020 年 10 月 23 日。

天水市 34 人，占样本总数的 15.45%；河西地区 30 人，占样本总数的 13.64%；陇南地区 41 人，占样本总数的 18.64%。从受访者的性别来看：男性受访者 147 人，占样本总数的 66.82%；女性受访者 73 人，占样本总数的 33.18%。从受访者的年龄段分布情况来看：18~28 岁占 8.18%，29~39 岁占 18.18%，40~49 岁占 35.45%，50 岁及以上占 38.18%。从受访者的文化程度来看：具有小学及以下文化程度的受访者有 17 人，占样本总数的 7.73%；具有初中文化程度的受访者有 51 人，占样本总数的 23.18%；具有高中或中专文化程度的受访者有 69 人，占样本总数的 31.36%；具有大专文化程度的受访者有 37 人，占样本总数的 16.82%；具有本科及以上文化程度的受访者有 46 人，占样本总数的 20.91%。从受访者企业成立或运营的时间范围来看：1 年内占 17.27%，1~3 年占 16.36%，3~5 年占 14.55%，5 年以上占 51.82%。从受访者的行业分布情况来看：从事批发和零售业的占 20.91%，从事住宿和餐饮业的占 13.64%，从事加工制造业的占 15.45%，从事文化娱乐业的占 12.73%，从事信息科技的占 15.45%，从事其他行业的占 21.82%。从受访者企业发展规模（员工数量）来看：10 人以下员工的企业占 49.09%，10~30 人的占 12.73%，30 人以上的占 38.18%。有效问卷对应的调查对象基本信息见表 1。

表1 有效调查问卷对应的被访者基本信息汇总

单位：人，%

基本信息		人数	占比
性别	男	147	66.82
	女	73	33.18
年龄	18~28 岁	18	8.18
	29~39 岁	40	18.18
	40~49 岁	78	35.45
	50 岁及以上	84	38.18

续表

基本信息		人数	占比
文化程度	小学及以下	17	7.73
	初中	51	23.18
	高中或中专	69	31.36
	大专	37	16.82
	本科及以上	46	20.91
行业分布	批发和零售业	46	20.91
	住宿和餐饮业	30	13.64
	加工制造业	34	15.45
	文化娱乐业	28	12.73
	信息科技	34	15.45
	其他	48	21.82

二 甘肃小微企业主对稳经济促发展的认识与评价

(一)政策体系亟待完善,外部环境有待优化

依据问卷调查统计结果,受访者对当前小微企业相关扶持政策的了解程度:受访者中有10人对当前小微企业相关扶持政策表示十分了解,占样本总数的4.55%;有94人表示有些了解,占样本总数的42.73%;有106人表示对相关政策不太了解,占样本总数的48.18%;有10人表示没听说过,占样本总数的4.55%(见图1)。

面对当前小微企业发展所面临的外部压力,受访者中有80人认为小微企业的发展受到法律和政策的约束,占样本总数的36.36%;有72人认为有来自其他行业的压力,占样本总数的32.73%;有124人认为有来自同行业公司的压力,占样本总数的56.36%;有88人认为社会信用体系有待完善,占样本总数的40%;还有56人认为存在其他外在压力,占样本总数的25.45%。

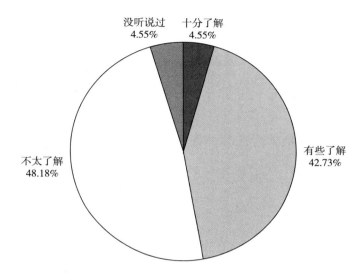

图1 小微企业主对扶持政策的了解程度

1. 政策体系有待完善

近年来，尽管从中央到地方，针对小微企业发展出台了大量倾斜扶持政策措施，各部门间的协调配合力度也在不断加强，支持民营企业发展的法律、政策框架基本令人满意，但仍存在与市场经济发展和民营企业要求不相适应的地方。一是在思想观念方面对民营企业仍存有一定偏见，个别政府部门和行政执法人员自觉不自觉地表现出小微企业"与己无关"的心理，在办事过程中依然存在"门难进、脸难看、话难听、事难办"，同中小微企业存在信息不对称或信息壁垒问题、缺乏有效的信息共享机制。二是在某些部门和地方仍然存在交换协同能力不足、缺乏公益性集合运用、办事效率不高等问题，推诿扯皮的现象也时有发生。①

2. 营商环境有待优化

甘肃民营经济政策环境总体不断趋好，但公开、公正、公平的执法环境有待进一步加强。经营成本增加以及政府服务意识不到位等，已成为部分民

---

① 《甘肃省民营企业环境的基本状况和存在问题》，《中国经济时报》2014年8月20日。

营企业流向外地投资的因素之一。尤其是小微企业及个体工商户的利益得不到有效保障,个别行政或司法人员或多或少在执法过程中对不同类别市场主体不能做到一视同仁,导致小微企业权益受损。同时民营企业经营者的自身法律意识淡薄,当其合法权益受到行政侵害而诉求司法机关时,也缺乏有效的法律救助保障。①

(二)融资体制亟待完善,监督机制有待健全

依据问卷调查数据统计结果,小微企业主对当前甘肃省融资环境的总体认识与评价方面,受访者中有 30 人认为非常好,较易快速获得低成本贷款,占样本总数的 13.64%;受访者中有 104 人认为比较好,可从部分渠道获得贷款,占样本总数的 47.27%;受访者中有 66 人认为比较差,只能偶尔获得贷款,占样本总数的 30%;受访者中有 22 人认为非常差,很难获得贷款,占样本总数的 9.09%。

1. 融资渠道狭窄,内部融资资金有限

问卷调查数据统计显示,在甘肃小微企业主获取资金的途径方面,受访者中 33.64% 是通过政府提供的创业贷款担保;58.18% 是通过银行或信用社贷款;35.45% 是向其他企业/亲戚朋友借款;9.09% 是向小贷/P2P 公司借贷;23.64% 是民间借贷;7.27% 是向典当行、担保公司、投资公司等中介组织借款;3.64% 是通过互联网金融产品获得贷款;还有 15.45% 是通过其他途径。

一是小微企业往往受规模较小、资产有限、信用不够规范等因素限制,金融机构为规避风险偏重于向大中企业融资而不愿向小微企业融资,即便融资其资金规模也相对有限。二是小微企业较难得到各大商业银行的信贷支持。三是甘肃省内虽有政策性银行、大型国有商业银行、地方法人金融机构和股份制(民营)银行等多类金融机构,但缺乏面向小微企业的金融服务专营机构,且金融机构之间存在客户基础信息壁垒、信贷风险整体把控难、

---

① 《甘肃省民营企业环境的基本状况和存在问题》,《中国经济时报》2014 年 8 月 20 日。

区域性立体式智能化的风险管理体系需健全等问题，这对小微企业融资形成了一定限制。四是大多小微企业资金投入主要采取自筹方式进行，企业自主经营、自负盈亏、自担风险，多数企业依靠投资人自身资金积累投入，资金规模相对有限。

2. 民间间接融资风险较高，融资管理能力弱

问卷调查数据统计显示，小微企业主融资中面临的主要问题，41.82%的受访者认为融资成本过高，40%的受访者不了解融资政策，38.81%的受访者认为与金融机构对接困难，30%的受访者认为审批时间过长，26.36%的受访者认为无法满足融资条件等。

目前小微企业融资的主要用途，受访者中的41.82%用于购买原材料，42.73%用于短期应付款，20%用于固定资产投资，30.91%用于技术研发，33.64%用于购买新设备，23.64%用于偿付过往欠款（含贷款），6.36%用于其他用途。

一是一些小微企业在融资过程中对政策法律缺乏足够了解，在资金需求相对急迫、无法从金融机构直接融资的情况下，往往选择民间融资。其虽快速灵活，但其融资程序不够规范，随意性较大，缺乏有效的监管，容易导致融资风险和资金风险。二是大多数小微企业发展起点较低，自有资金少，资产负债率较高，企业财务不健全，家族化管理，信息不透明。相当多企业固定资产不多，经营场地和大型设备多为租赁经营，符合银行贷款条件的可抵押资产数量有限。三是一些小微企业多头融资、过度融资，贷款使用不合规，盲目增加投资，流动资金不足，存在"短贷长用"、资金移位等问题，导致固定资金和流动资金"双紧张"的局面。四是部分企业担保链条过长，乱担保、过度担保，或有负债超过直接负债。部分企业及法人不注意维护自身的信用记录，信用卡、贷款担保等违约现象大幅上升，直接影响了再融资能力。

3. 财务管理不完善，企业融资政策不健全

一是小微企业大多处于产业链末端，且通常处于创业初期，大多小微企业财务管理不完善，没有适合企业发展的融资战略，无健全的财务核算、可

信的财务报表、规范的财务信息披露，导致申请银行贷款很难。二是小微企业内部资金调度、资金使用计划、资本周转效率、存货管理及债权债务等方面缺乏必要的内部控制。三是融资的法律法规不够健全，致使小微企业在自主融资过程中可能会遇到更高的法律成本和社会成本。四是对小微企业融资的扶持政策力度不够，社会诚信体系建设与经济发展不相适应等。

4. 信誉体系有待完善，监督机制有待健全

一是小微企业现阶段融资来源大多隶属于内源性融资，过度依赖内部资金的支持，而外部性融资约束受限，造成外源性融资困难，但内源性融资不足以支撑企业的快速发展。二是小微企业信用缺失，在一定程度上增大了银行对其审批放贷的时间、额度、标准等，银行等金融机构会因其可能会产生的本息损失而拒绝给民营企业放贷，造成小微企业发展资金注入不足。三是小微企业因其自身行业性质，利益相关者涉及众多，企业的融资决策会影响到众多利益相关者的利益，进而影响融资决策的判断和实施。四是小微企业忽视监督机制的建设，缺乏企业运转的透明性和快速性，融资环境有待改善。

（三）企业内部管理体系亟待完善，企业文化建设有待加强

问卷调查数据统计显示，甘肃小微企业内部面临的主要问题，受访者中有58.18%认为是资金问题，49.09%认为是人才短缺，33.64%认为是技术瓶颈，28.18%认为是产品销售，36.36%认为是管理运营问题，11.82%认为是服务质量，还有18.18%认为是其他问题。综合分析可得出，甘肃省小微企业集约化程度不够、科技含量偏低，呈现"两低两少"（产业集中度低、产品科技含量低、骨干企业少、知名品牌少）的特点。

1. 人力资源理念薄弱，管理制度不健全

一是在人才管理和使用上，有些家族式企业人才管理模式守旧，裙带关系严重，员工没有较充分或高层次的发展机会。二是一些小微企业缺乏科学的管理理念，有些制度缺乏合理性，甚至制度之间也有矛盾之处。三是由于小微企业追逐利润，刻意压低员工的工资福利待遇，或不能根据市

场的变化适时地对员工收入进行调整，一些员工看不到发展前景，造成频繁"跳槽"的现象。四是实用性的产学研教育体制还不能充分满足小微企业的现实需要，小微企业的人才培育和人才职称评定还没有纳入正常轨道。

2. 缺乏员工培训与教育，忽视企业文化建设

一是小微企业缺乏对员工的后期培训与教育，或受到一些因素的影响，初步建立员工的培训与教育制度，但并没有持续开展与后续应用，使员工的知识体系建构不完善，导致企业在生产技术、专业设备与信息管理方面难以取得发展。二是在探索企业文化的过程中，企业盲目追求形式而忽视文化本质。有些企业通过张贴文化建设标语、设计口号等来表现企业文化，但往往只流于表面形式，而没有从真正意义上去了解企业文化。三是企业文化建设必须依据企业实际发展情况而定，然而大部分企业盲目复制克隆其他企业文化，缺乏应有的特色愿景和开拓精神。

问卷调查数据统计显示，小微企业主期望未来能接受与企业经营相关的培训，受访者中43.64%认为是企业文化建设，59.09%认为是市场营销，38.18%认为是成本控制，50.91%认为是人力资源管理，25.45%认为是采购管理，42.73%认为是企业风险管理，还有3.64%认为是技术培训。

（四）后疫情时期小微企业生存发展所面临的形势

问卷调查数据统计显示，疫情对甘肃省小微企业的总体影响，受访者中有21.82%表示此次疫情对企业的影响严重，导致企业经营面临严重困难，可能倒闭；21.82%表示疫情对企业的影响很大，导致企业暂停经营；35.45%表示疫情对企业的影响较大，导致企业经营出现部分困难；16.36%表示疫情对企业的影响较小，企业经营虽然出现了一些困难，但经营状况总体比较平稳；4.55%表示此次疫情对企业没有产生明显的影响（见图2）。

在疫情导致甘肃小微企业面临的主要困难中，63.64%的受访者认为订单减少；24.55%的受访者认为虽然有订单，但无法正常生产经营；35.45%

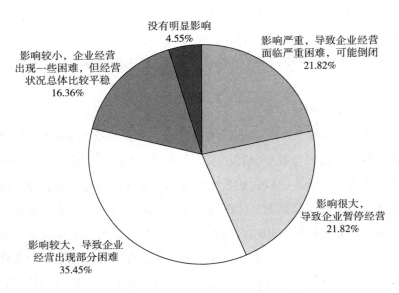

图2　疫情对甘肃小微企业产生的总体影响

的受访者认为生产经营成本上升；16.36%的受访者认为融资难度加大；11.82%的受访者认为企业因无法按时履行合同需支付违约金等。

预计疫情对甘肃小微企业2020年利润的影响，45.45%的受访者预计比2019年减少，40.91%的受访者预计亏损，10.91%的受访者预计与2019年持平，仅有2.73%的受访者预计比2019年增加。预计疫情对小微企业用工的影响，68.18%的受访者认为比2019年同期减少，22.73%的受访者认为与2019年同期持平，仅9.09%的受访者认为比2019年同期增加。对当前经济发展所持态度，32.73%的受访者表示乐观，46.36%的受访者表示一般，20.91%的受访者表示不乐观。同时，受访者也期望政府能出台或落实相关措施帮助企业减轻支出压力，61.82%的受访者希望能阶段性减免社保费；59.09%的受访者希望能降低企业增值税、所得税等税率；60.91%的受访者希望提供房租、水电费等补贴；42.73%的受访者希望能提供稳岗补贴；17.27%的受访者希望能对优质科创型企业提供研发补助；15.45%的受访者希望降低政府性融资担保公司保费率等。

三 进一步发挥小微企业在稳经济促
发展中作用的对策建议

后疫情时期，保企业就是稳就业，稳就业就是稳经济、稳社会、稳民生，这是经济社会发展的大逻辑。针对当前经济发展形势和甘肃小微企业发展现状，按照中央经济工作会议部署，在注重普惠性政策配套落实的同时，要更加注重差异化政策应用。一方面要跟上服务实体经济发展步伐，不断构建完善具有科学性、稳健性和灵活性的社会保障、公共服务、科技创新以及信贷投放的普惠性保障政策，为小微企业发展创造良好的外部环境。另一方面要更加重视体现差异化的税收政策，有效运用普惠性减税和结构性减税政策工具，加大对实体经济特别是民营小微企业的扶持应用，并保持相关政策的连续性和稳定性；各级税务部门要按照《关于发挥"银税互动"作用助力小微企业复工复产的通知》要求，在已落地政策支持和贷款产品下（如《甘肃省"银税互动"工作管理办法》、云税贷、纳税 e 贷等），针对疫情防控期间小微企业或试点个体工商户更加迫切的资金需求，加大税收信用贷款支持力度，努力帮助小微企业复工复产渡过难关，积极扶持小微企业又快又好发展。

（一）建立综合政策体系，营造良好的营商环境

2020 年全国"两会"政府工作报告提出：尽力帮助企业特别是中小微企业、个体工商户渡过难关。社会各界要进一步强化从软环境、硬环境和个体环境多渠道支持企业纾困的共识。其中软环境主要是法律法规和政策制度的制定（如《民法典》中涉及的企业权益、劳务合同、贷款、保理融资等新规）和行政部门的执法和服务水平、社会舆论氛围以及激励约束机制等，它对经济发展起着关键性作用。硬环境是自然地理、基础设施以及与企业生产要素（劳动力、资本、技术、数据等）相关的物质条件。

1. 优化行政服务环境，提高民营经济政策质量

一是要建立与法规政策配套的、有利于民企发展的制度办法及管理体制。要强化依法行政、规范公共服务、提高政务透明度，推行政务活动公开制度，严格执行公开、公正、规范的行政程序，大力推行"阳光政务"；不断提高行政服务实体经济的能力与质效，与中小微企业并肩作战、共抗疫情。二是企业登记、业务主管和金融监管等行政机关要推进中小微企业信用制度建设，整合市场监管、税务、社保、司法、信贷等涉企数据资源，实现信息互联互通和共享，加强建设社会诚信体系，营造良好社会诚信氛围，提升市场支持中小微企业信心。同时要把握好区域内服务实体经济和防范化解风险的平衡，提高综合监管效能，守住不发生连锁性风险的底线。三是建立并完善政府与企业间的联系机制，加强对发展民营经济政策的落地实施。如2020 年，甘肃省推行的惠企政策精准推送和"不来即享"服务就起到了"政策联通、普惠升级、服务送达"的引领示范作用。中小微企业主通过手机平台就能匹配出与其相关的税费、社保和金融等方面的政策，有效解决中小微企业对政策"不知晓""找不到""不会办"的问题，切实增强企业的获得感。

2. 营造良好的舆论环境，建立畅通融资的新机制

一是营造良好的舆论环境，形成投诉受理、调查核实、反馈回复、督促整改的长效机制。二是做好民营经济的立法工作，转变职能，依法行政。三是在扩大民营企业税收优惠范围的同时，全面掌握省内（市州区域内）小微企业的信贷规模、成本和信贷获得率等情况，省内大型金融机构要带头为民营小微企业提供细致周到的服务，借鉴省内外信贷创新经验，打造甘肃省特色普惠金融金字招牌，促进市场主体活力增强，提振中小微企业发展信心。如某国有商业银行推出的"惠懂你"App，基于交易结算、纳税记录等大数据评估企业信用，可实现全程在线为小微企业提供信贷服务。四是进一步健全中小企业信用担保体系，积极推进以财政资金为引导、社会资金为主体的中小企业信用担保体系；鼓励具备条件的行业协会有序开展担保业务。五是大力宣传信用观念，民营企业要不断提高资金使用效益与还贷的信誉

度，逐步建立健全符合市场经济体制要求的企业信用制度。六是逐步建立现代企业制度，实现小微企业信用程度与金融信用机制的深层次结合。

（二）优化企业管理机制，提高企业自身发展能力

小微企业应不断加强管理创新，增强自身的生产经营能力和综合管理能力，在全社会推动产业转型升级过程中，发挥管理机制灵活、转换成本较低等优势，在国家新一轮供给侧结构性改革和甘肃省规划布局中（如打造文化、枢纽、信息、技术、生态"五个制高点"）找到新机遇。加强企业发展政策研读、提升洞察市场前景能力、完善财务执行效能管理，在国家相关支持政策下、在区域产业链布局中找到自身发展的机遇。

1. 完善财务管理制度，提高信息共享性

一是完善财务管理制度，建立以全面预算为核心的资金管理机制，加强对小微企业资金、项目款项的事前至事后的一体化管理，及时动态更新财务数据，提高企业应对融资突发风险的能力和融资资质。二是优化小微企业内部控制管理，实现业务数据、财务数据、外部数据一体化有效管理，构建完整的财务业务一体化应用的内控系统，实现"业财融合"。充分发挥财务部门在内控管理中的重要作用，严格会计管理，依法依规编制财务报告，推进小微企业内控体系建设。三是提升小微企业财务管理人员的综合管理水平，加强财务信息化管理，提高信息共享度，提高财务核算效率。加强财务专业技能培训和财务管理能力培训。

2. 完善企业信誉体系，加强企业文化建设

一是注重企业管理层管理水平的培养，加强与主管部门的沟通与交流，联合政府、金融等机构有效建设民营企业征信系统。二是全方位进行企业文化建设，企业内部每个部门都应当参与其中，形成科学完整的"组织＋文化＋流程＋管理"的经营发展模式。三是创新性学习推动企业个性化发展，加强内部管理，形成科学管理模式，使员工有自由发挥的空间，打造合理公平的工作环境。

3. 多渠道并举，健全直接融资渠道

一是小微企业要进一步完善公司治理结构，健全股东会管理体制，积极引入专业技术入股，勇于并购重组、壮大发展。加强产品研发能力，开发产品附加值，提高市场竞争力。实施标准化管理，规范企业财务管理、合同管理和收益分配行为。增强债务管理能力，加强信用观念。二是金融机构要为小微企业提供多元化融资支持，涵盖全流程、全产品、全生命周期的金融服务。针对小微企业贷款"短、小、频、急"的需要，以企业产品销售和市场风险避险为核心，通过统筹企业及法人的信用和现金流、中小微企业专利权质押融资，采取投贷联动等手段，破解贷款期限错配和短贷长用的问题，优化小微企业贷款期限管理，降低小微企业项目贷款门槛等。三是充分发挥政策性融资担保机构的融资功能，加大财政支持，增强政府支持的融资担保体系的扶持力度。积极探索建立多形式风险补偿机制，建立政策性小贷公司和政府产业引导基金，加强对小微企业高管人员的培训。四是地方政府、中国人民银行、银保监部门要进一步完善对小微企业金融服务的专项制度，切实落实小微企业金融服务各项措施。加强金融、财政、税收、法律等各部门配合力度，共同建立联合激励和惩戒机制，为小微企业金融服务营造良好的生态环境。

（三）健全用人机制，提升人力资源管理水平

1. 树立"以人为本"的人力管理新理念

一是管理者要采用现代企业管理制度，转变自身对人力资源管理的传统观念，[①] 设置专业的人力资源服务团队对人力资源管理各环节进行规范管理。二是大力宣传"以人为本"的管理理念，积极拉近与各部门员工之间的距离，多走访了解企业的不同部门的日常状况，充分了解员工的真实工作感受与想法，并尊重员工、了解员工，帮助员工重新认识自己在工作发展中的重要价值。三是管理者始终保持"所有的员工都是具有价值的"的理念，

---

① 刘佳：《甘肃小微企业人才缺失与管理机制创新》，《现代企业》2015 年第 8 期。

让员工自己认识到自己的价值，这样才能充分发挥主观能动性，为企业的发展贡献力量。

2. 建立科学规范的选人用人制度

一是企业科学编制岗位说明书，明确岗位要求和职责，统一按该标准进行招聘；建立完善的薪酬管理体系，在企业效益有所增长的情况下，员工的工资待遇也应有所提高。二是要坚持"发现人才、激励人才、成就人才"的基本原则。贯通企业发展和员工成长的渠道，实现员工更高层次的需求和职业理想；让企业内外部学习成果均可与员工成长相对接，使员工个人的业务智慧在共创共享中得以沉淀，让更多的企业普通员工获得崭露头角的机会，努力为小微企业员工搭建展现个人能力和发挥自身价值的舞台。三是制定激励措施，让员工工作有激情，还可以举办一些文体比赛活动来关心员工的工作与生活，在体现企业和管理层人性化管理的同时加强企业文化建设，让员工有满足感。四是为企业员工或其他工作人员开展相关的职业技能和道德等方面的培训，让员工不断地提高自身能力。

（四）后疫情时期甘肃小微企业的发展趋向

甘肃省积极推进经济发展和以小微企业为代表的市场主体和市场消费需求的"一体两翼"工作。针对当前小微企业面临的困难问题，重点围绕落实"六保"工作方案，在"减、增、降、缓"四个字上下功夫。通过减税费、增信贷、降成本、缓期限，切实增强对市场主体的政策性支持，为稳经济促发展提供坚实的保障。

1. 重视小微企业对经济的促进作用

小微企业是经济和社会发展中的一支重要支撑力量，是市场经济体系中最具创新活力的"经济细胞"。有关部门应紧密跟踪当前省内受疫情影响严重的行业企业生产经营情况，从稳定区域经济、缓解就业压力、推进技术创新等方面推出相关"进企""联企""助企"等调研服务活动；积极了解小微企业面临的实际困难，采取针对性强的措施方法，促进企业恢复生产经营，尽可能帮助企业解决"市场的冰山、融资的高山、转型的火山"等困难；进一步提供全流程、全生命周期的行政服务来满足各类小微企业发展需求。甘肃省以大型国有企业为代表的国有经济比重较大，大型企业（主要为在甘央企和省属企业）规上工业增加值占比达 76%。针对优化经济结构的需求和大型企业大型项目增长乏力的现状，要更重视小微企业在推进区域经济集合发展、促进实体经济结构匹配、吸纳就业人口方面的作用，让优质小微企业成为创业成长的主要平台并发挥好科技创新的重要力量，真正促进小微企业各项政策措施落地见效，主动从中小微企业和中小型项目上挖潜力、找抓手，不断为省内经济发展创造新优势、增添新动能。

2. 推动小微企业融资畅通

在疫情冲击下，切实解决融资难、融资贵的问题显得更加突出；小微企业的发展离不开普惠金融的有力支持。金融机构需按照甘肃省数字经济发展规划，加速推进普惠金融数字化转型。在"普"的方面，要实现金融服务方式创新，触角直达社会神经末梢，改变银行经营的"二八"定律，进一步拓宽和畅通银企信息沟通渠道，加大对省内科技含量高和属于战略性新兴产业的小微企业的支持力度。在"惠"的方面，利用金融科技进步来提升金融服务效率，不盲目抽贷断贷、制止存贷挂钩、减少账户管理费等；同时降低单一金融服务的成本，包括人力成本、网点建设等运营成本，以及渠道、管理等操作成本，让利于小微企业。在"能"的方面，通过大数据构建全面风险评价模型，为小微企业"增信"；注重引进智慧金融、数字金融、"互联网＋"等前沿技术，增强科技赋能，着力疏通传导渠道，引导小微企业通过线上渠道进行贷款申请、支用及还款，让金融"水利工程"有效润泽广大小微企业。

3. 引导和鼓励小微企业转型升级

小微企业在实际经营发展中要尊重三个规律，即客户需求的规律、互联网发展规律和团结协作的规律。尊重客户需求的规律，是为了更好地满足企业发展中的客户服务需求；尊重互联网发展规律，是为了更好地发挥数字化、互联网、物联网等在经营拓展中的优势；尊重团结协作的规律，是打破企业内部壁垒，更好地协调内部运营、资源配置、合规管理等各板块工作，提升企业经营和业务升级的合力。政府相关部门要在政策帮扶、产业引导、技术支持力度上给予小微企业一定的倾斜；助力企业创新转型，加速产品落地，帮助小微企业充分发挥"精、特、专"的优势，找准适合自身发展的技术创新、产品创新和商业模式创新，培育高价值知识产权和技术专利，实现企业的转型升级。

参考文献

甘肃省民营经济研究会课题组：《改善甘肃民营企业生存和发展环境的若干建议》，《中国经济时报》2014 年 8 月 27 日。

甘肃省民营经济研究会课题组：《甘肃民营企业环境的基本状况和存在问题》，《中国经济时报》2014 年 8 月 20 日。

陈婷煜：《甘肃民营企业生存与发展七大环境喜忧参半》，《中国县域经济报》2015 年 3 月 12 日。

李天建：《双创视阈下甘肃小微企业扶持政策的嬗变与政策重点》，《甘肃日报》2017 年 7 月 17 日。

刘佳：《甘肃小微企业人才缺失与机制创新》，《现代企业》2015 年第 8 期。

杜琼：《云南民营企业生存与发展环境问题研究》，《中共云南省委党校学报》2018 年第 12 期。

陈海跃：《推动各种扶持政策形成合力 努力帮助中小微企业渡过难关》，《人民日报》2020 年 7 月 30 日。

王正萍：《新形势下小微企业融资问题调查与思考》，《现代商业银行》2019 年第 5 期。

吴龙龙：《甘肃中小民营企业中存在的问题与对策分析》，《学理论》2012 年第4 期。

张文娇：《民营企业人力资源管理战略研究》，《商场现代化》2019 年第 1 期。

胡大利、李生校、叶国灿：《中西部地区民营经济发展研究》，中国经济出版社，2006。

温友祥：《甘肃民营经济发展研究》，甘肃科学技术出版社，2012。

苏树军：《西部民营企业发展研究》，新疆人民出版社，2002。

史耀疆：《制度变迁中的中国私营企业家成长研究》，中国财政出版社，2005。

李朝阳：《从供给侧改革角度看小微企业融资难问题》，《管理现代化》2016 年第 5 期。

程诺：《商业银行小微信贷信用风险承担的实证研究》，《东南大学学报》（哲学社

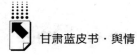
会科学版）2017 年第 19 期。

朱丽姣、吴静：《关于商业银行普惠金融数字化转型的实践与思考》，《农银学刊》2019 年第 4 期。

崔蕾：《中小民营企业融资问题分析》，《边疆经济与文化》2019 年第 1 期。

李雪：《民营企业财务管理优化研究》，《投资与创业》2019 年第 5 期。

鲁亮：《民营企业文化建设》，《河北企业》2019 年第 3 期。

由敏：《完善甘肃省小微企业税收政策体系的思考》，《佳木斯职业学院学报》2017 年第 10 期。

武永霞：《降低甘肃兰州小微企业融资成本的金融服务体系研究》，《现代商贸工业》2017 年第 10 期。

李凤文：《银行纾困小微企业，亟待出台操作细则》，《中国银行保险报》2020 年 2 月 10 日。

杜晓安：《民营企业融资困境及其对策分析》，《财会学习》2019 年第 12 期。

B.8
农民群众对统筹推进乡村振兴的
感受和评价

李 蓉*

摘　要： 乡村振兴的最终目标，就是要不断提高村民在产业发展中的
参与度和受益面，彻底解决农村产业和农民就业问题。乡村
振兴关键就是要带动农民致富，建设美丽乡村。2020年是全
面建成小康社会的收官之年。在决胜全面脱贫的重要关口，
脱贫攻坚与乡村振兴有机衔接成为关键。国家加大力度支持
发展富民产业，高效开发农村市场，多渠道开掘增收渠道，
千方百计增强农民的幸福感和获得感。本课题通过调查问
卷、数据分析等方法，研判甘肃省农民群众对统筹推进乡村
振兴的感受和评价，并在此基础上分析甘肃省农村发展的
短板。

关键词： 农民群众　乡村振兴　甘肃

一　乡村振兴战略实施的背景及意义

习近平总书记在党的十九大报告首次明确提出实施乡村振兴战略，是我
国进入新时代解决"三农"问题的重大战略决策。实施乡村振兴战略的根

* 李蓉，甘肃省社会科学院马克思主义研究所助理研究员、主要研究方向为当代中国政治发展、
政党政治。

本宗旨就是深入推进我国农业现代化建设。农业现代化一方面可以满足广大农民对幸福生活的向往和追求，另一方面可以缩小城乡发展的不平衡，化解城乡收入差距带来的社会矛盾，推动实现我国城乡融合发展。

乡村振兴具体是指农业、农村、农民的全面振兴。《中共中央国务院关于实施乡村振兴战略的意见》，将乡村振兴战略提高到了前所未有的政治高度，并明确指出完成乡村振兴的目标任务需要分三个阶段进行。这表现出党中央对三农问题的高度重视。"产业兴旺、生态宜居、乡风文明、治理有效、生活富裕"是乡村振兴的总要求，是新时代农业现代化发展的战略重点。农业产业的发展是实现农业现代化的物质基础；生态建设是实现农村社会发展的关键；乡风文明是农村精神文明建设的根本保障；治理有效是推进农村治理体系现代化的重要条件；生活富裕是推动实施乡村振兴战略的最终目标。因此，乡村振兴战略的实施，可以极大地带动农业经济的振兴与发展，以农业经济作为基础，推动农村社会的整体发展与进步，从而使农村社会全面实现现代化。乡村振兴战略对整个社会发展来说，起到主要的推动力作用。

2020年是全面建成小康社会的收官之年。国家加大力度支持发展富民产业，高效开发农村市场，多渠道开掘增收渠道，千方百计增强农民的幸福感和获得感。甘肃省委省政府于2018年颁布了《关于实施乡村振兴战略的若干意见》，就是牢牢把握新时代的历史机遇，不断提高农业产业发展，并在促进农民增收、实现农民安居乐业等方面取得了显著成效。但由于农业生产力较低，农业发展缺乏动力，农业生产规模化程度不高，农村社会基础设施滞后，农业发展相关人才缺乏或流失严重，甘肃省与较发达地区的农村社会发展水平相比，还存在较明显的短板。因此，在决胜全面脱贫的重要关口，如何将脱贫攻坚与乡村振兴有机衔接成为推进农村全面发展的关键。本课题就是以农民群众为主要研究对象，以乡村振兴战略的五个关键因素为研究的切入点，通过调查走访、问卷分析的方法，较为客观地评判甘肃省农民对于乡村振兴战略的感受和评价。在乡村振兴战略视域下，对农民的感受进行研究和调查，探索农民对乡村振兴战略实施的满意程度，可以发现战略推进过程中的短板和不足，并给出改进和提升的路径建议，为继续推进甘肃省乡村振兴战略提供参考，进而促进全面小康社会的如期实现。

二 问卷编制情况

本课题组依据《中共中央国务院关于实施乡村振兴战略的意见》及战略的总体要求，以产业兴旺、生态宜居、乡风文明、治理有效、生活富裕五个方面为调查的切入点，结合甘肃农村的地域特点及现阶段农村社会发展现状设计调研问卷。问卷涵盖了乡村振兴战略的五大内容，在此基础上问卷设计为三个层次：问卷第一部分首先了解掌握受访农民的个体基本情况，包括性别、婚姻状态、年龄、受教育程度、收入情况、消费结构等，以便于更加直观地对调研结果进行评判；问卷第二部分主要涉及近年来乡村振兴战略实施的五个方面，从不同的角度对农民对战略实施的满意度进行调查，其中涵盖了政策推进的方式和力度、推动经济发展的强度、社会民生建设的完善、生态恢复与建设的成效、精神文明建设等五个方向。课题组选取重点区域进行访谈，收集问卷并分析调研数据，较为客观地评判问卷数据结果，帮助我们更好地了解甘肃省农民在乡村振兴战略推进实施过程中的真实感受。

（一）受访人群总体情况

课题组根据分层随机抽样的方法，选取了省内张掖、天水、平凉三个市的五个村镇为重点区域，以问卷调查为主要形式开展调研工作。调研组累计发放问卷550份，收回有效问卷529份，有效问卷回收率为96.18%。通过回收的有效问卷数据分析，被访者性别比例情况是：男性306人，占57.85%；女性223人，占42.15%。从被访者年龄分布来看，18~25岁的有39人，占7.37%；26~35岁的有152人，占28.73%；36~45岁的有207人，占39.13%；46~60岁的有123人，占23.25%；60岁以上的有8人，占1.51%。从被访者受教育情况来看，不识字的为3人，占0.57%；

小学文化程度的为 61 人，占 11.53%；初中文化程度的为 176 人，占 33.27%；高中（职高）文化程度的为 145 人，占 27.41%；大专文化程度的为 54 人，占 10.21%；大学本科文化程度的为 90 人，占 17.01%。从被访者的居住地点来看，居住在城区的有 149 人，占 28.17%；居住在城郊的有 92 人，占 17.39%；居住在农村的有 288 人，占 54.44%（见表1）。

表 1　被访者基本情况

单位：人，%

调查项目		人数	比例
性别	男	306	57.85
	女	223	42.15
年龄	18~25 岁	39	7.37
	26~35 岁	152	28.73
	36~45 岁	207	39.13
	46~60 岁	123	23.25
	60 岁以上	8	1.51
文化程度	不识字	3	0.57
	小学	61	11.53
	初中	176	33.27
	高中（职高）	145	27.41
	大专	54	10.21
	大学本科	90	17.01
居住地	城区	149	28.17
	城郊	92	17.39
	农村	288	54.44

资料来源："2020 甘肃蓝皮书·舆情篇"课题组"农民群众对统筹推进乡村振兴的感受和评价调查"的问卷统计结果。

（二）受访人群的特征情况

根据调查问卷数据分析统计，受访农民群众的平均年龄为 46.2 岁，其中受访的男性占比大于女性，已婚农民占比超过 84%；从受教育情况来看，初中和高中（职高）的占比居多，并且受访女性的文化程度普遍低于受访男性,女性在乡务农的占比高于男性。129 名受访女性中仅有 31 名为农民工,占比 24.03%;而 161 名受访男性中有 117 名为农民工或有进城打工的经历,占比 72.67%(见表 2)。

表 2 受访人群人口特征情况

单位:人,%

受访人群	人数	农民工	比例
男性	161	117	72.67
女性	129	31	24.03

(三)受访人群家庭主要收入来源情况

根据调查数据分析,在受访人群中,以家庭为单位有荒地荒滩开垦经历并取得收入的仅占 5.88%,绝大多数受访农民以现有土地及农作物种植作为主要收入来源。据 2020 年前 8 个月的数据统计可知,受访者中有 21.47% 的人以承包或租赁的形式从集体农场、集体林场中获取土地使用权;受访者中 22.58% 的农民通过土地流转的形式将土地出租,用于统筹种植;受访者中 24.82% 的农户家中可耕作土地小于 10 亩,家中可耕作土地在 10~20 亩的农民占 26.75%,受访者中仅 12.98% 的农户家中拥有 21~30 亩可用于耕作的土地,不到 7% 的受访农户家中拥有 31~40 亩可耕作土地,1.88% 的受访农户家中拥有 41~50 亩可耕作土地,受访者中 2.62% 的家中拥有 200 亩以上可耕作土地。受访者中拥有可耕作土地的农民占比超过 70%。由此可见,农民群众的务工收入与农作物种植收入成为其收入的主要来源(见图 1)。

三 问卷统计与结论分析

(一)问卷统计

此次对农民群众关于推进乡村振兴的感受和评价的调查,主要依据

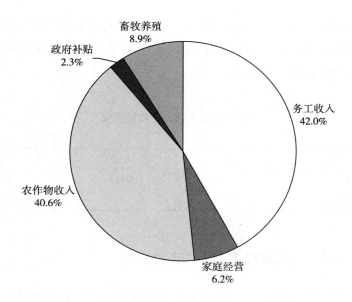

图1　受访人群家庭收入情况

甘肃省委省政府《关于实施乡村振兴战略的若干意见》的具体内容。问卷设计的主要视角包括农民群众对乡村振兴战略的了解程度，对乡村振兴战略所涵盖的五部分内容的关注程度，对所在当地政府推进实施乡村振兴战略的认可情况，对目前农户的农业生产经营情况，对目前农户家庭所在地的居住情况、现行医疗、教育、养老等情况的满意程度，对现居农村社会环境的满意程度及对农村现居地生态保护、社会治理和人文环境改善等问题的满意度或认同度。第三部分通过多项选择的形式，收集整理农民群众对乡村振兴战略涉及经济、社会、生态建设等各领域的相关意见和建议。

1. 农民群众对乡村振兴战略的认可程度较高

数据统计表明，有32.47%的受访者对"乡村振兴战略"不太了解，有38.11%的受访者对"乡村振兴战略"了解，有19.52%的受访者听说过"乡村振兴战略"。由此可见，接近60%的农民对国家政策了解或有所了解，但超过40%的受访者也表示所在地对此项战略政策的宣传力度不够，其中有近10%的受访者还完全不了解乡村振兴战略的内容和意义，完全没有体会到国家对"三农"问题的高度重视（见图2）。

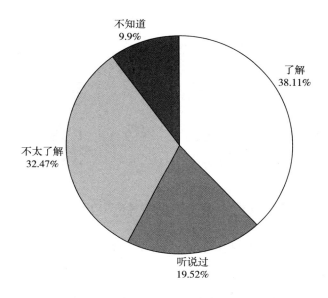

图2 农民群众对乡村振兴战略的认可程度

2. 农民群众对乡村振兴战略的关注内容较广

乡村振兴战略所包含的具体内容中，农民群众较为关注的内容主要表现在几个方面：农民群众普遍对乡村治理、加强农村自治、法治、德治建设等内容比较感兴趣，占比78.68%；受访农民群众较多地对农村教育事业的发展、农民增收、居住地农村基础设施建设、农村社会保障体系完善等问题有较高的关注度，占比74.52%；受访者中对加强农村思想道德建设的关注程度达到67.05%；受访者中对农村生态环境建设的关注程度为63.85%；受访者中对农业产业的关注度为50.72%。以上内容的关注度均超过了50%，由此可见，随着我国农村社会的全面发展，绝大多数农民已经摆脱了温饱问题，并具有一定的经济保障，现阶段亟待解决的是经济社会综合发展的问题。而在经济社会发展问题中，乡村治理问题成为农民群众关注的焦点（见图3）。

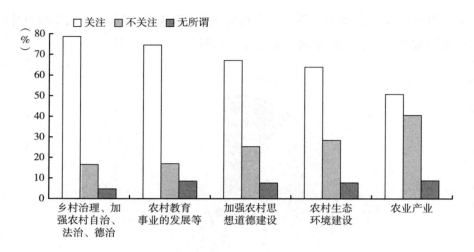

图3　农民群众对乡村振兴战略内容的关注情况

3. 有超过1/3的受访者对目前农村经济发展情况不满意

农产品销售渠道的畅通程度，有33.08%的受访者表示不满意；对过去一年收入增长情况，有47.12%的受访者表示不满意；受访者中对农村发展旅游业带来的收入情况，表示不满意的占比为40.82%；对所在村的银行的便利性及相关金融政策表示不满意的受访者达39.74%，而大部分村民表示金融服务水平显著提高，农村小额贷款等信贷措施较为便捷。受访农民对政府财政投入力度的满意度调查显示，31.72%的受访者认为财政投入力度偏低，投入力度仍需加大；有43.15%的受访者对现居住村镇的基础设施条件及建设速度表示满意（见图4）。

4. 超过60%的受访者对农村交通出行、房屋居住、子女受教育等社会民生建设情况较为满意

63.75%的受访者表示农村公共交通及道路出行状况明显改善，对道路设施更新完善工作较为满意；60.52%的受访者对目前自己的居住环境和住房条件比较满意；65.81%的受访者对子女上学的便捷程度及受教育情况较为满意；56.74%的受访者对农村社会治安环境较为满意。但在调查走访过程中，也有一些方面是农民群众满意度较低的，如有34.83%的受访者对政

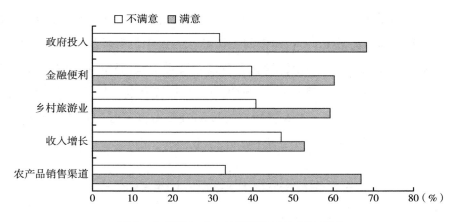

图4 农民群众对农村经济发展的评价情况

府给予发展农业生产的支持力度不满意；有29.76%的受访者对农村现行最低生活保障制度不满意；有26.29%的受访者对目前当地精准扶贫政策的推进和实施不满意等（见表3）。

表3 农民群众对农村各项社会事业的满意程度统计

单位：%

项目	非常满意	满意	一般	不满意	非常不满意
农村公共交通、出行	35.24	28.51	22.46	10.79	3
居住房屋及住房条件	26.59	33.93	22.69	12.43	4.36
子女入学受教育情况	33.49	32.32	17.85	11.02	5.32
农村社会治安	27.39	29.35	20.48	14.19	8.59
农业生产及农产品销售	14.52	23.9	26.75	19.11	15.72
农村最低生活保障政策及实施	17.69	22.41	30.14	16.37	13.39
精准扶贫的推进和实施	23.2	22.02	28.49	17.53	8.76

5. 在乡村振兴战略推进实施过程中，农村生态建设是一个重要的环节

在农民群众对农村生态建设的满意情况调查中发现，60%以上的受访者对当地的生态环境、空气质量、饮用水安全、水土流失情况、垃圾回收处理等较为满意。如67.36%的受访者认为近两年当地生态环境大为改善，生态建设取得了显著的成效；63.71%的受访者认为近两年当地空气质量明显好

转，空气质量优良天数明显增加；64.36%的受访者认为居住地水源水质改善，对饮用水较为放心；60.43%的受访者认为由于生态环境的改善，水土流失情况也逐步好转，土地沙漠化程度逐年降低；62.65%的受访者认为农村垃圾统一回收集中处理等举措，使农村人居环境和卫生状况明显好转。但也有41.98%的受访者认为农村生态建设的宣传力度不够，宣传手段单一，宣传流于形式（见表4）。

表4 农民群众对农村生态建设的满意程度统计

单位：%

项目	非常满意	满意	一般	不满意	非常不满意
居住地生态环境总体情况	37.25	30.11	16.32	8.57	7.75
空气质量及空气污染治理	40.09	23.62	23.29	8.06	4.94
水源及饮用水水质	43.27	21.09	24.12	7.38	4.14
土地流失及土地沙漠化改善	27.65	32.78	18.98	13.29	7.3
垃圾回收及处理	34.88	27.77	16.42	12.9	8.03
生态环境建设的力度	20.14	34.54	20.72	16.85	7.75
生态环境建设的宣传	10.84	14.64	32.54	21.16	20.82

由此可以看出，乡村振兴战略的推进实施，极大地改善了甘肃省农村群众的生产生活环境，农民经济收入显著提高，物质文化生活丰富，社会各项事业显著进步，生态环境持续好转，精神文明水平进一步提升，农民的幸福感进一步增强。

（二）结论

1. 农业经济发展水平不高

改革开放40多年来，国家对农村经济的重视程度不断加大、资金投入不断提高，然而目前甘肃省的农村经济发展与其他省份相比差距依旧很大。从农业产业结构来看，甘肃地处黄河上游、黄土高原、内蒙古高原和青藏高原交汇处，地貌复杂多样，地形交错分布。全省土地总面积较少，为45.44万平方千米，仅占全国的4%。全省土地利用率仅为58%。近年来，全省在不断调整三大产业结构，逐步实现农业供给侧结构性改革，农业产业结构进一步得到优化，农业产值持续增加，优势农业、特色农业进一步发展。通过重点特色农产品种植、技术引进、种粮补贴等，不断整合农业资源，最大限度地提高农业资源的利用率。但是甘肃省受到土地贫瘠、气候差异等不利因素的影响，农业生产水平提升缓慢。同时，甘肃省农业劳动力明显不足，劳动力专业化水平不高，农业生产经营效率低下，农业生产收入偏低，严重影响了农民群众从事农业种植的积极性，无法满足现代农业生产的要求。农产品的经营链条不够完善，大多数农产品只是初级加工，科技特色不强，创新不够，农民也未能享受到农产品全产业链的增值收益。由于经济发展的速度较为缓慢，农民在农业种植过程中收益较低，一部分农民放弃农业种植，选择进城务工，致使大量土地荒芜。农民的农业生产专业化知识培训不够，真正懂技术、懂种植的农民较少，无法带动农业专业化生产。

2. 生态环境建设任务艰巨

甘肃省委省政府对农村生态环境建设日益重视。政府持续投入大量资金，制定系列政策，环境保护和治理力度明显增强。但一些地区环境状况依旧不容乐观。由于甘肃农村的建设基础薄弱，缺乏资金和专业人才，农业现代化程度较低，二、三产业发展不协调，耕地被占迟迟未得到开发。为减少对城镇的污染，工业项目逐渐向农村转移，对农村居住环境破坏较大。与此同时，部分农村由于地处偏远，信息闭塞，农民受教育程度较低，生态保护宣传面不够广，农民环境保护意识淡薄，为追求经济效益滥用农药化肥和地膜等对生态造成极大破坏。生态政策得不到足够的重视、落实不到位。郊区城镇工厂污染物的排放向农村转移。特别是近两年来，一些乡镇把工作的重心集中在了脱贫攻坚方面，盲目追求经济效益，忽视了对环境保护的重视，试图以破坏环境为代价换取短期的经济增长。甘肃省农村分布范围广，农村污染物、废弃物无法实现集中处理，针对农村环境的专业监管机构不健全，生态建设任务繁重，工作面广，工作难度大，缺乏统一的标准，不仅严重影响了农村生活环境质量的改善，也制约了"三农"经济和生态环境的可持续发展。

3. 精神文明建设有待加强

甘肃省精神文明建设工作围绕中心、服务大局，积极作为、开拓进取，保持了创新发展、巩固提升的良好态势。但通过对农村社会主义核心价值观培育情况的测评分析，甘肃省农村精神文明建设工作还存在一些不容忽视的问题和亟待补齐的短板。首先是农民的主题意识不强。有些受访农民认为精神文明是政府提倡、干部执行，他们将精神文明看成是约束和规范领导干部工作和生活的行为准则，适用于城市不适用于农村，与农民没有多大的关系。其次是法治保障相对滞后。法治保障是精神文明建设的有力导向，没有制度支撑和政策保障，全社会的精神文明建设就难以收到实效。再次是精神文明建设的方式缺乏创新。有些地方尤其是偏远农村地区精神文明建设方式过于陈旧，流于表面，只是在墙上写标语，在村委会挂横幅，摆几个宣传展板，工作缺乏主动性，标语遍地却看不到成效。最后是部门联动性不够。精神文明建设工作涵盖了组织、宣传、教育、实施等一系列环节，但一些农村各要素之间协同配合少，没有很好地发挥传统媒体与网络媒体的优势，利用新颖有效的渠道提高农民对精神文明建设的认知度，影响了农民的主动性和认同性，同时也在很大程度上影响了当地精神文明建设的成效。由于城乡发展不协调，出现了一些地方思想觉悟较低，为了发展经济过于重视发展而忽视精神文明建设的做法。"等、靠、要"地被动等待国家精准扶贫和各项政策扶持，经济社会被扶持起来，却丧失了精神上的追求。部分农民存在认识与践行相互脱节的现象，农民群体对于"我为人人还是人人为我"，以及"言出必行、诚实守信"等问题的认识还不够深刻。

4. 基层组织建设不够完善

甘肃省在基层党组织建设取得巨大进步的同时，依然存在需要改进与完善之处。伴随着甘肃省城市化的发展，广大农村不可避免地面临人口衰退的问题，这就成为乡村振兴战略推进的主要障碍。农村的"空心化"不仅给农村发展和广大农民生产生活的开展造成深刻影响，更是给农村基层党组织建设带来了新的问题和挑战。市场经济的发展促使越来越多的农民放弃务农而进城打工，这就加速了乡村的衰落，基层党组织在组织体系和人员架构建设方面面临极大的挑战，部分农村基层党组织构架体系和人员构成的不良变化倾向严重制约着覆盖力和组织力的提升，影响着农村基层党组织整体功能和作用的发挥。在农村人口流失这一现实下，甘肃省农村基层党组织建设依然存在对外出务工党员管理不全面问题。进城打工的党员由于工作原因无法参加正常的组织生活，削弱了农村基层党组织建设的效力。除此之外，由于大量农村中青年外出打工，留在农村的群体大多是老人、妇女和儿童，基层党组织在发展党员的人员范围选择上受到了较大的限制，在党员后备力量建设上出现了后继乏人的现象。同时。甘肃省农村基层党员年龄结构不合理问题依然存在，老龄化问题严重，大多数年龄较大的党员学历较低，学习能力也略显不足，对于政策的领会也不够深入，工作能力低下，农村基层党员干部本身的素质与能力水平，直接影响农村基层党组织领导核心作用的发挥。农村基层党员队伍老龄化、干部队伍工作能力低下束缚着农村基层党建工作和服务工作的发挥，影响了农村基层党组织的工作效率。有些农村基层党员干部工作方法和思想意识没有转变，宣传思路和方法上缺乏创新，大多照本宣科，没有深入理解政策理论与基层精神文明建设工作的关系，对农村党员进行直接的理论灌输，会导致农村党员厌烦情绪的产生，使相关理论学习流于形式，最终造成基层党员的思想政治建设与理论学习长期得不到深入，并削弱了农村基层党员工作效率和积极性，"三农"干部队伍建设能力仍需提高。

5. 农村社会保障体系不健全

近年来甘肃农村贫困程度和公共服务水平不断提高，但从全国来看，甘肃省依然属于贫困程度深、基本公共服务落后的地区。甘肃持续加大投入，虽然农村基本公共服务水平不断提高，但医疗卫生、社会保障、基础设施等条件仍落后于较发达省份。在实地调查过程中，仍有很多受访农民对农村医疗卫生环境及社会保障体系不太满意，一些受访者认为医疗报销比例偏低，不敢看病、看不起病的现象时有发生，养老费标准偏低不能解决农民养老的基本需求。目前甘肃农村的公共医疗卫生水平相对较低，一旦身患疾病，当地农村医疗机构无法解决，大部分农民选择进城看病。这不仅给城镇医院造成了巨大的负担，农民所承担的医疗费用也随之提高，农村家庭因病致贫返

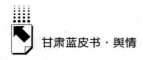

贫现象时有发生。因此，只有着力健全农村社会保障体系，尽可能提高养老保障和医疗保障能力，积极健全完善农村社会保障体系，形成一个整体配套保障和帮扶机制，才能从根本上提升农民群众对乡村振兴战略推进实施的信心和热情。

四 对策建议

在脱贫攻坚与乡村振兴有机衔接的关键时期，甘肃省要立足于本地农民群众的感受和评价，以产业兴旺为突破、生态宜居为目标、乡风文明为保障、治理有效为基础、生活富裕为根本，推动农业全面升级、农村全面发展、农民幸福安逸，这样才能充分实现乡村全面振兴的根本目标。

（一）以产业发展推动农村经济，提升农民的获得感

农民群众的获得感直接来源于农村经济发展和劳动收入。通过乡村振兴战略的推动，农民群众的钱袋子鼓起来，他们的获得感就自然而然得到提升。因此，提高农产品加工的科技水平，严格把控农产品质量，实现农产品加工从原料到初级产品再到高技术产品的升级，才能激活农产品的产业链，努力拓宽产销渠道，农民才会增收。政府应积极引导各类农产品市场化、网络化，积极支持特色农产品交易平台的建设，充分利用网络进行线上线下共同经营共同获利，拓宽农产品交易渠道。整合农业产业资源，提升高校与农业生产企业的合作，提高农产品的科技含量。

政府应持续加大对新型农业经济的扶持力度，给予充分的优惠政策，搭建公共服务平台，实施公平公正的管理与运行制度，避免生产要素分配不均的现象出现。特别是要加强对农村一二三产业融合发展的监管，拓宽信息收集渠道和建设资金投资渠道，通过吸纳各领域投资实现农村现代化建设的多元化参与。利用龙头企业的资本和信誉，借鉴发达地区、知名企业的先进管理与销售经验，调动各企业发挥聚集效应，大力支持融合型示范园区建设，促进农产品与特色文化及旅游市场的有机融合。

依据新时代的要求，要将培育新型农民作为促进农业经济发展的强大动力，增加对新型农民的技能培训，提高农民的生产力，扩大农民的就业渠道，增加农民的经济收入。同时农村社会精神文明建设要与农民的教育培训相结合，让农民从思想上认识到提高自身文化素养和从业技能，与提高经济收入、促进农村社会文明的发展与进步息息相关，进而促使农民自觉主动地接受先进知识，主动学习现代农业生产技术，更好地投身于乡村振兴战略并从中受益。

（二）以生态建设优化农村人居环境，提升农民的安逸感

农民群众的安逸感直接来源于居住地的人居环境，生态建设是优化人居环境的切入点。通过乡村振兴战略的推动，使农村人居环境彻底改善，农民群众才能够安居乐业。因此，要不断完善农村生态建设管理机制，合理调配资源，实现农村垃圾持久有效整治。提高环境与公共卫生突发事件应急处置能力。进行多种绿化行动和生态修复工作，保护生态体系的稳定性。加快建立生态补偿机制，以可持续发展作为坚守生态底线的根本依据，将生态建设与基层党组织工作职能相挂钩，从上到下切实落实生态文明建设任务。扎实改善农村地区的人居环境，让农民群众切实感受到农村生态文明带来的宜居环境。

要全面提升农民的生态文明意识，树立正确的生态发展观，继承和发展传统文化，大力支持民俗文化，以生态文化为重要载体，开展以生态文明观为主题内容的农村生态文化建设。通过加强教育，让广大农民对破坏生态的问题高度重视，增强农民环保意识。充分利用微信公众号以及微博、新闻客户端等新媒体技术，引导农民群众对社会普遍关注的生态热点问题形成正确的舆论导向。积极鼓励以绿色企业、乡村绿色学校、绿色产业为主体的生态文明宣传主体，全面展开生态文明进村镇的实践活动。

（三）以精神文明建设提高社会文明程度，提升农民的满足感

精准聚焦人民群众的关切点与兴奋点，促进政府诚信、民生保障、道德

文明蔚然成风，将精神文明建设从大处着眼、小处着手，使农民群众时时处处感受到社会的发展与进步。针对农村人口的特性，让精神文明建设工作有的放矢、精准落实。要推动社会主义核心价值观更加深入人心，推进社会主义核心价值观融入法治建设，既要重视发挥法律的规范作用，又要重视发挥道德的教化作用。把社会主义核心价值观全面推进到经济建设、政治建设、文化建设、社会建设、生态文明建设和党的建设各领域，调动农民群众人人参与、人人践行。

要结合地域特色和红色旅游资源，传承发展和提升农耕文明，对农民进行思想道德文明教育。充分利用农村传统民俗文化活动，丰富先进文化内涵。要大力加强农村教育，提升农村学前教育水平，着力加强农村基础教育投入。加强对留守儿童的教育关爱保护以及贫困家庭儿童的教育保障工作。对农民群众进行以"乡村振兴战略"发展理念为主要内容的思想教育活动，并将其融入社会主义核心价值观教育之中。在进行价值观教育的同时，要给予广大农民群众更多的人文关怀，进而形成和谐幸福的农村社会风气。

（四）以基层党组织建设完善乡村治理体系，提升农民的踏实感

基层党组织是实施乡村振兴战略的主心骨，要发挥好基层党组织战斗堡垒作用。党的基层组织也是最直接与农民群众打交道的群体。基层组织工作做得好，农民群众心里就踏实。因此，要完善基层民主决策制度，遇到问题、难点时能做到好商量、多商量，让农民多了解、多参与，避免在决策过程中出现独断专行的现象，让决策具有理性和科学性。充分利用好每一次民主生活会，让广大基层党员带动农民树立起讲政治、讲立场、讲原则的意识。多途径选拔人才，加强组织班子能力，重点从有技术、有知识的打工回乡青年、退伍军人等群体中进行挑选，充实干部队伍建设，尤其要把具有一定知识水平、科学管理能力、群众基础较好和思想上进的农村精英选拔担任村支部书记。吸收一些文化程度高、政治素质好、能力强的优秀青年入党，让他们成为农民民主参与的榜样。

农村基层党员要加强学习，加强他们为人民群众服务的意识。要认识到加强农村基层党员干部深入理论学习的意义。特别是 2020 年进入脱贫攻坚的关键期，只有坚定理想信念，坚持正确的思想，提高综合素质，克服能力不足的危险，才能团结广大农民打赢脱贫攻坚战，实现乡村振兴的目标。基层党员干部在进行理论学习时要转变工作方式和思维方式，特别是对于农村党员群众，要采取喜闻乐见的方式进行宣传，这样基层党员干部才能将理论讲清楚，农民群众才能够听明白。

（五）以精准扶贫推动全面落实乡村振兴，提升农民的幸福感

精准扶贫扎实推进能够确保乡村振兴战略的全面落实。乡村经济社会得到全面发展，农民的生活质量才能提高，才能让农民群众感受到幸福。扎实推进精准扶贫，以农业产业发展促进农村劳动力就业，完善社会保障体系防止农民返贫，让农民获得实惠。要扎实推进实施农村脱贫攻坚的具体工程，实现农民真脱贫和农村社会全面富裕，要进一步贯彻落实党和政府的各项惠农政策，以教育和技术支撑引导农民增收创收，增加农民收入。坚持"多予、少取、放活"的新时期"三农"工作重要方针，让乡村振兴下农业社会发展更加具有活力，让乡村得到全面振兴。

B.9
专业技术人员对甘肃省"引进人才、留住人才"政策的评价与建议

张 拓*

摘 要： 本报告以专业技术人员为调查对象，以期了解这一阶层对甘肃省人才引进和培育政策的评价与建议，旨在为甘肃省"引进人才、留住人才"提供一定的借鉴和参考。从调查数据分析看，大多数被访者对甘肃"引进人才、留住人才"政策有所了解，认为目前甘肃省"引进人才、留住人才"政策制定及落实是具有成效的，对甘肃省人才建设工作的作用是积极、明显的。但由于诸多因素影响，一些被访者认为甘肃省"引进人才、留住人才"政策工作还存在一些问题和不足，政策的制定和落实有待进一步完善和改进。坚持以问题为导向，探索加强甘肃省人才引进及培育的政策建议，对深化甘肃省人才强省战略、提高甘肃省综合实力和核心竞争力具有十分重要的战略意义及现实意义。

关键词： 专业技术人员 引进人才 留住人才

党的十八大以来，习近平总书记站在党和国家事业发展全局的战略高度，对人才事业发展作出一系列重要指示，十九大报告又根据中国特色社会

---

* 张拓，甘肃省社会科学院马克思主义研究所助理研究员，主要研究方向为地方法治及城市管理。

主义新时代新要求，进一步对人才工作提出了新目标和任务。近年来，为深入推进人才强省战略，甘肃省出台实施了一系列"引进人才、留住人才"的政策措施，对加强新时代人才培养引进工作，加快构建具有较强竞争力的育才引才用才政策体系，培育、储备、引进、用好各类优秀人才，更好地服务社会各项事业发展提供了有力支撑。专业技术人员作为全省人才队伍的主力军，是甘肃省"引进人才、留住人才"一系列政策的直接受益者。

2010 年出台的《国家中长期人才发展规划纲要（2010～2020）》对人才的定义为：人才是指具有一定的专门知识或专门技能，进行创造性劳动并对社会做出贡献的人，是人力资源中能力和素质较高的劳动者。甘肃省根据《国家中长期人才发展规划纲要（2010～2020）》的总体部署，结合甘肃省人才发展实际，制定《甘肃省中长期人才发展规划（2010～2020 年）》（甘发〔2010〕17 号）、《甘肃省人民政府关于支持兰州新区开发建设政策的意见》（甘政发〔2012〕135 号）、《关于进一步鼓励和吸引海外高层次人才来甘肃工作的意见》，确立了人才强省之路，把人才发展作为推动甘肃发展的首要任务，以大力提高甘肃省综合实力和核心竞争力，保障和促进经济社会又快又好发展。面对科学发展、加快发展的新形势新任务，2018 年 12 月 27 日中共甘肃省委、甘肃省人民政府制定了《关于加强新时代人才培养引进工作的实施意见》，进一步凸显了人才在甘肃省经济社会发展中的战略性、决定性作用。

一 被访者的基本情况

专业技术人员是指拥有特定专业技术，以其专业技术从事相关工作并获得相应利益的人。甘肃省的专业技术人员主要分布在企业及事业单位。本课题研究中的专业技术人员是依据专业所属学科领域，重点在人文与社会科学、自然科学、农业科学、医药科学和工程与技术科学等相关领域，以科研人员和高校教师为主要调查对象。本课题组选取兰州大学、中国科学院兰州分院、甘肃政法大学、兰州大学第一医院、甘肃省社会科学院、甘肃

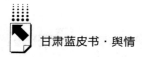

省农业科学院、甘肃省公路航空旅游投资集团有限公司等7个单位的专业技术人员为调查对象,以问卷调查为主要形式展开调查。本次调查共发放问卷430份,回收有效问卷425份,问卷有效回收率为98.84%。从性别上看,男性为285人,占比较多,占67.06%,女性为140人,占32.94%;从年龄结构来看,26~35岁的为84人,占19.76%,36~45岁的为172人,占40.47%,46~60岁的为157人,占36.94%,60岁以上的为12人,占2.83%;从文化程度上看,大专及以下文化程度为103人,占24.24%,本科文化程度142人,占33.41%,硕士文化程度106人,占24.94%,博士及以上文化程度74人,占17.41%;从政治面貌看,中共党员261人,占61.41%,无党派或民主党派人士45人,占10.59%,共青团员20人,占4.71%,群众99人,占23.29%;从职称职级看,初级职称71人,占16.71%,中级职称135人,占31.76%,副高级职称147人,占34.59%,正高级职称72人,占16.94%;从专业从属学科领域来看,人文与社会科学领域274人,占64.47%,自然科学领域77人,占18.12%,农业科学领域45人,占10.59%,医药科学及工程技术科学领域29人,占6.82%(见表1)。

表1 受访者基本情况

单位:人,%

基本信息		人数	占比
性别	男	285	67.06
	女	140	32.94
年龄	26~35岁	84	19.76
	36~45岁	172	40.47
	46~60岁	157	36.94
	60岁以上	12	2.83
文化程度	大专及以下	103	24.24
	本科	142	33.41
	硕士	106	24.94
	博士及以上	74	17.41

续表

基本信息		人数	占比
职称职级	初级	71	16.71
	中级	135	31.76
	副高级	147	34.59
	正高级	72	16.94
专业学科	人文与社会科学	274	64.47
	自然科学	77	18.12
	农业科学	45	10.59
	医药科学及工程技术科学	29	6.82

资料来源：《甘肃省舆情分析与预测（2020）》调研组"专业技术人员对甘肃省'引进人才、留住人才'的评价与建议"的问卷调查统计结果。

二 专业技术人员对甘肃省"引进人才、留住人才"政策的认知程度和总体评价

近年来，甘肃省在贯彻中央人才强国战略过程中，积极推进人才强省战略，大力加强人才队伍建设，以留住、用好现有人才为基础，引育并重，实行更加积极、更加开放、更加有效的人才政策，充分激发各类人才扎根陇原、服务甘肃的创新创业动力，取得了比较明显的成效。

（一）近七成的受访者对甘肃省"引进人才、留住人才"政策有所了解，认知程度较高，认知渠道主要基于工作生活及电视、报刊

调查发现，大多数被访者对甘肃省"引进人才、留住人才"的政策有所了解。就"您对甘肃省'引进人才、留住人才'政策的了解程度"的调查结果看，31位被访者表示"非常了解"，占7.29%；119位被访者表示"比较了解"，占28.00%；132位被访者表示"一般了解"，占31.96%；99位被访者表示"不太了解"，占23.29%；44位被访者表示"完全不了解"，占10.35%（见图1）。

从"您平时对甘肃省'引进人才、留住人才'相关政策了解渠道"的

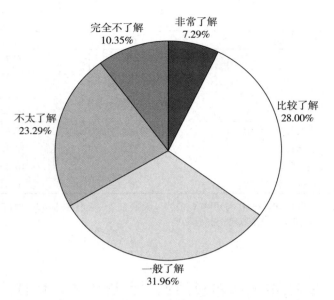

图1　被访者对"引进人才、留住人才"政策的了解程度

调查结果看，选择通过"互联网"的297人次，选择通过"电视"的213人次，选择通过"报刊"的189人次，选择通过"官方宣传"的126人次，选择通过"工作和生活实践"的233人次，选择"其他"的39人次（见图2）。

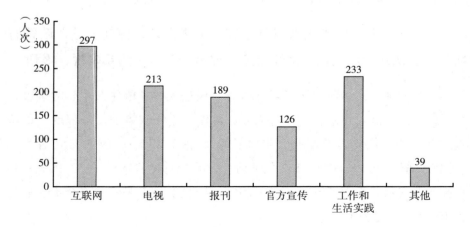

图2　被访者对"引进人才、留住人才"政策的了解渠道

（二）近八成的被访者从甘肃省内来甘工作或创业，多数被访者对目前甘肃省"引进人才、留住人才"的政策表示满意，五成以上的被访者对自身的发展状况、就业及生活环境表示满意

从"您从何地来甘工作或创业"的调查项目看，349 位被访者选择"省内"，占 82.12%；66 位被访者选择"国内省外"，占 15.53%；选择从"国外"来甘工作的 9 人，占比 2.12%；1 位被访者选择"港澳台地区"，占 0.24%（见图 3）。图 3 表明，来甘就业的专业技术人员大多来自省内，甘肃省对外地人才的引进力度和虹吸效力不强。

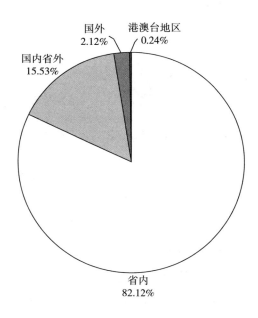

图 3　被访者从何地来甘工作或创业

从"您对目前甘肃省'引进人才、留住人才'政策的满意程度"调查项目看，78 位被访者表示"非常满意"，占 18.35%；82 位被访者表示"满意"，占 19.29%；132 位被访者表示"比较满意"，占 31.06%；77 位被访者表示"一般"，占 18.12%；表示"不满意"的被访者为 56 人，占比

13.18%（见图4）。图4表明，多数被访者对甘肃省"引进人才、留住人才"政策是持肯定态度的。

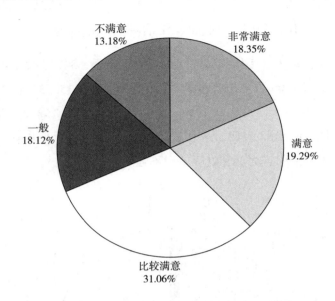

图4 被访者对"引进人才、留住人才"政策的满意程度

从"您对自身的发展状况、就业及生活环境满意程度"调查项目看，66位被访者表示"非常满意"，占15.52%；71位被访者表示"满意"，占16.71%；120位被访者表示"比较满意"，占28.24%；111位被访者表示"一般"，占26.12%；57位被访者表示"不满意"，占比13.41%（见图5）。图5表明，过半数的被访者对目前在甘肃的发展状况、工作环境、生活环境持满意态度，但也有接近四成的被访者对自己在甘肃的发展状况及就业生活环境不满。

近九成的被访者认为薪酬待遇、家属就业及子女入学、工作环境是吸引人才来甘工作的重要因素，五成以上的被访者表示能较为容易地享受到政府提供的人才政策优惠和专项服务。

从"您认为吸引人才的最关键的因素有哪些"的多选调查项目看，404位被访者选择了"薪酬待遇"，占95.06%；选择"家属就业及子女入学"

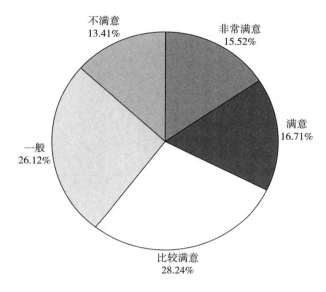

图5　被访者对自身发展状况、就业及生活环境的满意程度

的被访者有 388 位，占 91.29%；393 位被访者选择"工作环境"，占 92.47%；317 位被访者选择"住房和福利待遇"，占 74.59%；297 位被访者选择了"荣誉奖励"，占比 69.88%；196 位被访者选择了"创业支持"，占 46.12%；选择"其他"的被访者为 101 人，占 23.76%（见图6）。图6 表明，提供优厚的薪酬待遇、解决家属就业及子女入学问题、提供良好的工作生活环境、提供广阔的人才发展平台等措施是甘肃"引进人才、留住人才"最有效的激励方式。

从"您认为享受政府提供的人才政策优惠和专项服务的容易程度如何"的调查项目看，33 位被访者选择了"非常容易"，占 7.76%；选择"容易"的被访者有 56 位，占 13.18%；131 位被访者表示"比较容易"，占 30.82%；176 位被访者表示"不太容易"，占 41.41%；29 位被访者选择了"不清楚"，占比 6.82%（见图7）。图7 表明，甘肃省人才政策优惠和专项服务的覆盖范围较广，政策门槛设置较为合理，但仍有相当一部分人认为享受政府提供的人才优惠政策和专项服务较为困难。

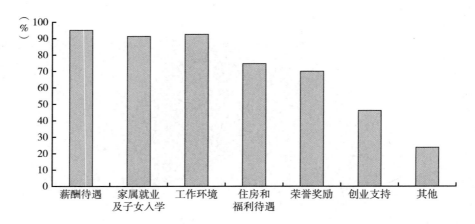

图6 被访者认为"引进人才、留住人才"的关键因素

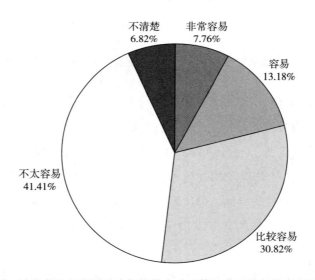

图7 被访者认为享受政府提供的人才政策和专项服务的容易程度

三 专业技术人员对"引进人才、留住人才"政策作用的评价及看法

专业技术人员作为人才资源的重要组成部分，是把握时代发展前沿、引

导科技创新的关键力量，是推动经济社会发展和科技变革的重要支撑性资源。以专业技术人员为被访对象，了解其对新形势下甘肃"引进人次、留住人才"政策作用的真实看法，是推进建设甘肃高水平人才队伍、提升人才利用率、强化人才创新创业能力的重要条件。

（一）60%以上的被访者认为"引进人才、留住人才"政策在甘肃人才强省战略中发挥了积极作用

从"您认为'引进人才、留住人才'政策作用如何"的调研项目看，49位被访者认为"有很大作用"，占11.53%；93位被访者认为"有较大作用"，占21.88%；142位被访者认为"有一定作用"，占33.42%；76位被访者认为"没有作用"，占17.88%；65位被访者表示"不好说"，占15.29%（见图8）。从图8可以看出，大多数被访者认为甘肃省"引进人才、留住人才"政策发挥了积极作用。甘肃省"引进人才、留住人才"政策的实施对甘肃省推动经济社会发展，建设中国高新技术产业基地、创新基地、成果转化基地具有重要意义，与全国人才发展规划、经济社会的发展同步。

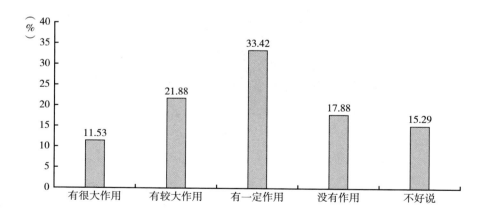

图8 被访者对"引进人才、留住人才"政策发挥作用的看法

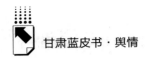
（二）70%以上的被访者表示甘肃省人才评价体系较为合理，60%以上的被访者对目前甘肃省人才激励政策的成效表示满意

目前，甘肃省对"人才"的认定标准主要分为两大类：一类为高层次创新创业（团队）人才，该类人才需要主要集中在甘肃省重点发展的新能源、新材料、生物医药、信息技术、节能环保、城市规划与建设管理、航天科技、石油化工、煤电化工、有色冶金、装备制造、现代农业、文化产业等领域内，拥有与创业领域产品、技术相关的自主知识产权，能够突破关键技术、发展高新产业、带动新兴学科，j 具有领军作用的高层次人才；另一类为重点关键岗位急需人才，该类人才主要集中在科研单位、事业单位及大型企业，在特定的专业和技术领域具备一定的学术造诣和技艺水平。

从"您认为甘肃的人才评价体系是否合理"的调研选项看，35 位被访者认为"非常合理"，占 8.24%；118 位被访者认为"合理"，占 27.76%；166 位被访者认为"比较合理"，占 39.06%；73 位被访者认为"不合理"，占 17.18%；选择"不了解"的被访者为 33 人，占 7.76%（见图 9）。

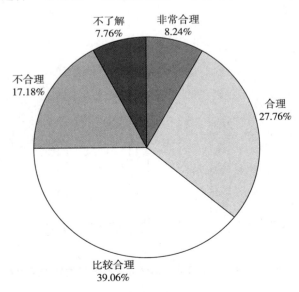

图 9　被访者对甘肃省人才评价体系的看法

课题组在与被访者交流中了解到，目前甘肃省事业单位引进博士、正高的薪资待遇在 15 万~30 万元，并有安家费、科研启动经费，企业对硕士以上学历的特殊需求岗位待遇在 20 万~140 万元，与前几年相比较，有了较大幅度的提高。近年来，甘肃省积极完善人才引进政策，强化人才激励方式，加强人才优惠政策力度，在工资待遇、创业（科研）资金、保障住房、住房补贴、家属就业、子女入学等方面向来甘、在甘人才给予政策优惠和倾斜，充分激发各类人才扎根陇原、服务甘肃的创新创业动力，取得了比较明显的成效。

从"您对甘肃省人才激励政策成效是否满意"的调研选项看，64 位被访者表示"非常满意"，占 15.06%；75 位被访者表示"满意"，占 17.65%；120 位被访者表示"比较满意"，占 28.23%；117 位被访者表示"一般"，占 27.53%；表示"不满意"的被访者为 49 人，占 11.53%（见图 10）。

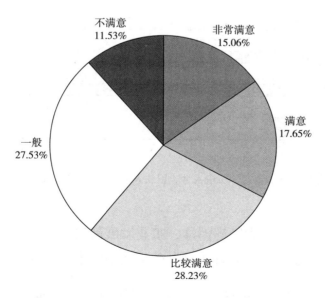

图 10　被访者对甘肃省人才激励政策成效的满意度

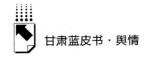

四 甘肃省"引进人才、留住人才"政策存在的问题及原因分析

(一)大多数被访者认为政策优惠力度不够,政策宣传不到位是"引进人才、留住人才"政策存在的主要问题

从"您认为甘肃省'引进人才、留住人才'政策存在的主要问题"的多选调查项目看,认为"政策太多,系统庞杂"的被访者有146人,认为"政策宣传不到位"的被访者有244人,认为"政策落实困难"的被访者有174人,认为"政策优惠力度不够"的被访者有313人,选择"其他"的被访者有74人(见图11)。

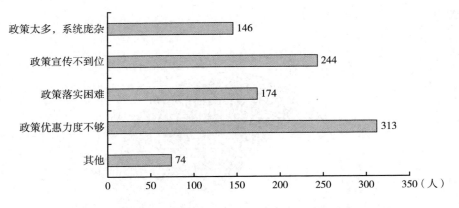

图11 被访者对"引进人才、留住人才"政策存在问题的反映

(二)被访者认为经济因素、职业发展前景、教育医疗环境是影响甘肃省"引进人才、留住人才"政策实施的主要因素

从"您认为影响甘肃省'引进人才、留住人才'政策实施的主要因素有哪些"的多选调研题目看,选择"经济因素"的被访者有333位,占78.35%;选择"职业发展前景"的被访者有316位,占74.35%;选择

"教育医疗环境"的被访者有 274 人，占 64.47%；选择"生态资源环境"的被访者有 165 人，占 38.82%；选择"其他"的被访者有 96 人，占 22.59%（见图 12）。

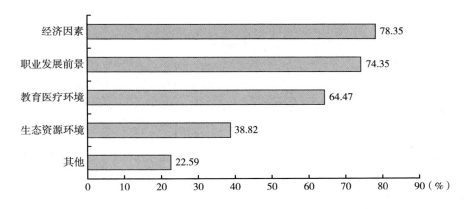

图 12　被访者认为影响甘肃"引进人才、留住人才"
政策实施的主要因素

从图 12 可以看出，经济因素（产业布局）、职业发展前景、教育医疗环境是影响甘肃省"引进人才、留住人才"政策实施的主要因素。从甘肃人才事业发展的情况看，国家产业化计划项目经费、R&D 经费外部支出、R&D 经费课题支出、大中型工业企业 R&D 经费支出、大中型工业企业获取和技术改造费用等指标，甘肃在全国排位均靠后，总量小，显现出科技平台弱势。工业企业总产值、企业利税与高新技术产业产值等指标，依然处于弱势；在人才生活环境方面，城镇职工平均工资、居民可支配收入、居民人均消费支出和居民年末人均储蓄余额等指标，在全国排位靠后。[1] 医生数、医院床位数等医疗卫生环境指标、优质幼儿园、中小学教育资源整体上与发达地区仍有较大的差距，最重要的是薪酬仍然是甘肃企业人才大量流失的主要原因。

---

[1]　任天昕、宋建兴：《甘肃省人才竞争力研究》，《中国国情国力》2017 年第 5 期。

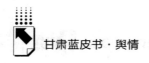

五 完善甘肃省"引进人才、留住人才"
政策的建议

（一）优化急需紧缺人才引进制度

针对甘肃省紧缺人才的实际，各地方及单位应完善急需紧缺人才目录，在全省事业单位公开招考之外开辟绿色通道，采用由主管部门和用人单位考核录用的方式，开展高层次人才引进工作。同时，对于引进的高层次人才，建立职称评审绿色通道。开展"甘肃籍人才家乡行"活动，通过项目对接、智力合作、咨询讲学等方式，搭建域外甘肃籍人才回报家乡的平台，引导优秀高校毕业生回甘肃创业就业。

柔性人才引进是指打破国籍、户籍、地域、身份、档案、人事关系等人才流动中的刚性制约，在不改变和影响人才与所属单位人事关系的前提下，适应市场经济和人才社会化发展要求的政府引导、市场调节、契约管理的非本地户籍人才的人才引进方式。2018 年 8 月 15 日甘肃省全省组织工作会议上，甘肃省委书记林铎针对当地的情况提出，引进人才不设置硬性的条条框框，也不是非落地落户不可，可以采用"柔性引进"的办法，按照"不求所有，但求所用""不看时间只看业绩"的思路，吸引更多人才"候鸟"往甘肃飞，吸引更多科研成果到甘肃转化。

（二）完善人才持续性发展平台建设

针对甘肃省人才发展环境不优的现状，我们要以推进学科建设作为高层次人才建设的突破口，搭建重点学科平台，持续性增加国家重点学科固定资产总额，通过完善学科体系和亚专业结构，减少人才流失，促进专业技术人员总数增加，加强人才培养和进修。甘肃省高层次人才流失严重，主要原因是甘肃地域优势不明显，甘肃省与国内发达地区、国际科研机构交流研讨较少，信息闭塞，甘肃省应积极加强与国内发达地区相关业务领域的合作，积极促进甘肃省内的企事业单位在专业领域与美国、日本、欧洲等国家和地区之间的交流合作，选派高层次人才到国（境）外研修、培训，以留住高层次人才。

（三）消除影响甘肃省"引进人才、留住人才"政策落实的不利因素

强化引进高层次人才风险管控，比如成本风险、成果风险、诚信风险等。各地方和单位引进来的"人才"在理所当然地享受了甘肃省的人才优惠政策后，以甘肃为跳板，前往东部发达地区和国外发展，甚至为了"离职"与本单位进行诉讼，给其他人才做了较差的示范，也给引进单位带来了极大的负面影响。

我们要借助"一带一路"倡议和甘肃产业化战略布局，全面落实《甘肃省引进高层次创业人才的优惠政策》，用好人才基金，对引进的高层次人才，在家属工作、子女入学、职称评定、科研立项等方面给予优先服务，提供资金支持，缓解甘肃省高层次人才短缺问题。以全新的宣传思想来应对社会的发展和人才引进需求的变化，不断更新、创新宣传甘肃经济社会发展的实际情况，使更多的高层次人才了解甘肃的实际情况，了解甘肃对人才的需求。

（四）加强对"新型人才"的重视程度和引进力度

电商主播、快递小哥等已成为发达地区争相引进的高层次人才，甘肃省内目前没有对"非主流、劳务工"的人才认定标准，可能会影响到甘肃省整体人力资源市场和政策导向。以甘肃省陇南市为例，甘肃陇南的电商产业一直处在甘肃省最前列，但制约甘肃陇南电商小微企业自身发展的最主要瓶颈仍然是人才，因为资金和管理都离不开人才，陇南地区的电商小微企业最突出的问题则是人才流失，而人才过度流失将会对这些小微电商企业造成毁灭性的打击。甘肃省应对电商主播、快递小哥等人才的引进给予重视。

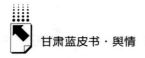

（五）加强政策宣传力度，强化自身"人才造血"功能

加强对甘肃"引进人才、留住人才"政策的宣传力度，通过网络媒体、广播电视、图书报刊等平台，向外界展示甘肃的美好形象，改变外地对甘肃穷、缺水、经济落后的刻板印象，吸引人才来甘创业、工作、生活。持续推进甘肃省高等教育改革工作，大力发展急需人才专业，加强创业发展平台建设，改变甘肃省高校毕业生就业观念，强化自身"人才造血"功能，为甘肃省留住人才，让人才在陇原大地扎根发芽。

B.10
基层干部对力戒形式主义官僚主义的
看法和评价

王　霖*

摘　要：　形形色色的形式主义官僚主义让基层干部不堪重负，严重影
响基层干部开展工作的积极性、主动性、创造性。力戒形式
主义官僚主义是党和国家健康发展的重中之重，对调动基层
干部的积极性主动性也尤为紧迫。本课题研究以甘肃基层干
部为对象，通过问卷调查，了解掌握、统计分析甘肃基层干
部对形式主义官僚主义的态度和认识、对力戒形式主义官僚
主义的看法以及整治形式主义官僚主义成效的评价和整治对
策建议，从而了解、掌握甘肃基层干部对形式主义官僚主义
的认识状况以及甘肃在贯彻执行力戒形式主义官僚主义行动
中取得的成效和仍需解决的问题，以有益于甘肃进一步加强
贯彻落实力戒形式主义官僚主义的行动。

关键词：　基层干部　形式主义　官僚主义　甘肃

　　基层干部是党和政府全部工作的基础，对落实党和政府路线方针政策和
各项工作任务具有决定性作用。形形色色的形式主义官僚主义让基层干部不
堪重负，严重影响基层干部开展工作的积极性、主动性、创造性。习近平总

---

* 王霖，甘肃省社会科学院马克思主义研究所副研究员，主要从事政治学、文化学、社会学研
究。

书记多次在不同场合强调要坚决反对形式主义、官僚主义，让基层干部把更多精力投入各项工作任务第一线。中共中央连续三年专门出台文件着力解决困扰基层的形式主义问题，并成立中央层面整治形式主义为基层减负专项工作机制办公室推动工作落实。由此可见，力戒形式主义官僚主义是党和国家健康发展的重中之重，对调动基层干部的积极性主动性也尤为紧迫。甘肃各级政府在省委、省政府的坚强领导下，认真贯彻、落实习近平总书记关于力戒形式主义官僚主义的重要指示批示精神和《中共中央办公厅关于解决形式主义突出问题为基层减负的通知》精神，出台专门文件、积极采取措施，大力整治形式主义官僚主义问题，确保全省"基层减负年"取得实效。形式主义官僚主义是否得到遏制，基层干部是否真正从形式主义官僚主义的束缚中解脱出来，基层干部体会最深刻。本课题研究以甘肃基层干部为对象，通过问卷调查，了解掌握、统计分析甘肃基层干部对形式主义官僚主义的态度和认识、对力戒形式主义官僚主义的看法以及对整治形式主义官僚主义成效的评价和对策建议，从而了解、掌握甘肃基层干部对形式主义官僚主义的认识状况以及甘肃在贯彻执行力戒形式主义官僚主义行动中取得的成效和仍需解决的问题，以有益于甘肃进一步加强贯彻落实力戒形式主义官僚主义的行动。

一　调查对象基本情况

本课题分析数据主要源自调查问卷。本次问卷调查对象主要为甘肃省东部、西部县（市、区）、乡镇（街道）、村组（社区）基层干部。本次调查共发放问卷 200 份，其中收回有效问卷 182 份，问卷有效率达到 91%。

从调查样本社会学分布特征来看，182 名受访基层干部中，县（市、区）党政机关干部 76 人，占样本总数的 41.76%，乡镇（街道）干部 71 人，占样本总数的 39.01%，村组（社区）干部 35 人，占样本总数的 19.23%；从受访基层干部身份看，以一般干部为主，有 129 人，占样本总数的 70.88%，领导班子成员和中层干部为 25 人和 28 人，分别占样本总数的 13.74% 和 15.38%；受访基层干部中男性 122 人，女性 60 人，样本比例分别为 67.03% 和 32.97%；受访基层干部绝大多数为党员，样本中党员和非党员比例分别为 70.33% 和 29.67%；受访基层干部年龄分布呈橄榄形，中间为 31～50 岁年龄段基层干部，有 123 人，占样本总数的 67.58%，其中，又以 31～40 岁年龄段基层干部为大多数，有 73 人，占样本总数的 40.11%，41～50 岁年龄段基层干部为第二大群体，有 50 人，占样本总数的 27.47%，分布在"橄榄"两端，51～60 岁和 21～30 岁年龄段的基层干部为 32 人和 27 人，分别占到样本总数的 17.58% 和 14.84%，受访基层干部中没有 20 岁及以下的干部；受访基层干部文化程度以大学（含大专）文化程度者居多，达到 141 人，占样本总数的 77.47%，硕士及以上高学历者和初中及以下低学历者为数很少，均为 8 人，均占样本总数的 4.4%，其余为高中（含中专）学历者，有 25 人，占样本总数的 13.74%。受访基层干部基本情况见表 1。

表 1　受访基层干部基本情况统计

单位：人，%

基本信息		人数	占比
性别	男	122	67.03
	女	60	32.97
年龄	21～30 岁	27	14.84
	31～40 岁	73	40.11
	41～50 岁	50	27.47
	51～60 岁	32	17.58
是否党员	党员	128	70.33
	非党员	54	29.67
文化程度	初中及以下	8	4.40
	高中（中专）	25	13.74
	大学（含大专）	141	77.47
	硕士及以上	8	4.40

基本信息		人数	占比
身份	领导班子成员	25	13.74
	中层干部	28	15.38
	一般干部	129	70.89
所在机构	县(市、区)党政机关	76	41.76
	乡镇(街道)	71	39.01
	村组(社区)	35	19.23

二 甘肃基层干部对形式主义官僚主义的
态度和认识

(一)绝大多数基层干部对形式主义官僚主义持愤怒或反感态度

问卷调查统计结果显示，甘肃省绝大多数基层干部对形式主义官僚主义持愤怒或反感态度。对于"您对形式主义官僚主义的态度"的问题，持愤怒或反感态度的基层干部达到173人，占样本总数的95.05%。有9名基层干部持可以理解或无所谓的态度，占样本总数的4.95%（见图1）。虽然对形式主义官僚主义持可以理解或者无所谓态度的基层干部人数很少，但绝不能因此忽视，形式主义官僚主义长期存在会让一部分人习以为常，不以为然，长此以往必然造成严重后果。

(二)绝大多数基层干部对形式主义官僚主义的表现、危害和根源有着清晰准确的认识

1. 当前形式主义最为突出的表现依然是会议多、文件多、督查检查考核多

对于"您认为当前形式主义最为突出的表现"的问题，问卷调查统计结果显示，63.19%的基层干部认为当前形式主义最为突出的表现是"文山

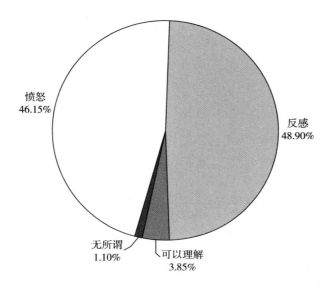

图 1　甘肃基层干部对形式主义、官僚主义的态度

会海，以文件落实文件，以会议落实会议"，紧随其后，57.14%的基层干部认为是"督查检查考核名目繁多，不求实效"，再次是"重痕不重绩，留迹不留心"。此外，"空话套话，热衷党八股""好大喜功，搞政绩工程、形象工程""表态多调门高，行动少落实差""下基层走马观花，专项整治蜻蜓点水""盲目建制，华而不实"分列第四、第五、第六、第七、第八位（见图 2）。也有部分基层干部列出了形式主义的新表现："指尖上的形式主义"。

从问卷统计结果看，当前困扰基层干部最为突出的形式主义表现依然是会议多、文件多、督查检查考核多。在文件印发方面，红头文件数量大幅减少，但以工作便函、电话通知单、微信工作群、QQ 工作群、手机 App 推送等形式代替下发文件的现象增加了不少。信息技术的快速发展、移动电话的广泛普及给人们的工作、生活带来极大方便。政务类 App 和微信、QQ 工作群也应运而生，确实大大提升了工作效率，但问题也随之产生。有的地方和单位把政务类 App、微信工作群、QQ 工作群等视为管理工作的延伸，上边动动手指发出任务，下边看到信息就要快速响应，基层干部时刻处于待命状

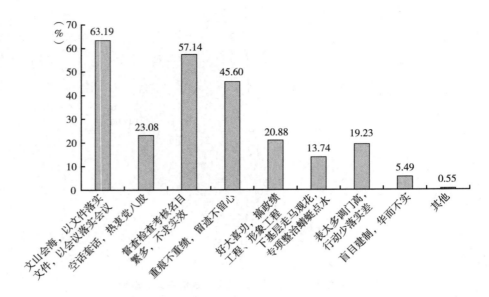

图2　甘肃基层干部对当前形式主义最为突出表现的认识

态。有些单位为了推广政务类App和公众号甚至摊派任务，不少基层干部不得不应付差事。基层干部把这种形式主义形象地称为"指尖上的形式主义"。在会议召开方面，数量有所减少，但套会、陪会、会议时间拖长、人员增加现象有所增多，质量效率却未见提高。在督查检查考核方面，一方面是数量并没有明显减少，一位县委书记反映，曾在一天内接待了不同级别的4个检查组和调研组，应接不暇；另一方面是检查督查将翻资料、看表册、听汇报作为主要方式，非但不能准确掌握工作真实情况，反倒催生了下级单位重"痕"不重"绩"，留"迹"不留"心"的形式主义。

2. 当前官僚主义最为突出的表现仍然是脱离实际、脱离群众

党的十八大以来，整治形式主义官僚主义取得明显成效，但同时也要清醒地看到形式主义官僚主义的复杂性和长期性，有的问题"树倒根存"，有的老问题又有了新表现。"在党的群众路线教育实践活动中，习近平总书记对官僚主义的表现和实质作了分析概括，官僚主义的主要表现是脱离实际、脱离群众，高高在上、漠视现实，唯我独尊、自我膨胀。其实质是封建残余

思想作祟，根源是官本位思想严重、权力观扭曲。"①

对于当前官僚主义的表现，60.99%的基层干部认为最为突出的是"脱离实际，盲目决策，不求实效"，其次是"脱离群众，漠视群众利益"，再次是"不担当，想当太平官"。紧随其后，"热衷繁文缛节""唯我独尊，搞一言堂""爱摆谱，迷恋特权，搞特殊化""目无法纪，以权谋私"分列第四、第五、第六、第七位（见图3）。

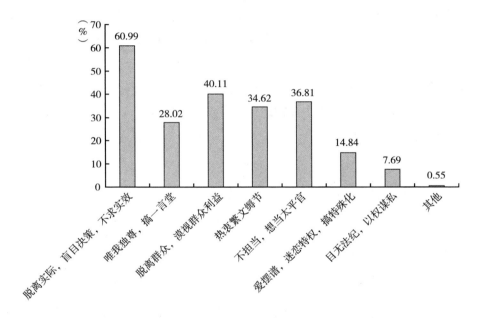

图3　甘肃基层干部对当前官僚主义最为突出表现的认识

3. 当前形式主义官僚主义的最大危害在于侵蚀党的执政根基

形式主义官僚主义是束缚基层干部积极干事的一大障碍。党中央将2019年确定为"基层减负年"，着力解决困扰基层的形式主义官僚主义问题，让基层干部轻装上阵，取得了明显成效。但同时也要清醒地看到形式主义官僚主义问题极强的顽固性和反复性，深刻认识它的严重危害性。在

---

① 张贺福：《把力戒形式主义官僚主义作为加强作风建设的重要任务》，人民网，http：//theory. people. com. cn/n1/2020/0811/c40531 – 31818511. html。

2020年统筹推进疫情防控和经济社会发展工作中，形式主义官僚主义问题也时有表现，它不仅严重影响党中央决策部署的贯彻落实，损害党中央权威和集中统一领导，破坏党的形象，损害人民群众根本利益，更会像一堵无形的墙把党和人民群众隔开，动摇党的执政根基。

甘肃基层干部对形式主义官僚主义不但普遍持愤怒或反感态度，而且对形式主义官僚主义的严重危害性也有一个清醒的认识。问卷调查结果显示，甘肃基层干部认为形式主义官僚主义的最大危害在于"侵蚀党的执政根基，危害党的事业"，其次是"严重影响党和政府的形象与公信力"，再次是"破坏党的形象，损害人民群众根本利益"。此外，"损害党中央权威和集中统一领导"和"严重影响党中央决策部署贯彻落实"并列第四位。也有部分干部提出形式主义官僚主义的最大危害还在于造成了人力、物力、财力的极大浪费（见图4）。

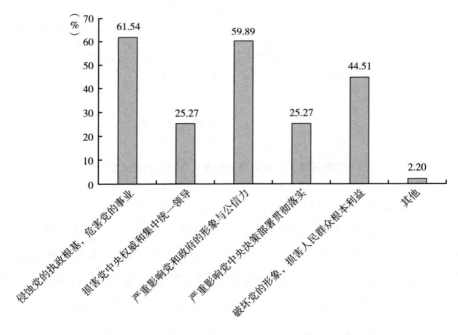

图4　甘肃基层干部对形式主义、官僚主义最大危害的认识

4. 形式主义官僚主义产生的最主要根源是上级罔顾实际，下级应付差事，官僚主义催生形式主义

对于形式主义官僚主义产生的根源，问卷调查结果显示，43.41%的基层干部认为形式主义官僚主义产生的最主要根源在于"上级罔顾实际，下级应付差事，官僚主义催生形式主义"。可以说，形式主义的发生有时是被官僚主义给"逼"出来的。有的地方和部门领导干部不调查、不研究，拍脑袋决策，提出的要求、制定的政策脱离实际，下级在执行时只能以形式主义应付差事。其次是"理想信念不坚定，世界观、人生观、价值观出了问题"。理想信念动摇、宗旨意识淡漠必然导致脱离实际、脱离群众。再次是"政绩观错位、责任心缺失导致脱离实际胡乱作为"。当党员干部的政绩观发生扭曲，做工作仅仅是为了让领导注意的时候，就会脱离实际胡乱作为。此外，"'官本位'思想严重、权力观扭曲导致脱离群众高高在上""'一刀切'政策导致一些党员干部应付差事""缺乏担当、本领恐慌导致懒政怠政""发现难监督难导致心存侥幸少有顾忌""考核评价激励机制不合理"分别排第四、第五、第六、第七、第八位（见图5）。

形形色色的形式主义官僚主义让基层干部不堪重负，严重影响干部的积极性、主动性、创造性。从调查问卷统计结果看，无论是基层领导干部还是一般干部，大多对形式主义官僚主义深恶痛绝，"形式主义官僚主义害死人"已形成共识。但是，在具体工作中，有些同志在厌恶、反感形式主义官僚主义的同时又自觉不自觉地使用了形式主义官僚主义的做法反对形式主义官僚主义。因此，破除形式主义官僚主义，既要把握其基本特征，又要透过现象看本质，找准其形成的原因。

5. 当前形式主义官僚主义难以被查究问责的最主要原因是没有统一的定性与定量尺度、党纪法规缺少操作性强的规定

问卷调查统计结果显示，甘肃基层干部认为当前形式主义官僚主义难以被查究问责的最主要原因是"形式主义官僚主义没有统一的定性与定量尺度"和"党纪法规缺少操作性强的规定"，被选频次基本相当，分别为92

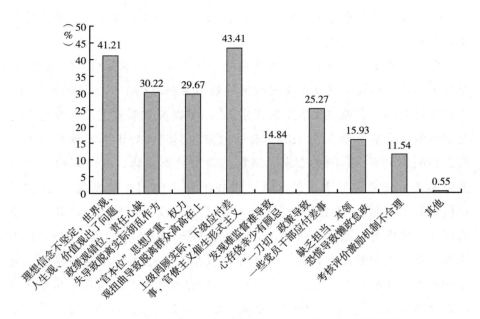

图5 甘肃基层干部对形式主义官僚主义产生的最主要根源的认识

次和91次，分别占到样本总数的50.55%和50.00%；其次是"形式主义官僚主义积弊已久，群众和党员干部习以为常"和"相关问责考核等体制机制不完善"，分别是64次和62次，分别占到样本总数的35.16%和34.07%；再次是"没有直接侵害到个人利益，没有人检举揭发"，最后是"民众参与渠道不畅"（见图6）。

对于通过问卷调查反映出的当前形式主义官僚主义难以被查究问责的最主要原因："形式主义官僚主义没有统一的定性与定量尺度"和"党纪法规缺少操作性强的规定"，看似两个原因，其实是一个问题的两面。从现行党内法规看，对于形式主义官僚主义问题并没有一个清晰明确的界定标准，与纪律处分条例衔接也不充分，甄别起来有一定困难，加之形式主义者、官僚主义者往往又会摆出很多冠冕堂皇的理由，披上各种各样"政治正确"的外衣，具有极强的迷惑性，执纪审查尺度不好拿捏。对于"形式主义官僚主义积弊已久，群众和党员干部习以为常"和"没

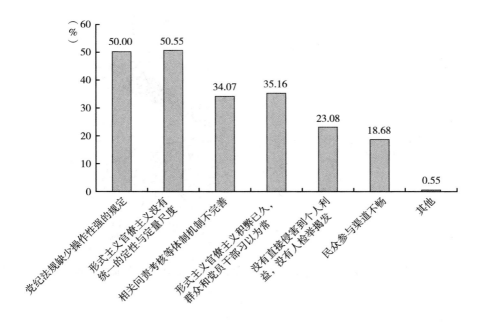

**图6　甘肃基层干部对当前形式主义官僚主义难以被
查究问责的主要原因的认识**

有直接侵害到个人利益，没有人检举揭发"这两个原因，占比分别达到
35.16%和23.08%，需要引起高度重视。这种习以为常，把不正常当作
正常的"熟视无睹""事不关己高高挂起"的心态在一定程度上助长了形
式主义官僚主义的产生，同时，也阻碍了纪检机关监督执纪问责的正常
开展。

6. 形式主义官僚主义在县（市、区）这一级表现较为严重

对于"您认为当前哪一级的形式主义、官僚主义问题最为严重"，问卷
调查统计结果显示，53.30%的基层干部认为形式主义官僚主义问题表现最
为严重的层级在县（市、区）这一级，其次是市（州）级和乡镇（街道）
级，再次是省级，最后是村组（社区）这一级（见图7）。

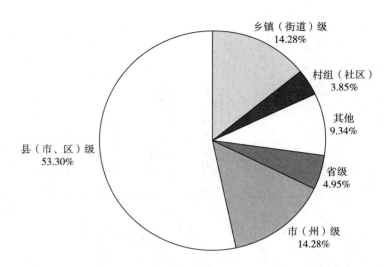

乡镇（街道）级
14.28%

村组（社区）
3.85%

其他
9.34%

省级
4.95%

县（市、区）级
53.30%

市（州）级
14.28%

图7　甘肃基层干部认为形式主义官僚主义表现较为严重的层级

三　甘肃基层干部对力戒形式主义官僚主义的看法、整治成效评价及整治期望

（一）力戒形式主义官僚主义表达了绝大部分基层干部的心声

形形色色的形式主义官僚主义让基层干部苦不堪言，力不少出，活没少干，工作推进慢甚至没成效。基层干部普遍对形式主义官僚主义深恶痛绝，极度反感，力戒形式主义官僚主义是党和政府关注的重要议题，也表达了广大基层干部由衷的心声。对于如何看待"把力戒形式主义、官僚主义作为加强党的作风建设的重要任务"，问卷调查统计结果显示，98.90%的基层干部认为是非常有必要或者有必要的，没有基层干部认为是没有必要的，仅有1.10%的基层干部持无所谓态度（见图8）。由此可见，从中央到地方大力整治形式主义官僚主义是一项深得基层干部心声的举措。

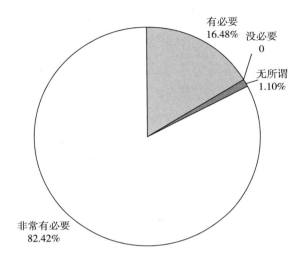

图8　甘肃基层干部对力戒形式主义官僚主义的态度

（二）党的十九大以来整治形式主义官僚主义取得了明显成效

问卷调查统计结果显示，党的十九大以来，党整治形式主义官僚主义取得明显成效。对于"十九大以来，您认为形式主义、官僚主义是否得到了遏制"，大部分基层干部认为形式主义官僚主义明显得到遏制或得到遏制，占样本总数的71.98%，但仍有37名基层干部认为有所遏制但不明显，占样本总数的20.33%；还有9名基层干部认为未得到遏制，占样本总数的4.95%；另有2.74%的基层干部认为此事说不清楚（见图9）。"冰冻三尺，非一日之寒"，形式主义官僚主义问题成因复杂、由来已久，破除形式主义官僚主义不可能毕其功于一役，要充分认识形式主义官僚主义的危害性、长期性、复杂性、多样性、变异性，既要下决心，也要有耐心，坚持久久为功，坚定不移整治形式主义官僚主义。

（三）甘肃贯彻执行力戒形式主义官僚主义行动取得了较好成效

问卷调查统计结果显示，甘肃整治形式主义官僚主义的行动取得了较好

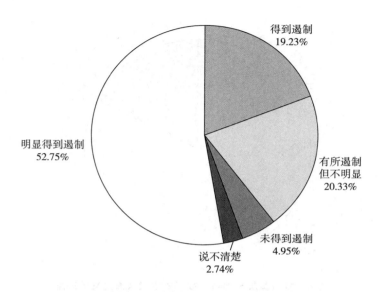

图9 甘肃基层干部对十九大以来形式主义官僚主义整治情况的评价

成效。对于"您认为您所在地方或部门整治形式主义、官僚主义的情况",绝大部分基层干部持肯定态度,认为"很好"、"好"或"较好"的基层干部有149人,占样本总数的81.87%。但仍有近20%的基层干部认为所在地方或部门整治形式主义、官僚主义的情况"较差"、"差"或"很差"(见图10)。由此可见,虽然甘肃整治形式主义官僚主义的行动取得了一定成效,但仍需进一步加强整治力度,从而极大地调动基层干部积极干事的主动性,激发基层干部干事的创造性。

(四)甘肃基层干部对整治形式主义官僚主义的期望

1. 牢固树立党员干部正确政绩观

对于"您认为如何从根本上整治形式主义、官僚主义",50.00%的基层干部认为"牢固树立党员干部正确政绩观"可以从根本上整治形式主义官僚主义(见图11)。政绩观是干部对如何履行职责、追求何种政绩的根本认识和态度,是人生观、价值观和世界观在干部中的根本体现。习近平总书

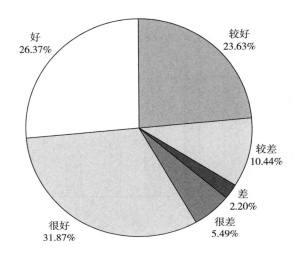

**图 10　甘肃基层干部对所在地方或部门整治形式主义
官僚主义情况的评价**

记曾强调，要"树立正确政绩观，切实抓好打基础利长远的工作"。但是，当党员干部政绩观发生扭曲，只重显绩不重隐绩，做工作不是为了让群众满意，而是为了让领导注意，必然导致脱离实际、脱离群众的胡乱作为。整治形式主义官僚主义就是要对那些只是为了制造出好看"政绩"现象仔细甄别，坚决说"不"。同时，教育引导党员、干部自觉加强党性修养，牢固树立正确政绩观，始终坚持实事求是的思想路线，始终牢记人民利益高于一切，切切实实把对上负责与对下负责统一起来，做出经得起实践、人民和历史检验的政绩。

2. 建立崇尚实干、带动担当、加油鼓劲的正向激励体系

问卷调查统计结果显示，46.15%的基层干部认为"建立崇尚实干、带动担当、加油鼓劲的正向激励体系"可以从根本上整治形式主义官僚主义。形式主义、官僚主义的滋生蔓延与我们衡量政绩、考核干部的导向不无关系。问卷调查统计结果显示，"考核评价激励机制不合理""相关问责考核等体制机制不完善"是当前形式主义、官僚主义产生以及难以被查究问责的主要原因之一。有什么样的导向就会形成什么样的风气，建立崇尚实干、

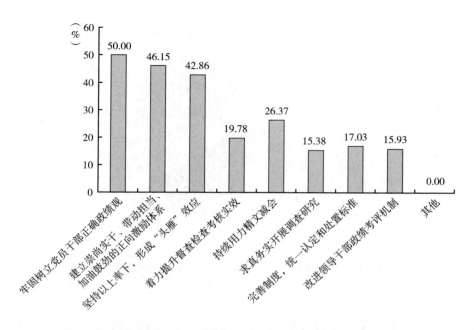

图11 甘肃基层干部对从根本上整治形式主义官僚主义的认识

带动担当、加油鼓劲的正向激励体系就能激励一片,反之亦然。2020年是我国脱贫攻坚决胜之年,受疫情影响,再叠加国际环境压力,发展面临的风险挑战上升,做好经济社会发展工作难度更大,更加需要以优良作风狠抓工作落实,因此,也更加需要建立完善崇尚实干、带动担当、加油鼓劲的正向激励体系,大力激发广大党员干部锐意进取、奋发有为的精气神,充分调动广大党员干部积极干事的决心、信心和动能。

3. 坚持以上率下,形成"头雁"效应

"坚持以上率下,形成'头雁'效应"也是大部分基层干部对从根本上整治形式主义官僚主义的期待之一。"上为之,下效之。"居于上位者的表现,好,可以起到表率作用,对下能产生不可替代的感染力、执行力;不好,则起到腐蚀作用,成为坏的榜样。一些形式主义、官僚主义问题的表现看似在下面,其实根子在上面。"以上率下,其力无穷。"防止和克服形式主义官僚主义,要抓住"关键少数",发挥领导干部的"头雁"效应,通过领导干部以身作则，"正人先正己"，感召广大党员干部"见贤则思齐"，层层压实责任，狠抓工作落实。

4. 持续用力精文减会

26.37%的基层干部认为"持续用力精文减会"可以从根本上整治形式主义官僚主义。问卷调查统计结果显示，当前困扰基层干部最为突出的形式主义表现依然是会议多、文件多、督查检查考核多。因此，"持续用力精文减会"依然是今后一个时期整治形式主义官僚主义的有效途径之一。一方面要严格控制发文和开会数量。既要精简向县级以下发文的数量，也要严格把控基层向上级报文报表的数量。既要减少开会数量，也要减少参会人员数量；另一方面要着力提高文件和会议质量，让基层干部从无谓的事务中解脱出来，把更多精力用在各项工作任务第一线，谋发展、抓落实。此外，进一步明确精文减会的标准和尺度，对在发文开会方面改头换面、明减实不减的，及时督促纠正，防止用形式主义做法解决形式主义问题。

5. 着力提升督查检查考核实效

"着力提升督查检查考核实效"也是部分基层干部对整治形式主义官僚主义的对策建议之一。问卷调查统计结果显示，57.14%的基层干部认为当前形式主义最为突出的表现是"督查检查考核名目繁多，不求实效"。提升督查检查考核实效，一方面要统筹规划，合理安排部署，推动相关部门对督查检查考核结果互认互用，精简督查检查考核数量，同时，避免同一时间到同一地方扎堆调研；另一方面，探索运用"互联网＋督查"，充分利用高科技、信息化手段提高督查检查考核效率和质量，让数据多"说话"，让干部群众少"跑路"。

6. 完善制度，统一认定和处置标准

问卷调查统计结果显示，50.55%的基层干部认为形式主义官僚主义难以被查究问责的最主要原因是"形式主义官僚主义没有统一的定性与定量尺度"。形式主义官僚主义之所以屡禁不止，还在于形式主义官僚主义的界限往往不是那么明晰，甄别起来有一定困难，给监督和问责带来一定难度。

而且，形式主义官僚主义带来的损失和危害往往并不直接，这不仅带来监督的滞后，追责也难以及时跟上，客观上纵容和助长了形式主义官僚主义。因此，"完善制度，统一认定和处置标准"也是部分基层干部对整治形式主义官僚主义的建议之一。

7. 改进领导干部政绩考评机制

15.93%的基层干部认为"改进领导干部政绩考评机制"可以有效整治形式主义官僚主义。可以说，形式主义官僚主义禁而不止与我们衡量政绩、考核干部的导向不无关系。本次问卷调查统计结果显示，"考核评价激励机制不合理""相关问责考核等体制机制不完善"是当前形式主义官僚主义产生以及难以被查究问责的主要原因之一。有什么样的导向就会形成什么样的风气。要崇尚鲜明实干的用人导向，在实践中不断改进、完善领导干部政绩考评机制，让政治上过得硬、能力强、有担当、敢作为、廉洁清正的干部拥有干事舞台。

8. 求真务实开展调查研究

问卷调查统计结果显示，有43.41%的基层干部认为"上级罔顾实际，下级应付差事，官僚主义催生形式主义"是形式主义官僚主义产生的最主要根源。政策始于问题，问题源自实践。制定政策、做出决策一定要以求真务实的调查研究为基础。但是，有的地方和部门领导干部做决策并不是通过求真务实的调查研究，而是凭一己之见拍脑袋做决策，致使提出的要求、制定的政策往往脱离实际，下级在执行时只能以形式主义应付差事。因此，有15.38%的基层干部建议通过"求真务实开展调查研究"来破除形式主义官僚主义。领导干部下基层调研，一方面，要充分尊重客观规律，顾及基层承受能力，自觉克服工作中的主观性、随意性，增强系统性、前瞻性，求真务实开展调查研究，不给形式主义、官僚主义滋生预留空间；另一方面，要注重采用"四不两直"方式，即不发通知、不打招呼、不听汇报、不要陪同接待、直奔基层、直插现场的工作方式，把着力点放在解决实际问题上，力戒搞形式、走过场，不给基层增加负担。

四 甘肃进一步加强贯彻执行力戒形式主义官僚主义行动的对策建议

（一）充分认识贯彻执行力戒形式主义官僚主义行动的重要性

第一，甘肃在贯彻执行力戒形式主义官僚主义行动中依然存在问题。近年来，甘肃在贯彻执行力戒形式主义官僚主义行动中取得了较好成效，但依然存在一些问题，问卷调查统计结果显示：一是形式主义官僚主义在县（市、区）这一级还较为严重；二是部分干部对形式主义官僚主义习以为常，需加以重视；三是形式主义官僚主义老问题尚未根除，又有了新的表现形式，甘肃整治形式主义官僚主义力度仍需加强。

第二，深刻认识形式主义官僚主义对甘肃经济社会发展造成的严重危害。就宏观层面来讲，如果任由形式主义官僚主义滋生蔓延，会严重影响党中央决策部署的贯彻落实，破坏党的形象，损害人民群众的根本利益，动摇党的执政根基。具体到甘肃而言，形式主义官僚主义的泛滥会对甘肃经济社会发展、人文环境营造等方方面面造成严重危害。甘肃地处内陆，经济社会发展相对滞后，尤其需要甘肃人以时不我待的奋发精神，谋求甘肃跨越式发展，加快甘肃和全国一道进入小康社会之路。而形式主义官僚主义不仅严重影响广大党员干部，尤其是基层干部开展工作的积极性、主动性、创造性，影响各项工作的正常开展完成，更是造成人力、物力、财力的极大浪费，成为甘肃经济社会发展的一大障碍，因此，更加需要全省上下以极大的决心、耐心，以科学有效的方式、方法整治形式主义官僚主义，推动美好幸福新甘肃的早日实现。

第三，甘肃进一步加强力戒形式主义官僚主义行动至关重要。2020 年是脱贫攻坚决战决胜的关键之年，而脱贫是甘肃的重中之重，更加需要广大党员干部以高昂的热情、一以贯之的恒心，以求真务实的积极态度、包容开放的创新思维、符合新发展理念的工作方法，积极谋求甘肃经济社会发展新路子，创造甘肃美好发展新前景；也更加需要我们以习近平新时代中国特色社会主义思想为指导，更加自觉地把思想和行动统一到党中央决策部署上来，更加清晰准确地认识形式主义官僚主义的表现、危害和根源，坚持以问题为导向，聚焦基层反映强烈的"痛点"，直面思想观念、领导方式、工作作风、体制机制等制约工作推进的深层次难题，探索科学有效、务实管用的整治措施，不断取得整治形式主义官僚主义的新成效，为脱贫攻坚助力。

（二）持续筑牢广大党员干部克服形式主义官僚主义的思想政治根基

形式主义官僚主义种种问题表现，究其根本性的原因，思想作风和工作态度有问题是关键因素。"形式主义、官僚主义、享乐主义和奢靡之风为什么盛行？"早在2013年6月28日全国组织工作会议上，习近平总书记就向全党提出了这个严肃的问题并做出了深刻解答："说到底，还是理想信念不坚定。"因此，甘肃要从根本上整治形式主义官僚主义，首要任务是持续筑牢广大党员干部克服形式主义官僚主义的思想政治根基。

第一，要进一步巩固"不忘初心、牢记使命"主题教育成果，切实组织广大党员、干部继续深入学习领会习近平新时代中国特色社会主义思想，领会贯穿其中的马克思主义立场、观点和方法，进一步坚定共产主义理想和信念，使"四个意识""四个自信""两个维护"内化于心。

第二，要继续深化理想信念教育，加强广大党员干部能力培训，使广大党员、干部深刻认识到力戒形式主义官僚主义不是减担当、减责任，更不是降低工作标准和要求，自觉把初心使命落实在具体工作中。认真研究甘肃经济社会发展实际情况，积极主动、探索创新领导方式和工作方法以适应新时代发展要求，集中精力解决甘肃经济社会发展中各种不平衡不充分的问题，实打实推进全省各项事业发展。

第三，通过各级党校集中学习和自我学习相结合的方式，组织广大党员干部深入学习《习近平关于力戒形式主义官僚主义重要论述选编》，充分认识形式主义、官僚主义的严重危害性、长期反复顽固性、复杂多样变异性，将力戒形式主义官僚主义作为甘肃今后一个时期的重要任务抓常抓实。

（三）切实加强整治形式主义官僚主义的制度建设

制度建设带有根本性。党的十九届四中全会通过的《中共中央关于坚持和完善中国特色社会主义制度 推进国家治理体系和治理能力现代化若干重大问题的决定》明确提出了13个需要"坚持和完善"的制度。"坚决同一切影响党的先进性、弱化党的纯洁性的问题作斗争，大力纠治形式主义、官僚主义"是完善和落实全面从严治党责任制度的重要内容。要深入贯彻、落实党的十九届四中全会精神，切实加强整治形式主义、官僚主义的制度建设，形成力戒形式主义官僚主义的有效机制。

第一，建立健全量纪处理机制。一方面，全面、系统梳理当前针对形式主义、官僚主义的处理办法，准确把握、科学运用监督执纪的"四种形态"，做到执纪时精准高效，充分发挥监督执纪的震慑和教育效应。另一方面，为了切实做好监督执纪问责工作，建议在全省党政机关范围内进一步开展形式主义、官僚主义相关问题的广泛而深入的调研，积极听取各级领导干部、基层干部群众以及有关专家学者的意见和建议，提出整体、系统、可操作、管长远的治理措施，努力探索制定出具体、细化的执行标准，为执纪审查、量纪定性提供制度依据。

第二，建立健全担当激励机制。力戒形式主义官僚主义必须坚持约束与激励并重。既要以"想干事、敢干事、干成事"为目标改进各级领导干部绩效考核机制，崇尚鲜明实干的用人导向，让那些踏实干事、敢于担当有作为的干部受到鼓励、褒奖和重用，让那些"善于作秀"、唯上瞒下、跑官要官的干部受到批评和惩处，同时，也要不断完善考核问责、容错纠错等机制，为广大党员干部大胆创新、积极探索撑腰，从而极大地调动广大党员干部的积极性、主动性和创造性。

第三，建立健全监督机制。制度的生命力在于执行，而执行的效率与效果有赖于健全的监督机制。建立健全监督机制，首要任务是发挥好纪检监察作用。对各个领域中的形式主义、官僚主义问题要严肃追究，对责任人要问责处理，切实达到震慑效果。其次，发挥好新闻媒体作用。强化典型通报和公开曝光的力度，让广大干部群众监督形式多样的形式主义问题，防范形式主义作祟。最后，发挥好广大群众的监督作用。建议多形式、多举措畅通群众监督渠道，及时了解群众呼声，认真听取群众意见和建议，并做出积极回应。

第四，探索引入高校科研机构等第三方机构定期或不定期地在全省开展形式主义官僚主义问题调查研究，广泛听取各级领导干部、基层干部、广大群众的意见和建议，梳理在甘肃经济社会发展中存在的种种形式主义官僚主义，提出整体、系统、可操作、管长远的治理措施，及时发现问题，及时解决问题。

参考文献

李哲：《形式主义三题——学习邓小平同志"形式主义也是官僚主义"论断有感》，《南京政治学院学报》1992 年第 6 期。

余哲西：《系列述评之三 看似新表现，实则老问题——深挖形式主义官僚主义五大根源》，《中国纪检监察》2018 年第 1 期。

郭妙兰：《必须下更大功夫综合整治形式主义、官僚主义——反"四风"，听基层干部群众说实话》，《中国纪检监察》2018 年第 3 期。

赵振宇：《向顽瘴亮剑 对痼疾开刀——纪检监察机关整治形式主义、官僚主义综述》，《中国纪检监察》2018 年第 20 期。

王蒙、黄红平：《以党的政治建设为统领 坚决破除形式主义官僚主义》，《检察日报》2020 年 3 月 3 日。

中共中央办公厅：《关于解决形式主义突出问题为基层减负的通知》，http：//www.gov. cn/xinwen/2019 – 03/11/content_ 5372964. htm。

中共中央办公厅：《关于持续解决困扰基层的形式主义问题为决胜全面建成小康社会提供坚强作风保证的通知》，http：//www. xinhuanet. com/politics/zywj/2020 – 04/14/c _ 1125855165. htm。

中共甘肃省委办公厅、甘肃省人民政府办公厅：《关于解决形式主义突出问题为基层减负的若干措施》，http：//www. gansu. gov. cn/art/2019/4/15/art_ 136_ 421860. html。

B.11
民众对主流媒体舆论引导能力的认知和评价调查

宋晓琴 *

摘　要：　本报告从渠道与特征、感受与评价、期望与建议等方面对主流媒体的舆论引导能力进行了调查。调查显示，绝大多数被访者认同主流媒体的报道方式、内容、题材，认为主流媒体处于舆论引导的核心位置。但同时部分被访者认为主流媒体在影响力、创新度、传播力等方面还需要提升。下一个阶段，应该着力做好以下几个方面的工作：善用事实与数据，增强舆论引领的公信力；发挥主流媒体评论专业性，引导舆论趋向理性；借力网络意见领袖，扩大主流媒体影响力；传统主流媒体向"指媒"拓展，占领舆论引导制高点；紧抓5G建设契机，提升主流媒体舆论引导智慧化水平。

关键词：　主流媒体　舆论引导能力　甘肃

进入信息社会，除了传统的广播、电视、报纸等媒体，新兴媒体如微信、微博、抖音、手机客户端、网站、论坛等均是大众获取信息、开展思想交流的重要媒介。移动网络和智能手机的普及更使新媒体具有了更广和更深入的传播力和影响性，新媒体开放、隐蔽、自由、互动的特征增加了不同观

---

* 宋晓琴，甘肃省社会科学院决策咨询研究所助理研究员，主要研究方向为情报、信息技术。

点、思想的传播和交流空间，极容易形成针对各种现象、事件的舆情和舆论，导致整个社会的舆论环境和思想潮流变得越来越复杂与不确定，极大地考验着执政党的舆论引导能力。因此，如何在新形势下提升主流媒体的舆论引导能力是支持经济社会和谐、稳定发展的关键。习近平总书记在 2018 年的全国宣传思想工作会议上强调："要把握正确舆论导向，提高新闻舆论传播力、引导力、影响力、公信力，巩固壮大主流思想舆论。"① 主流媒体要成为舆论引导的主力军，在实际工作中需着力培育和践行社会主义核心价值观，提高自身应对网络突发舆情的硬实力和巧办法，迅速、合理地回应民众关切，消除不实谣言，营造风清气正的网络及舆论空间。从普通民众视角了解主流媒体的舆论引导能力可以为提升主流媒体的工作水平提供重要参照，因此本研究从渠道与特征、感受与评价、期望与建议等方面对主流媒体的舆论引导能力进行了调查，力求得到较为科学、全面的认识和发现，以期对下一阶段甘肃主流媒体的舆论引导实践和策略提供参考和借鉴。

一　调查基本情况

（一）被访者基本情况

课题组选择兰州市区、白银市靖远县、天水市清水县、定西市渭源县、武威市凉州区、临夏州临夏县等 6 个县区，以在线调查为主要形式，以现场问卷调查为补充形式展开调查，共发放问卷 360 份，回收问卷 332 份，回收率为 92.22%，其中有效问卷 317 份，有效问卷回收率为 95.48%。317 份有效问卷中兰州市区 54 份（17.03%）、白银市靖远县 47 份（14.83%）、天水市清水县 51 份（16.09%）、定西市渭源县 61 份（19.24%）、武威市凉

---

① 《习近平：举旗帜聚民心育新人兴文化展形象 更好完成新形势下宣传思想工作使命任务》，新华网，2018 年 8 月 22 日。

州区 51 份（16.09%）、临夏州临夏县 53 份（16.72%）。有效问卷对应的调查对象基本信息见表 1。

表1　被访者基本信息汇总

单位：人，%

基本信息		人数	占比
性别	男	197	62.15
	女	120	37.85
年龄	18～30 岁	61	19.24
	31～40 岁	98	30.91
	41～50 岁	83	26.18
	51～60 岁	52	16.4
	60 岁以上	23	7.26
文化程度	小学及以下	35	11.04
	初中	55	17.35
	高中或中专	88	27.76
	大专	50	15.77
	本科及以上	89	28.08
职业身份	机关行政单位工作人员	26	8.2
	事业单位工作人员	64	20.19
	国有企业单位工作人员	23	7.26
	集体企业单位工作人员	29	9.15
	私营企业单位工作人员	21	6.62
	外资企业单位工作人员	9	2.84
	商业工作者	41	12.93
	农民	39	12.3
	自由职业者	31	9.78
	学生	34	10.73

（二）调研问题

本调研旨在了解甘肃民众对主流媒体舆论引导状况的感受和评价，深入探索提升下一阶段主流媒体舆论引导能力的可取优化路径和建议。基本的调查问题集中在三个方面：一是主流媒体舆论引导的渠道与特征；二是民众对主流媒体舆论引导状况的感受与评价；三是民众对主流媒体舆论引导行为的期望与建议。具体的问卷题项见表 2。

表2　主流媒体舆论引导能力调查问卷题项描述

维度	题项信息
渠道与特征	您会通过主流媒体直接获取信息吗？
	您会被他人转发的主流媒体信息所影响吗？
	您认为国内主流媒体报道最吸引你的地方是什么？
	试回想一下,大约5年以前,您获取热点信息的主要渠道是？
	您近期获取热点信息的主要渠道是？
感受与评价	您是否喜欢国内主流媒体报道的题材？
	对于2020年新冠肺炎疫情中主流媒体报道中您最想获取的信息？
	您认为当下主流媒体在舆论引导方面的地位如何？
	如果让您总体评价主流媒体的舆论引导效果,您选择？
期望与建议	您对主流媒体的舆论引导工作有哪些期待？
	您对提升主流媒体舆论引导能力的建议有哪些？

（三）调查过程

基于主流媒体引导舆论的实际情况，课题组采用问卷调查法对机关行政单位工作人员、事业单位工作人员、国有企业单位工作人员、集体企业单位工作人员、私营企业单位工作人员、外资企业单位工作人员、商业工作者、农民、自由职业者、学生等十类人群进行了分层抽样调查。针对兰州市区、定西市渭源县的调查对象，课题组采用了纸质调查问卷，对于其他县区的调查对象，课题组采用了在线调查问卷。对于收集到的调查问卷数据，采用SPSS 23.0软件进行统计分析。

二　民众对主流媒体舆论引导渠道与特征的认知与评价

（一）74.11%的被访者通过主流媒体直接获取信息

就问题"您会通过主流媒体直接获取信息吗"，58.99%的被访者选择

"经常"，15.12%的被访者选择"一直"，21.12%的被访者选择"偶尔"，3.19%的被访者选择"非常少"，只有1.58%的被访者选择了"从不"（见图1）。

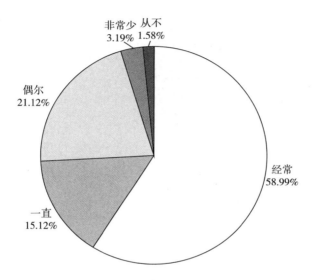

图1　被访者通过主流媒体直接获取信息的情况

74.11%的被访者"一直"或者"经常"通过主流媒体直接获取信息，这说明主流媒体在信息的传播过程当中确实在发挥主力军的角色，绝大多数公众在选择接受信息的媒体时，以主流媒体为第一选项。至于"偶尔"或者"非常少"通过主流媒体直接获取信息的民众，也有其特殊的原因，这需要在今后的舆论引导工作当中，持续拓展主流媒体的影响范围和影响力。

此外，调查还显示受访者学历越高，直接从主流媒体获取信息的比例就会越高。本科及以上学历的受访者89人，有63人选择"一直"或者"经常"，占比为70.79%，说明对主流媒体的认可度随着受教育程度越来越高。

（二）89.40%的被访者认为转发信息增强了主流媒体的影响力

就问题"您会被他人转发的主流媒体信息所影响吗"，5.07%的被访者选择"影响很大"，26.27%的被访者选择"影响较大"，39.17%的被访者选择"影响一般"，18.89%的被访者选择"影响较小"，10.60%的被访者选择"基本没影响"（见图2）。

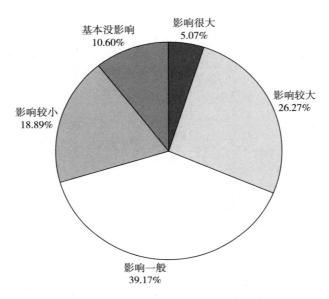

图2　他人转发的主流媒体信息影响被访者的程度

调查结果显示，89.40%被访者表示他人转发的主流媒体信息对自己有影响，这说明通过他人转发这种间接的信息传播方式，主流媒体的信息传播和信息影响力得到了进一步的放大，他人转发的主流媒体信息对自己"基本没影响"的被访者仅占总体的一成左右，超过三成的被访者表示他人转发的主流媒体信息对自己"影响很大"或者"影响较大"。

对比不同受访者发现，他人转发的主流媒体信息影响力有比较鲜明的人口学特点。选择"影响较大"30岁以下和60岁以上较多。选择"基本没影响"或"影响一般"的被访者受教育程度大专及以上学历者居多。选择"基本没影响"被访者中职业身份以机关行政单位工作人员居多。

这一结论说明，一是间接的信息传播对舆论引导有很大影响。二是在自媒体时代主流媒体必须重视网络大V以及网络意见领袖等对信息传播和舆论塑造的巨大作用，规范其行为、引导其服务于主流意识形态，充分利用好这一资源，让他们成为主流媒体舆论引导工作的促进者和协作者。三是要利用大数据分析不同人群接收信息的特点，有针对性地进行舆论引导。

（三）60.83%的被访者表示尊重事实是国内主流媒体的主要特色

就问题"您认为国内主流媒体报道最吸引你的是什么"，60.83%的被访者选择"事实"，30.41%的被访者选择"评论"，8.76%的被访者选择"排版和插图"（见图3）。

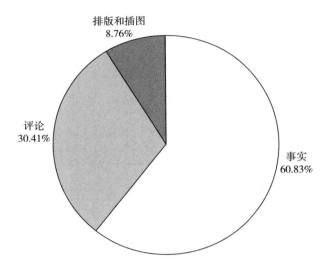

图3　国内主流媒体报道最吸引被访者的地方

从调查结果可以看出，60.83%的被访者认为国内主流媒体报道最吸引自己的地方是"事实"，这说明以事实为依据、忠实于客观现实是主流媒体最吸引民众的方面。同时，有30.41%的被访者认为国内主流媒体报道最吸引自己的是"评论"，对于一些社会热点和民众关切，主流媒体往往可以凭借其专业性、权威性，组织学者专家、领域能手展开深入评论分析，抽丝剥茧，帮助民众了解事实背后的细节、考虑和价值意义。还有8.76%的被访者选择"排版和插图"，说明主流媒体凭借其强大的专业制作优势，产出的信息内容排版和插图相对精美，吸引了较多的民众关注。

（四）新媒体越来越多地成为被访者获取热点信息的主要渠道

就问题"试回想一下，大约 5 年以前，您获取热点信息的主要渠道是"，16.13% 的被访者选择"广播"，83.41% 的被访者选择"电视"，41.94% 的被访者选择"报纸"，53.46% 的被访者选择"网站"，16.59% 的被访者选择"微信公众号"，11.06% 的被访者选择"微博"（见图 4）。调查表明，大约在 5 年以前民众获取热点信息的主要渠道是电视，其次是网站和报纸，而通过微信公众号、微博等新媒体获取热点信息的占比相对较低。

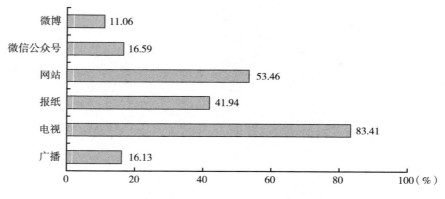

图 4　被访者大约 5 年以前获取热点信息的主要渠道

就多选问题"您近期获取热点信息的主要渠道是"，29.49% 的被访者选择"广播"，50.23% 的被访者选择"电视"，11.98% 的被访者选择"报纸"，59.45% 的被访者选择"网站"，84.33% 的被访者选择"微信公众号"，22.58% 的被访者选择"微博"，61.75% 的被访者选择"抖音等短视频 App"（见图 5）。

调查数据说明当前民众获取热点信息的主要渠道相比 5 年前有了较大变化，微信公众号、抖音等短视频 App 成为民众最常用的获取热点信息的渠道。通过"电视"获取热点信息的被访者占比从 5 年前的 83.41% 下降到当前的 50.23%，通过"报纸"获取热点信息的被访者占比从 5 年前的 41.94% 下降到当前的 11.98%。

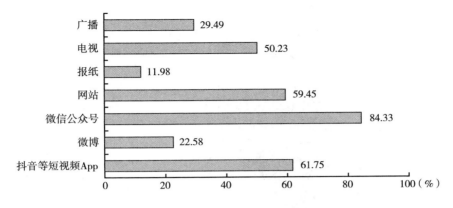

图 5　被访者近期获取热点信息的主要渠道

对比不同受访者发现，微信公众号的使用几乎没有性别、年龄、受教育程度或职业身份的差异。使用抖音及短视频获取信息的则较多是 30 岁以下人群，以及受教育程度为高中以下群体。使用电视、报纸及广播获取信息的主要是 50 岁以上人群。使用网站和新闻客户端获取信息的以"70 后"和"80 后"为主。

由此可以看出，新媒体越来越多地成为民众获取热点信息的主要渠道，很多政府部门也与时俱进，开通了"两微一抖"官方账号，在舆论引导中扮演了重要角色。

三　民众对主流媒体舆论引导状况的感受与评价

（一）80.18% 的被访者对主流媒体报道题材表示认同

就问题"您是否喜欢国内主流媒体报道的题材"，62.21% 的被访者选择"一直喜欢"，17.97% 的被访者选择"原来不喜欢现在喜欢"，7.83% 的被访者选择"一直不喜欢"，11.98% 的被访者选择"原来喜欢现在不喜欢"（见图 6）。

图 6 表明超过六成的被访者"一直喜欢"主流媒体报道的题材，将近

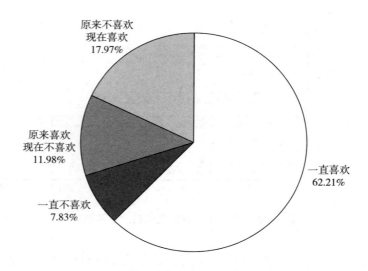

图6　被访者对国内主流媒体报道题材的看法

二成被访者选择了"原来不喜欢现在喜欢",占比大于"原来喜欢现在不喜欢"的被访者占比,这表明有80.18%被访者接受和认同主流媒体的报道题材。

对比不同人群发现,受教育程度较高、年龄较大的被访者表示"一直喜欢"国内主流媒体报道的题材,51~60岁及60岁以上被访者有75人,选择"一直喜欢"的有55人,占73.33%。就职业身份而言,表示"一直喜欢"国内主流媒体报道的题材受访者中机关行政单位工作人员、事业单位工作人员及集体企业单位工作人员居多;表示"一直不喜欢"的受访者没有明显身份职业差别。

(二)100%的被访者都想从主流媒体在新冠肺炎疫情报道中获得事实和数据

就问题"对于2020年新冠肺炎疫情中主流媒体报道中您最想获取的信息",题目设置为5个选项限选两项。100%的被访者选择"每日新增、确诊、治愈数据",有40.91%的被访者选择"疫情防控最新进展",有33.12%的被访者选择"专家辟谣信息",有16.72%的被访者选择"疫情防控政策措施", 有 10.42% 的被访者选择 "疫情防控中感人故事", 只有8.83% 的被访者选择 "新冠肺炎疫情防护指南"（见图7）。

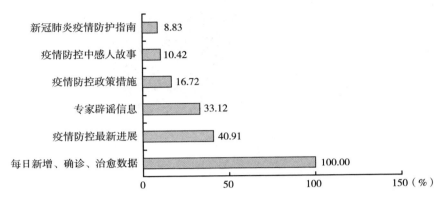

图7　被访者最想从主流媒体在新冠肺炎疫情报道中获得信息调查

"每日新增、确诊、治愈数据" "疫情防控最新进展" 这类信息都是疫情防控中一线信息, 调查结果显示民众在突发公共卫生事件中第一时间最想从主流媒体获取的是带有权威性的事实和数据。

（三）64.98% 的被访者认为当下主流媒体在舆论引导方面处于核心地位

就问题 "您认为当下主流媒体在舆论引导方面的地位如何", 24.87%的被访者选择 "始终处于核心地位", 40.11% 的被访者选择 "基本处于核心地位", 28.72% 的被访者选择 "核心地位逐渐被弱化", 6.30% 的被访者选择 "一直处在边缘化地位"（见图8）。

调查结果表明, 超过六成的被访者认为主流媒体在舆论引导方面的地位处于核心地位; 另有超过二成的被访者认为主流媒体在舆论引导方面虽然处于核心地位, 但有逐渐被弱化的趋势; 被访者当中还有 6.30% 认为主流媒体在舆论引导方面没有处于核心地位。因此, 进一步强化主流媒体的舆论引导核心地位迫在眉睫, 只有这样才能保证国家的舆论安全和社会的长久安定。

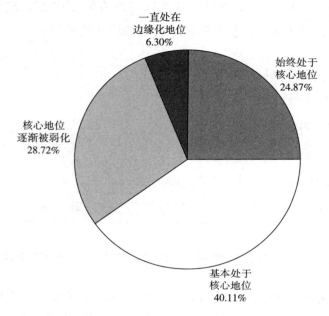

图8　被访者感知的主流媒体舆论引导地位

（四）81.45%的被访者总体上对主流媒体舆论引导工作持认可态度

就问题"如果让您总体评价主流媒体的舆论引导效果，您选择"，15.73%的被访者选择"非常满意"，43.99%的被访者选择"满意"，21.73%的被访者选择"比较满意"，11.29%的被访者选择"不太满意"，7.26%的被访者选择"不满意"（见图9）。

调查结果显示，81.45%的被访者对主流媒体舆论引导效果的总体评价为"比较满意"以上，有11.29%的被访者选择"不太满意"，选择"不满意"的被访者只占7.26%，这表明广大民众总体上对主流媒体舆论引导工作持认可态度。

对比不同受访者发现，受教育程度越高，被访民众对主流媒体的舆论引导效果越不满意。具体来说，317份有效问卷中选择"不太满意"和"不满

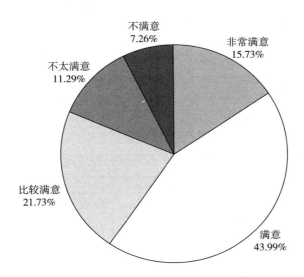

图9 民众对主流媒体舆论引导效果的总体评价

意"被访者总共有 43 人，其中学历在本科以上的被访者有 25 人，占比达 58.14%；就年龄来看，随着年龄越高，满意度越高；职业身份和性别在此项问题上没有明显差异。

四 民众对主流媒体舆论引导工作的期望与建议

（一）民众对主流媒体舆论引导工作的期待

就问题"您对主流媒体的舆论引导工作有哪些期待"，91.24%的被访者选择"信息及时准确"，83.27%的被访者选择"报道独家深度"，72.35%的被访者选择"解读权威专业"，57.60%的被访者选择"回应社会关切"，54.84%的被访者选择"直面热点问题"，49.77%的被访者选择"做好舆情监测"，42.40%的被访者选择"创新表达方式"，31.40%的被访者选择"强化平台建设"（见图10）。

问卷调查结果显示，被访者对主流媒体舆论引导工作的期待中，"信息

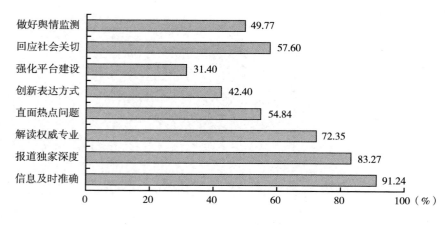

图10　被访者对主流媒体舆论引导力的新期待

及时准确""报道独家深度""解读权威专业"排在前三位，说明主流媒体坚持用权威的事实与数据说话、坚持深度报道、邀请行业专家解读是提升主流媒体舆论引导力的有力途径。在应对2020年新冠肺炎疫情期间，以中央广播电视总台为代表的主流媒体在一度十分繁杂的舆论环境中保持了专业定力，始终保持疫情舆论引导工作的及时、真实、权威和连续。如《新闻1＋1》《共同战"疫"》等栏目以真实内容、权威解读及时向国内和国际社会公开透明地呈现疫情的发展和变化，解除了民众在疫情早期产生的诸多疑虑和恐慌，坚定了民众战胜疫情的信心，为整体主流媒体舆论引导工作提供了参考和借鉴。

（二）民众对提升主流媒体舆论引导能力的建议

被访者关于提升主流媒体舆论引导工作提及较集中的建议主要包括"以事实为准""用易接受的方式进行信息引导""宣传典型先进故事""内容可读性强""对外媒的负面评价要及时回应"等，还有不少民众提出了"做好舆情监测，不缺席热点议题引导""常设议题应避免老调重弹，抓住时间节点有力引导""从受众角度感知信息需求，情感型、呼吁型新闻应适当"等建议。这些建议涉及价值观宣传、舆论引导方式、典型宣传、舆论引导时机、舆情监测等多个方面，对提升主流媒体舆论引导能力具有重要的参考价值。

总体而言，民众对主流媒体的舆论引导能力期望值很高。主流媒体舆论引导工作的好与坏直接关系国家的舆论安全与社会稳定，需要审慎地面对。主流媒体舆论引导工作仍然任重道远，主流媒体应将社会主义核心价值观作为一切工作的核心遵循，将压力转化为动力，乘风破浪，开创舆论引导工作新局面。

五　提升主流媒体舆论引导能力的对策建议

（一）善用事实与数据，增强舆论引领的公信力

民众接触新闻报道，最想得到的还是事实真相。在武汉暴发新冠肺炎疫情初期，随着疫情的蔓延，谣言、流言等非常态化舆论迅速发酵，引起民众的焦虑恐慌，扰乱公共领域正常的信息流通秩序。媒体有关疫情报道也进入白热化阶段，以人民日报社为代表的主流媒体纷纷加大一线报道力量，《人民日报》2020年1月20日在其微信公众号发布了一条关于"习近平对新型冠状病毒感染的肺炎疫情做出重要指示"快讯，紧接着公布了全国确诊病例及疑似病例数据等一些高质量权威信息和数据，及时有效地增强主流媒体舆论引领的公信力。

调查结果也显示，"对于2020年新冠肺炎疫情中主流媒体报道中您想获取的信息"中最想获得的两类信息是"每日新增、确诊、治愈数据"和"专家辟谣信息"，这说明在突发公共卫生事件中，用事实和数据说话能在第一时间消除民众恐慌，也是主流媒体增强舆论引导力最有效的途径和法宝。

（二）发挥主流媒体评论专业性，引导舆论趋向理性

调查结果表明，有三成左右的民众表示国内主流媒体报道最吸引自己的地方是"评论"。对于一些社会热点和民众关切，主流媒体往往可以凭借其

专业性和权威性，组织学者专家对热点新闻事件展开深入评论分析，帮助民众从纷繁复杂的现象当中厘清事件背后的价值取向和来龙去脉。但伴随着技术的进步，媒体评论与多媒体形式深度交融，一方面媒体评论的呈现方式和渠道传播逐渐多元，另一方面个体言论和非主流媒体言论有了更多的技术和渠道支持，主流媒体评论对舆论的引导也面临新挑战。① 一是表现在媒体评论话语权力趋于多元。在以往的媒体评论语境中，主流媒体评论通常被民众当作政府意志的表达和传递，带有浓厚的行政赋权色彩，而现在随着多媒体技术的介入，技术和渠道推动媒体评论逐渐从"行政赋权"走向"技术驱动"，媒体评论话语权趋于多元化。二是伴随着新媒体评论能力的提升，主流媒体评论的覆盖范围受到挤压，主流媒体评论吸引受众和舆论引导的能力亟须加强。三是非主流媒体评论品质参差不齐，极易引发次生舆情，影响舆论场的稳定。

主流媒体舆论引导作为国家治理体系和治理能力的重要组成部分，应该发挥其促进社会和谐、经济发展的排头兵角色。一是优化制度设计，引入竞争机制。对于媒体评论的管理应该去除"命题作文"式的管理方式，引入主流媒体间的竞争制度和机制，激活主流媒体的活力，实现媒体管理从"输血"到"造血"的转变，建立市场导向的媒体运营新模式。二是鼓励主流媒体开展平台建设。当下，主流媒体大多在商业平台注册认证了官方账号，宣传主流价值观，确实起到了非常好的宣传和引导效果，但在看到优势的同时，还需要看到不足。商业平台天然地带有娱乐、商业、金融等属性，主流媒体推广的信息在其中必然受到这些属性的影响，所以建立主流媒体自主运营的平台，更有利于引导舆论和掌握舆情监控主导权。三是主流媒体的评论需要直面社会热点问题，回应民众关切。在当前社会转型的特殊时期，各种热点事件层出不穷，主流媒体评论必然需要直面这些热点，回应民众的疑惑与核心关切。

---

① 宋守山：《转型语境中主流媒体新闻评论引导力的困境与提升路径》，《中国记者》2020 年第 7 期。

（三）借力网络意见领袖，扩大主流媒体影响力

通过他人转发这种间接的信息传播方式，主流媒体的信息传播和信息影响力得到了进一步放大。而网络大 V 以及网络意见领袖等更是对信息传播和舆论塑造起着巨大作用，所以应充分利用好网络意见领袖资源，让他们成为主流媒体舆论引导工作的促进者和协作者。事实上，网络意见领袖有时候的影响力堪比一些主流媒体平台，如新浪微博认证博主李开复就有超过5000 万的粉丝，阿里高晓松的粉丝数也达到 4000 多万。① 所以，网络意见领袖的信息传播往往具有一呼百应的效果，主流媒体应该充分和网络意见领袖展开良性互动，将主流媒体的舆论引导力量放大和扩展。

借力网络意见领袖，扩大主流价值观的影响力，应明确以下几点认识。一是网络意见领袖虽然表面上在传播信息，但实质上也在引导舆情。在当下多种媒体彼此交互融合的场景下，由于信息的传递、扩散和反馈渠道更加便捷和迅速，网络意见领袖发布的信息，会迅速在网络社群和空间得到传播和反馈，在很短的时间内引发舆情。这个时候，网络意见领袖的观点就对舆论的走向起着关键的导向作用。二是主流媒体需要和网络意见领袖建立良性的互动机制。主流媒体可以与特定的网络意见领袖建立起长期的合作关系，就一些共同关注的热点话题和事件开展网络宣传和引导，传播社会主义主流价值观。三是需要预防网络意见领袖可能出现的不当言论，尽可能将矛盾化解为无形。对于网络意见领袖过于主观的、带有个人情绪偏见的观点，主流媒体务必第一时间予以澄清，避免在网络上引发论战和语言暴力。

（四）传统主流媒体向"指媒"拓展，占领舆论引导制高点

调查显示，通过"电视"获取热点信息的民众占比从 5 年前的 83.41%下降到当前的 50.23%，通过"报纸"获取热点信息的民众占比从 5 年前的

---

① 燕道成、陈思妤：《媒介融合背景下的舆论引导：特点、挑战与策略》，《传媒观察》2020年第 3 期。

41.94%下降到当前的11.98%。由此可以看出，新媒体越来越多地成为民众获取热点信息的主要渠道，很多政府部门也与时俱进，开通了"两微一抖"官方账号。因此，传统的主流媒体要向"指媒"拓展，占领舆论引导的制高点，形成线上线下结合、自有平台与商业平台并存、无处不在、无所不及的主流媒体生态新格局。

一是构建多种介质、多个渠道、立体化的主流媒体传播矩阵。① 主流媒体可以依据自身的集团化资源优势，整合自身拥有的纸媒、网站、移动客户端、微信公众号、微博账号等渠道进行立体、精准、分众式传播，做到纸媒有深度、网站有广度、移动客户端有速度、双微端有温度，使自身的舆论引导工作尽可能面向更多的受众。二是打造爆款舆论引导品牌，吸引民众深度参与。主流媒体需要创新舆论引导形式，以民众喜闻乐见的方式传播主流意识形态，营造积极向上的舆论环境。可以邀请社科界的专家学者加盟舆论引导活动，对热点事件展开专业解读，形成适合民众"点、读、赞、转"的爆款舆论引导品牌。三是做好"指媒"文章，占领舆论引导制高点。正如上述问卷调查反映的，当前民众获取热点信息的主要渠道相比5年前有了较大变化，微信公众号、抖音等短视频App成为民众最常用的获取热点信息的渠道。所以主流媒体必须重视这些新媒体的传播能效，抢占舆论引导的制高点，聚人气、得人心，将舆论引导工作同民众习惯和需求联系起来。

（五）紧抓5G建设契机，提升主流媒体舆论引导智慧化水平

如前所述，被调查的很多民众建议主流媒体要"从受众角度感知信息需求"。事实上，5G建设的推进，为准确把握民众需求提供了可能性。第四代移动通信（4G）创生了很多信息传递新样态，基于定位技术和高速率网络传输，短视频、自媒体等得到迅速发展。当前开始推进的5G建设则为信息传递和媒体业转型提供了新的可能性。5G相比4G具有更高的频谱利用

---

① 双传学：《马克思主义大众化的主流媒体担当》，《新闻战线》2019年第23期。

率，传输速率 5G 也比 4G 提高一个量级。① 基于 5G 的全新媒体生态环境中，主流媒体如何抢抓机遇，提升主流媒体舆论引导智慧化水平，更好地满足民众信息需求，是当前需要着力的地方。

首先，主流媒体可以利用深度学习技术对网络信息中的正面和负面情感进行甄别，这为主流媒体向民众提供精准信息提供了坚实基础。当前一个重要的应用形式是写作机器人的使用，写作机器人对于突发的、包含大量数据的信息具有编辑优势，一方面可以缩短信息发布的时间，另一方面可以保证对数据的精准处理水平。其次，借助 5G 赋能，虚拟现实技术（VR）展现的画质、视频更加逼真清晰，民众的体验更加具有沉浸感，主流媒体可以充分依托虚拟现实技术，推出精品内容，为民众提供更好的信息内容，使舆论引导工作趋于智慧化。最后，基于 5G 的舆情监测也会迈上新台阶，支持数据的来源更加多样化，除了现场采集的信息，还包括通过爬虫技术从社交平台读取的信息，这些信息汇聚起来会辅助主流媒体的舆情监测和舆论引导。

参考文献

《习近平：举旗帜聚民心育新人兴文化展形象 更好完成新形势下宣传思想工作使命任务》，新华网，2018 年 8 月 22 日。

燕道成、陈思好：《媒介融合背景下的舆论引导：特点、挑战与策略》，《传媒观察》2020 年第 3 期。

宋守山：《转型语境中主流媒体新闻评论引导力的困境与提升路径》，《中国记者》2020 年第 7 期。

双传学：《马克思主义大众化的主流媒体担当》，《新闻战线》2019 年第 23 期。

段鹏、朱瑞庭、朱敏倩：《试论 5G 技术的发展为我国主流媒体舆论引导带来的机遇与挑战》，《当代电视》2020 年第 9 期。

---

① 段鹏、朱瑞庭、朱敏倩：《试论 5G 技术的发展为我国主流媒体舆论引导带来的机遇与挑战》，《当代电视》2020 年第 9 期。

专 题 篇

Special Subjects

B.12
自媒体在舆情传播中的影响与作用研究

——基于对兰州市舆情调查的分析

王 荟*

摘　要： 移动网络快速发展对传统媒体带来了深远的影响和冲击，其中自媒体就是新兴事物之一。自媒体传播是以自我为传播主体，主要通过网络平台发布信息的传播方式。微博、微信、抖音等网络社区是自媒体的主要平台。当下，自媒体已经深入大众生活，其在舆情传播中的作用与影响不可小觑，对其现象的关注和探究非常有必要性。本课题以甘肃省兰州市市民为主要调查对象，分析他们对自媒体的了解、使用和看法，并以此为基础分析自媒体对舆情传播的影响和作用。

关键词： 自媒体　舆情传播　舆情调查　兰州

* 王荟，甘肃省社会科学院社会学研究所副研究员，主要研究方向为信息经济与区域经济发展。

"自媒体（We Media）是普通大众经由数字科技强化、与全球知识体系相连之后，一种普通大众提供与分享他们自身的事实、新闻的途径。"自媒体又称"公民媒体"或"个人媒体"，是以现代化、电子化的手段，向不特定的大多数或者特定的单个人传递规范性及非规范性信息的新媒体的总称。博客、微博、微信、贴吧、论坛/BBS、抖音等网络社区平台等自媒体，不仅评论别人，基本上随时发表自己的观点、见解和所见所闻，每个人都是信息的传播者。可以说在信息时代的快速发展下，自媒体已经深入大众生活，其在舆情传播中的影响与作用不可小觑，对其现象的关注和探究非常有必要性。

一 调研样本概况

（一）调研意义

课题组深入基层，以广大民众为主要调查对象，了解分析他们对自媒体的接受程度，并以此为基础分析自媒体对舆情传播的影响和作用，汇总民众对于自媒体的评价和态度。这一系列的舆情信息通过分析汇总，可以为政府相关部门进一步在自媒体时代做好网络舆情监控及引导提供较客观的现实依据。

（二）样本概况

调研工作于 2020 年 7 月至 8 月开展，调研区域主要为兰州市的城关区、七里河区、安宁区，共发放问卷 180 份，收回有效问卷 160 份，问卷回收有效率为 88.9%。其中男性比例为 70.0%，女性比例为 30.0%；汉族比例为 94.38%，其他民族比例为 5.62%；20～30 岁的比例为 50%，31～45 岁的比例为 32.5%，46～60 岁的比例为 17.5%；文化程度方面，高中及以下的比例为 9.36%；大专的比例为 12.5%，本科的比例为 62.5%，硕士及以上的比例为 15.64%；被访者既有党政干部、企事业单

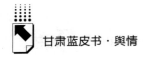

位办事人员、大中专学生，也有个体工商户和退休、失业人员，基本涵盖了社会各个阶层。

二 调研问卷的信息梳理及分析

基于对调查问卷的数据统计梳理，课题组获得以下几点结论。

（一）民众对自媒体的了解程度存在明显的年龄差异

在问及"您是否了解什么是自媒体"时，有 9.38% 的被访者选择"非常了解"，有 13.75% 的被访者选择"比较了解"，有 11.25% 的被访者选择"一般了解"，有 54.37% 的被访者选择"听说过但不了解"，有 11.25% 的被访者选择"不知道"（见图1）。整体看来，民众对自媒体这一概念的了解程度整体不高，约有三成的被访者属于了解程度，有五成以上的被访者仅听说过，还有一成的被访者根本不知道这一概念。通过进一步分析，调查组发现选择"非常了解"和"比较了解"选项的被访者多为 30 岁左右的年轻人或为硕士以上学历，而选择"不知道"的多为 50 岁以上的中年人。可见，由于这一概念的兴起是伴随移动网络的发展应运而生，故而民众对自媒体的了解程度存在明显的年龄和学历差异。通过对 54.37% 选择了"听说过但不了解"的受访者进行再次调查，对他们简单地解释所谓的自媒体就是博客、微博、微信、贴吧、论坛/BBS、抖音的发布者之后，这部分受访者则表示经常关注和浏览。通过将这一概念通俗地解释给受访者之后，实际比较了解自媒体的被访者比例则在七成以上。由此可见，民众对自媒体的概念也许知之甚少，但其实自媒体已经在不知不觉中深入了民众的生活。

（二）自媒体信息的获取多通过移动网络以手机浏览为主

当问及"您主要通过什么方式浏览自媒体信息"时，有 91.88% 的被访者选择主要通过"手机"，仅有 8.12% 的被访者选择主要通过"电脑"。实

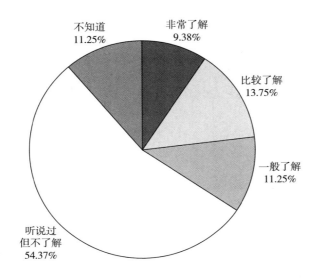

图1　民众对自媒体的了解程度

际上，在移动网络日益普及和发达的当下，选择通过移动网络，在智能手机上浏览或者发布各种自媒体信息必然是最方便快捷的方式。

（三）对自媒体信息发布平台的选择偏好各异

在问及"您常浏览的自媒体信息发布平台"时，有68.75%的被访者选择"微博"①　或　"博客"②，75.0%的被访者选择"微信"，有55.63%的被访者选择"贴吧、论坛"，有77.5%的被访者选择"抖音"，有83.13%的被访者选择"头条"（见图2）。可见，由于自媒体信息发布的平台众多，人们的选择面也较广，对自媒体信息的获取十分便利。被访者对自媒体信息发布平台的选择亦是偏好各异，没有明显的倾向（关于这一结论，仅就160份调查样本而言）。

---

①　微博，即微博客（MicroBlog）的简称，是一个基于用户关系的信息分享、传播以及获取平台，用户可以通过WEB、WAP以及各种客户端组建个人社区，以140字左右的文字更新信息，并实现即时分享。

②　博客，又译为网络日志、部落格或部落阁等，是一种通常由个人管理、不定期张贴新的文章的网站。博客上的文章通常根据张贴时间，以倒序方式由新到旧排列。

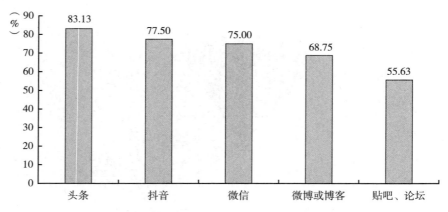

图2　对自媒体信息发布平台的选择偏好

（四）关注的自媒体信息类型众多

在问及"您关注的自媒体信息类型"时，有79.38%的被访者选择"时政新闻"，有69.38%的被访者选择"经济信息"，有68.75%的被访者选择"生活娱乐"，有68.13%的被访者选择"科教文艺"，有53.13%的被访者选择"其他"（见图3）。总体看来，自媒体信息的获取类型涉及生活工作的方方面面，大到时政新闻，小到文艺娱乐，人们都能通过自媒体渠道获得自己想要的信息。对于选择"其他"项的被访者进一步进行询问，他们中有八成以上会通过自媒体进行网络购物。

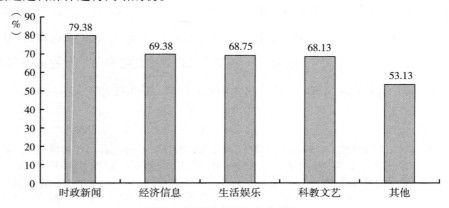

图3　关注的自媒体信息类型

（五）正能量倾向整体向好

在问及"您对自媒体发布的正能量（或感兴趣的）信息是否会积极转发"时，有20.63%的被访者选择"一定会"，有57.5%的被访者选择"经常会"，有14.37%的被访者选择"偶尔会"，有7.5%的被访者选择"不会"（见图4）。有近八成的被访者大概率会选择转发自媒体发布的正能量（或感兴趣的）信息，可见，一方面，民众对正能量信息的接受程度较高，认可度较高，从而愿意再次转发，成为自媒体正能量传播大军中的一分子。另一方面，对自己感兴趣的信息也会转发，无形中亦是自媒体传播中的一环。整体看来，网络正能量倾向整体向好。

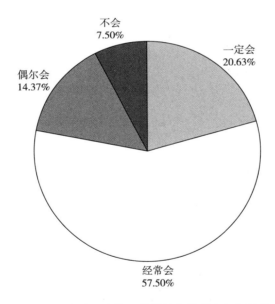

图4　对自媒体发布的正能量信息是否会积极转发

（六）需加大对自媒体发布的不实信息或庸俗信息的监控

在问及"您对自媒体发布的不实信息或庸俗信息是否会予以批驳甚至举报"时，有6.88%的被访者选择"一定会"，有18.13%的被访者选择"经常会"，有54%的被访者选择"偶尔会"，有20.99%的被访者选择"不会"（见图5）。对比上文中对正能量信息转发的选择比例，此处选择对不实信息或庸俗信息进行批驳甚至举报的比例则仅有两成多，可见，民众虽然比较排斥不实信息和庸俗信息，但大多数人并不愿意较真地进行批驳或举报，这就对网络监管机构判定自媒体发布信息的真实性和立场倾向提出了较高要求。

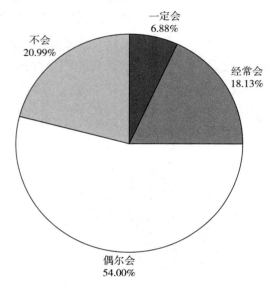

图5 对自媒体发布的不实信息或庸俗信息是否会予以批驳甚至举报

（七）自媒体在很大程度上会影响受众对事件的看法

在问及"自媒体发布的信息是否会影响您对某一事件的最终看法"时，有19.38%的被访者选择"影响比较大"，有57.5%的被访者选择"有一定程度影响"，有23.12%的被访者选择"不会受到影响"（见图6）。可见，自媒体发布的信息在涉及某一具体事件时的评判，会很大程度上影响信息接受者的判断，问卷统计显示，有近八成的被访者承认会受到一定程度的影响。

（八）自媒体在舆情传播中的影响是多方面的

在问及"您认为自媒体在舆情传播中最主要的优点"时，有53.13%的

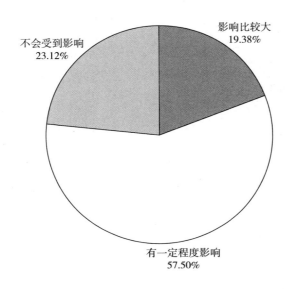

图6 自媒体发布的信息是否会影响您对某一事件的最终看法

被访者选择"传播过程可互动",有 48.13% 的被访者选择"信息贴近生活",有 44.38% 的被访者选择"信息种类多",有 36.88% 的被访者选择"信息实效性强"(见图7)。在问及"您认为自媒体在舆情传播中最主要的缺点"时,有 51.88% 的被访者选择"信息庸俗化",有 49.38% 的被访者选择"信息不准确",有 34.38% 的被访者选择"价值观扭曲",有 30.63% 的被访者选择"无意义信息"(见图8)。总体看来,受访者认为自媒体在舆情传播中的作用是多方面的,最主要的优点是传播过程的互动性,最主要的缺点则是部分自媒体信息庸俗化,综合看来,自媒体产生的影响是比较复杂和多方面的。

总体看来,自媒体的出现是网络信息技术发展到一定阶段的必然产物。作为一种新型业态,自媒体丰富和拓展了媒体传播的内涵和外延,基本上所有的被访者都或多或少受到了自媒体带来的信息的冲击和影响。但是由于自媒体本身不具有权威性和正式性,受众对自媒体信息的认可程度并不是特别高。尤其是涉及一些突发的网络事件时,人们大多抱着猎奇、围观的心态来

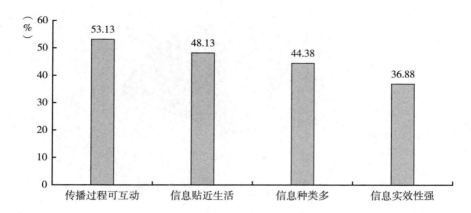

图7 自媒体在舆情传播中最主要的优点

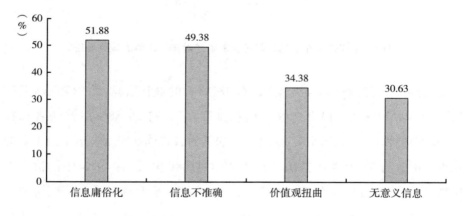

图8 自媒体在舆情传播中最主要的缺点

看待一些自媒体发布的信息。对自媒体的整体看法也多认为是泛娱乐精神下的"自娱自乐"。

三 自媒体在舆情传播中的影响

自媒体作为新型传播方式,具有与传统的、官方的、正规的传播媒介截然不同的一些特性,使其在舆情传播中的影响与作用亦不同于传统媒体。上文中的问卷调查结果，也可以在一定程度上反映出自媒体在舆情传播中的各种影响。

（一）自媒体传播对舆情产生的积极影响

一是传播媒介个人化的特质使传统的媒体话语权由精英式主体向多元化、大众化主体发展。伴随着智能手机及 4G/5G 网络的普及，个人的话语权和个人意志得到了前所未有的公开体现，从传统的信息被动接受者转变为主动的信息传播者，对传统媒体传播者单向性信息传播霸权提出了挑战。在问及"您对自媒体发布的正能量（或感兴趣的）信息是否会积极转发"时，近八成的被访者表示会经常进行转发，这一调查结果也从侧面反映了这一客观影响。

二是自媒体传播者同时也是信息接受者，其传播过程的互动化更为明显。德国社会学家格奥尔特·齐美尔认为，社会无非是对一群通过相互作用联系到一起的个体之统称。[①] 网络虚拟社会也是如此，网民通过自媒体互动联系起来，形成一个社会关系网络。传播者与受众的双向互动使受众意见、态度、观点和情绪的反馈变得更为便捷与直接，人们似乎变得更真诚、更坦率、更愿意讲真话，网民间的互动交流也更为活跃。比如在问及"您认为自媒体在舆情传播中最主要的优点"时，四个选项"传播过程可互动""信息贴近生活""信息种类多""信息实效性强"之中，"传播过程可互动"的选择率最高，说明大多数被访者都对自媒体的这一特点和优势有较高认可度。这一属性不仅使众多民众可以成为自媒体的一部分，在第一时间发布信息，也可以随时参与讨论，进行即时互动。网民对责任单位的声讨追问体现了自媒体时代的问责互动化已经成为可能。

三是自媒体传播主体的多样化导致了其信息内容的多样化态势。自媒体传播主体从事着各种不同的职业，在不同的领域，甚至比较小众的领域内都

---

① 菲利普·鲍尔：《预知社会——群体行为的内在法则》，暴永宁译，当代中国出版社，2010。

不乏自媒体从业者。这使其发布的信息既包含政治、经济、文化、教育、体育领域，又有生活、旅游、购物、自拍等多个领域。信息形态也有文字信息、声音信息、图像信息等，不一而足。在问卷的第四题中，这一特点也得到了印证，在问及"您关注的自媒体信息类型"时，有 79.38% 的被访者选择"时政新闻"，有 69.38% 的被访者选择"经济信息"，有 68.75% 的被访者选择"生活娱乐"，有 68.13% 的被访者选择"科教文艺"，有 53.13% 的被访者选择"其他"，可见，自媒体满足了受众获取或者传播信息的多样化需求，这对舆情传播的影响亦十分明显。

（二）自媒体传播对舆情产生的消极影响

一是自媒体传播的便宜性使传播门槛低质化问题明显。由于受众的关注能力是有限的，而网络舆情信息则是无限的，网络技术的发展进一步拉大这两者之间的差距，甚至产生数字鸿沟。很多情况下，受众对网络舆情认识存在"盲人摸象"的误区。当出现一些谣言、流言、小道消息，甚至有危害国家和社会安全、破坏伦理道德的言论时，自媒体很容易不加筛选地将这些信息的负面作用扩大。当问及"自媒体发布的信息是否会影响您对某一事件的最终看法"时，有近八成的受访者承认会在一定程度上影响其对事件的判断。可见，就某一事件，自媒体很容易通过相互转发传播，将舆情信息迅速放大。甚至一些意见领袖、网络大 V 的言论更容易影响受众对舆情的判断。所以，自媒体在技术上鼓励个人化的同时，在管理上应采取一定的整体性约束，才能更好地维系人类社会的生存秩序与价值观念。

二是低趣味、庸俗化传播内容在自媒体传播中比重不低，对于弘扬正能量有着不良影响。自媒体的发展，有部分属于"自娱自乐"，还有一部分则是为了迎合或吸引受众眼球，故常以浅薄空洞的内容或浮夸戏谑的表演等方式"摆拍"，甚至哗众取宠。相当一部分受众，会不自觉地沉迷于这种低级趣味，每时每刻抱着手机去刷一些毫无进步意义的视频或文章，这是对社会资源的极大浪费。

三是"信息茧房"的存在不利于受众接受多角度多维度的信息，容易对舆情信息进行偏差理解。"信息茧房"是指人们的信息领域会习惯性地被自己的兴趣所引导，从而将自己的生活桎梏于像蚕茧一般的"茧房"中的现象。而自媒体的推荐算法机制，很容易对受众形成"信息茧房"。例如，在抖音刷视频时，如果你给某个短视频点赞，基于大数据算法，网络会在接下来的页面中连续推送同一类型的视频，使信息接收量局限在一个极小的范畴内。可以想见，当信息的获取只局限在一个狭窄的视野下时，是难以对舆情事件作出客观理性的判断的。

四 科学引导自媒体，使其在舆情传播中发挥积极作用

自媒体作为新兴事物，在移动网络普及运用的今天，已经成为不可忽视的传播力量。如何利用好其优点，规避修正其缺陷，积极引导，使其在舆情传播中发挥积极作用，是我们舆情工作面临的新问题。

（一）对媒介平台、媒介内容生产者与受众三方"三管齐下"，把控信息生产过程

自媒体的产生是媒介平台、媒介内容生产者与受众三方互相作用的结果，可以通过完善管控自媒体平台，严格把关媒介内容，引导受众理性判断，从而达到改善自媒体传播对大众认知的消极影响。对此提出以下建议。

一是要完善内容审查机制。逐步完善敏感词、违禁词词库，加大对污言秽语的打击力度，严禁违法乱纪、违背伦理道德的内容，从根源解决低俗文化的传播。在庸俗文化内容的传播上，虽不能完全禁止其内容的生产，但是可以减少此类信息内容的曝光量，可以对庸俗内容进行定期清除。例如，庸俗内容发布后，平台在两到三天后将其清除。二是要完善违规责任与惩处办法。推行用户实名制，完善网络管理体系和违反法律法规的惩处办法，对用户形成约束，规避失范现象。对于发布低俗、有违伦理道德内容的作者进行权限限制，做出实质性惩处。例如，对低俗内容生产者进行禁播、控制发布

作品的时长与频率等，对屡教不改的发布者封号处理。三是要建立多种用户模式与时间提醒机制。针对注册用户，给予青少年模式、亲子模式等多种模式选择，在个性化推荐的同时，对内容进行一定程度的优化筛选。同时增加时间提醒机制，做好每位用户上线时长提醒，减轻受众对娱乐化内容的过度依赖。针对不同模式下的用户，做出不同时段的提醒，例如在青少年模式下，一小时提醒一次，对连续在线时长超三小时的用户做出强制下线的举措。

（二）遵从信息传播的科学变化，针对自媒体舆情形成阶段，选择不同的应对策略

自媒体传播的舆情形成是一个发展变化的过程，一般要经历潜伏期、上涨期、暴发期、起伏期和衰退期五个阶段。潜伏期的自媒体舆论主要是由热点事件的当事人、见证人、媒体人和舆论领袖多方混合形成的杂乱意见。大家有可能反应不一，多种观点存在矛盾或交锋情况。总体上，潜伏期舆情较为感性，不太稳定，许多公众也是将信将疑。在这一阶段，监管或负责部门要及时跟进，避免出现不实信息。如果关注的公众越来越多，舆情随之水涨船高，影响增大，就会出现"滚雪球"效应。此时的舆情还处在自发状态，各方参与者之间没有明显约定。特别需要指出的是，政府或有关权威机构第一时间发布公告声明、公布事实真相，舆情有可能平息，不会再往前发展。暴发期自媒体参与者投入的时间、精力大量增加，存在热点聚焦和影响扩散情况，影响越来越大，进而吸引更多网民加入舆情大潮之中。许多社会发展中的问题有可能被泛政治化，要给予足够重视，重点防控被别有用心的境内外势力利用。自媒体主导的舆情热点形成并达到高潮之后，会有一定的起伏、变化和反复，这一阶段需要保持高度警惕和充分重视，舆情监控要随时跟进，及时发布官方的、科学的、真实有效的信息。

（三）运用大数据社会网络分析方法，升级网络舆情引导策略

一是要发挥好网络"意见领袖"的枢纽作用。通过大数据社会网络分

析，可以发现网络舆情的生成和传播过程，并且可以分析自媒体平台每个用户的社会角色及其话语权大小，发现其中为数不多的"意见领袖"，进而通过他们来正确引导网络舆论。要运用互联网思维，加强主流网络媒体建设，培养传递正能量的网络"意见领袖"，建立新媒体"意见领袖"联盟，形成正确引导网络舆论的有生力量。二是要着力提升网民的信息素养。要进一步加强对广大网民的媒介素养教育，提倡社会主义核心价值观，弘扬正能量，使之在网络舆情事件中保持客观理性，这是净化网络环境、引导网络舆论的根本之策。特别要加强对青少年的网络媒介素养教育，提升青少年对世情、国情和社情的把握能力，使他们成为网络舆论正能量的传播者。三是官方媒体及一些政府网络舆情监管部门亟待与时俱进，积极接轨自媒体平台，与庞大的网民群体建立自媒体形式的沟通渠道，积极应对不实信息，及时疏导负面情绪，以新型姿态、新方式引导网络舆情。

参考文献

蔡家胜、王明蕾、严海艳：《自媒体传播对大众认知的消极影响及对策》，《传媒论坛》2020 年第 19 期。

陈兵：《自媒体传播中的舆情形成与政府舆情应对》，《南京理工大学学报》（社会科学版）2016 年第 5 期。

孟翀：《自媒体的哲学新解——从管理哲学的视角看自媒体》，《传媒》2015 年第 12 期。

夏双：《青少年社会主义核心价值观培育研究》，《学理论》2014 年第 9 期。

朱天、张诚：《中国互联网媒介平台的圈子传播现象解析》，《四川大学学报》（哲学社会科学版）2014 年第 6 期。

B.13
重大突发公共卫生事件中
民众心态调查研究

——以"新冠肺炎"为例

吴绍珍*

摘　要： 重大突发公共卫生事件不仅威胁民众生命安全，也给民众造成心理行为波动甚至造成严重心理伤害。因此，重大突发公共卫生事件中民众心理调适不容忽视。为了给民众在应对重大突发公共卫生事件时的心理调适提供信息和决策依据，本报告以"新冠肺炎"为例，分析了甘肃省域内受访民众的心态反应，提出了应对重大突发公共卫生事件中民众心理的疏解建议，以期提升民众应对重大突发公共卫生事件的心理资本及应急能力，为防范化解重大突发公共卫生事件风险奠定社会心理基础，助推国家治理体系与治理能力现代化。

关键词： 重大突发公共卫生事件　民众心态　新冠肺炎

2020 年，突如其来的新冠肺炎疫情牵动所有人的心，部分民众的心理呈现焦虑、恐慌、不安、胸闷、乏力状态，一些地区也出现了抢购等风潮。疫情在考验着民众的心理免疫力，也在考验着政府应急管理能力。面对重大

---

* 吴绍珍，甘肃省社会科学院社会学研究所副研究员，主要从事马克思主义中国化和社会学研究。

突发公共卫生事件，心理调适是一项重要任务。习近平总书记强调："宣传舆论工作要加大力度，统筹网上网下、国内国际、大事小事，更好强信心、暖人心、聚民心，更好地维护社会大局稳定。"① 在关键时刻政府针对民众出现的较为明显的心理行为反应，及时采取积极行动对消极社会情绪进行疏解，2020 年 3 月 18 日，国务院印发《新冠肺炎疫情心理疏导工作方案》，通过事实与价值并重、法治与德治相济，降低不良网络信息对负面思维和情绪的诱导力，8 个多月疫情阻击战，抗击新冠肺炎疫情斗争取得了重大战略成果，大部分民众的消极心态向积极心态转变。立足于重大突发公共卫生事件中心理防控的特殊性，2020 年 9 月，甘肃省社会科学院舆情蓝皮书课题组采用线上线下问卷调查和线下便利抽样方法进行访谈，结合前期相关文献资料，分析民众面对重大突发性公共卫生事件时主要出现的各种心理状况，并提出应对突发公共卫生事件的实现路径，努力做到科学调适民众心理，形成全民共同防控的社会心理氛围，为提升应对重大突发公共卫生事件的能力和水平提供学理支撑。

一　调查对象情况

本次调查收回有效问卷 553 份，其中男性占 50.81%，女性占 49.19%，性别比基本为 1∶1，年龄分布：18~25 岁占 10.67%，26~35 岁占 18.63%，36~45 岁占 32.55%，46~60 岁占 37.61%，60 岁以上占 0.54%；文化程度分布：大专及以上文化程度占 55.52%，高中（中专）占 25.86%，初中占 16.27%，小学及以下占 2.35%；政治面貌分布：群众占 62.57%，中国共产党党员占 33.63%，民主党派占 0.72%，无党派占 3.07%；职业分布：国家与社会管理者（行政管理职权的领导干部）占 8.32%，经理人员（非业主身份的高中层管理人员）占 2.53%，专业技术人员占 16.64%，个体工商户占 6.87%，产业工人占 21.88%，农业劳动者占 20.07%，商业服务业

---

① 《光明日报评论员：强信心、暖人心、聚民心》，《光明日报》2020 年 2 月 21 日。

员工占9.04%，私人企业主占3.07%，办事人员占11.57%（见表1）。从调查数据看，调查对象的性别比例基本均衡，涉及各年龄段、各种职业，本次调查具有一定的代表性。

表1　调查对象基本情况统计

单位：人，%

类别	选项	人数	比例
性别	男	281	50.81
	女	272	49.19
年龄	18~25岁	59	10.67
	26~35岁	103	18.63
	36~45岁	180	32.55
	46~60岁	208	37.61
	60岁以上	3	0.54
文化程度	小学及以下	13	2.35
	初中	90	16.27
	高中（中专）	143	25.86
	大专及以上	307	55.52
政治面貌	中国共产党党员	186	33.63
	民主党派	4	0.72
	无党派	17	3.07
	群众	346	62.57
职业	国家与社会管理者（行政管理职权的领导干部）	46	8.32
	经理人员（非业主身份的高中层管理人员）	14	2.53
	专业技术人员	92	16.64
	个体工商户	38	6.87
	产业工人	121	21.88
	农业劳动者	111	20.07
	商业服务业员工	50	9.04
	私人企业主	17	3.07
	办事人员	64	11.57

二 民众面对新冠肺炎疫情的心理反应状态

（一）民众对新冠肺炎疫情的认识

1. 民众对疫情的关注度与了解信息的需求

大部分民众对疫情非常重视，长时间关注疫情相关新闻。在此次调查中，51.00%的受访者每天会花"1 小时以内"的时间关注疫情信息，39.42%的受访者每天会花"1 小时以上"的时间关注疫情信息，每天花"1 小时以内"和"1 小时以上"时间了解疫情动态比例之和是90.42%（见图1）。年龄越大、文化程度越高的受访者关注疫情信息越强，46～60 岁的受访者对疫情信息的关注在"1 小时以内""2～3 小时""3 小时以上"比例最高，分别是17.18%、6.15%和5.61%（见图2）；大专及以上文化程度的受访者对疫情信息的关注在"1 小时以内""1～2 小时""2～3 小时"比例最高，占比之和是48.47%（见图3）。

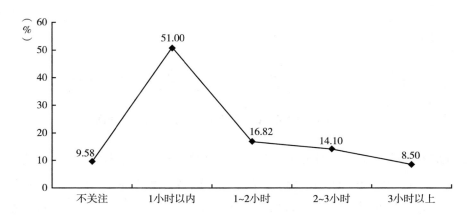

图1 民众对新冠肺炎疫情的关注时间

在疫情期间，民众渴望及时获取公开准确的信息，公开准确的信息是营造积极社会心态的基础和着力点。53.89%的受访者认为信息公开"及时"，

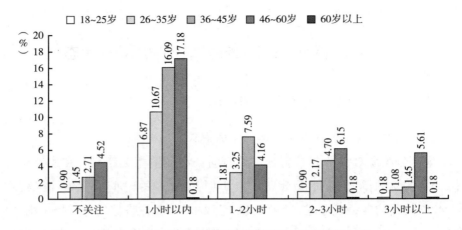

图2 不同年龄段的民众对新冠肺炎疫情的关注时间

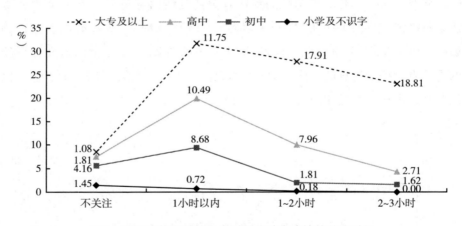

图3 不同文化程度的民众对新冠肺炎疫情的关注时间

25.68%的受访者认为"比较及时","比较滞后"或"非常滞后"的占比之和是20.43%；55.15%的受访者认为信息公开透明程度"高"，14.11%的受访者认为透明程度"比较低"。经历了信息不明、信息不足的阶段后，疫情信息经过一段时间的传播和鉴别，大部分民众认为央视网、新华网、人民网、光明网等中央权威媒体发布的信息真实可靠，中央权威媒体成为民众了解新冠肺炎疫情最主要的渠道。86.08%的受访者选择"央视网、新华网、人民网"等中央媒体获取疫情信息，74.32%的受访者选择"政府部门发布的疫情信息"，58.05%的受访者选择"报纸、电视和广播等传统媒体"获取疫情信息（见表2）。疫情期间，央视网、人民网、新华网、光明网等中央权威媒体适时推出疫情防范办法、受影响城市信息和应对措施等方面的多篇文章，积极引导网络舆论，凝聚民众战胜疫情的决心，为众志成城抗击疫情提供精神动力。

表2 疫情期间民众认为疫情信息公开的程度、透明度及主要获取疫情信息的渠道

单位：人，%

问题	选项	人数	比例
在疫情期间您认为政府发布疫情信息及时程度怎样？	及时	298	53.89
	比较及时	142	25.68
	比较滞后	79	14.28
	非常滞后	34	6.15
在疫情期间您认为政府发布疫情信息透明程度怎样？	高	305	55.15
	比较高	170	30.74
	比较低	78	14.11
在疫情期间您会选择以下哪个渠道获取疫情信息？	知名微信公众号	289	52.26
	"央视网、新华网、人民网"等中央媒体	476	86.08
	政府部门发布的疫情信息	411	74.32
	报纸、电视和广播等传统媒体	321	58.05
	公益组织和商业网站（如新浪网、凤凰网）	262	47.37

2. 民众认为新冠肺炎的危险性比 SARS 更高

受访者认为新冠肺炎比 2003 年的"非典"（SARS）"危险很多"占 53.89%，"危险一点儿"占 18.44%，"一样危险"占 8.14%，只有 0.91% 的受访者认为没有 SARS 危险（见图4）。在不同职业的阶层中，国家与社会管理者阶层、专业技术人员阶层、私人企业主阶层的受访者都认为新冠肺炎比 SARS "危险很多"或者"危险一点儿"；办事人员阶层、产业工人阶层的受访者中除了选择"危险很多"或者"危险一点儿"以外，还有人认为"一样危险"；而经理人员阶层（非业主身份的高中层管理人员）、个体工商户、农业劳动者阶层及商业服务业员工阶层中还有人认为"没有 SARS 危险"（见图5）。

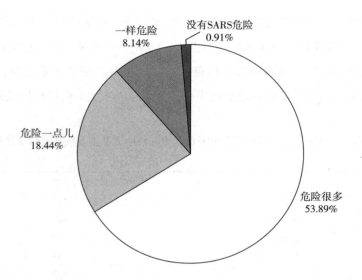

图4 民众对新冠肺炎与 SARS 的危险性认识

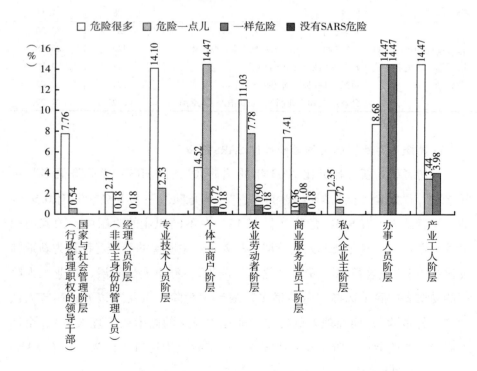

图5 不同职业阶层的民众对新冠肺炎与 SARS 的危险性认识

3. 全面升级的疫情防控使民众对疫情的判断更为客观理性

疫情突袭，习近平主席从一开始就强调要"始终把人民群众生命安全和身体健康放在第一位"。付出100%的努力不放弃任何一个生命，短短两三个月时间，疫情快速蔓延的严峻局面得到迅速扭转，疫情防控整体形势向好。抗击疫情使民众更加振奋、心态也更加积极，对于疫情的判断更为客观理性，90.60%的受访者认为"疫情最终会得到控制"，9.40%的受访者认为"疫情还会持续"，但100%的受访者表示"要高度重视疫情防控"，不能有半点马虎。与疫情斗争最宝贵的资源是信心，只有增强信心才能调动民众齐心协力抗击疫情，抗击疫情中，政府相关部门、医护人员和医学科研人员等社会各界全力防控工作的表现和成效使民众信心日益增强。统计数据显示，对"医护人员、医疗机构和疾控人员"抗击疫情的信心最高，占90.24%；对"政府部门"的信心排第二，占86.62%；对"科研人员"的信心占80.09%（见表3）。在交谈中几名社区工作者说，正是坚定的人民立场，深厚的人民情怀，全力护佑、悉心呵护每一个生命、价值、尊严，在大爱激励下广大人民群众消解了恐慌、畏惧，携手互助、向险而行、默默坚守，全力以赴为防控出资出力，为疫情防控斗争注入了强大的信心和力量。在世界经历百年未有之大变局中，我们要以积极向上、充满活力的心态来维护社会安定，珍惜我们正在发展的良好势头，相信在党和政府的坚强领导下我们一定能取得疫情阻击战的胜利。

表3　民众对疫情发展趋向和信心的判断

单位：人，%

问题	选项	人数	比例
您对抗击疫情是否重视？	是	553	100
	否	0	0
您认为疫情会怎样发展？	疫情最终会得到控制	501	90.60
	疫情还会持续	52	9.40
在抗击疫情中您对哪个选项最有信心？	政府部门	479	86.62
	医护人员、医疗机构和疾控人员	499	90.24
	科研人员	465	80.09

（二）民众对疫情的心态变化

1. 随着防控措施升级民众的恐慌和焦虑逐步缓解

来势汹汹的疫情在信息不断公开、媒体集中报道宣传、防控措施升级的情况下，恐慌、焦虑、担忧、烦躁情绪逐步缓解。存在恐慌、焦虑、愤怒和悲伤情绪的受访者从"疫情高发期"的 71.79% 降到"疫情得到有效缓解时期"的 32.01%、"当前疫情常态化防疫期"的 6.33%，分别降低了 39.78 个、65.46 个百分点；没有引起情绪波动的受访者从"疫情高发期"的 28.21% 提高到"疫情得到有效缓解时期"的 67.99%、"当前疫情常态化防疫期"的 93.67%，分别提高了 39.78 个、65.46 个百分点（见图6）。资料显示，疫情从出现到发展过程中，社会情绪经历一定的波动，乐观情绪的平均分从 2.7（按照 1~5 点计分）增加到 3.0，平静情绪的平均分从 2.4 增加到 2.7。消极情绪方面，"恐慌"的程度明显下降，平均分从 4.2 下降到 2.8，其他消极情绪也都有所缓解。[①]"江苏心理援助队的调查显示，病患不仅担心自己是否能够治愈，也担心自己家人的状况，更多的是担心出院之后，是否会传染给他人，是否会有后遗症，是否会在工作单位受到歧视。"[②]可见，在疫情初期治愈人数不多、疫情信息不明朗，人们的情绪受到传染，民众心理压力很大。如何走出恐慌以积极心态应对困难，需要疏导民众心绪给他们信心，帮助他们走出担忧的情绪。

2. 疫情期间大部分民众都受到虚假信息的影响

媒体提供的各种信息对民众认知态度有很大的影响。疫情初期经历了信息不对称或模糊的阶段，各种各样海量嘈杂信息致使民众无所适从、情绪紧张，甚至引发各种抢购现象。60.04% 的受访者在疫情期间看到过"双黄连口服液可以预防新冠肺炎"的信息，38.52% 的受访者在疫情期间看到过"开暖气或空调能预防新冠肺炎"的信息，28.21% 的受访者看到过"受感

---

① 《疫情期间社会心态变化调查》，《北京日报》2020 年 2 月 10 日。
② 《调整疫情心理疏导重点 应对社会心态变化》，中国共产党新闻网，2020 年 3 月 24 日。

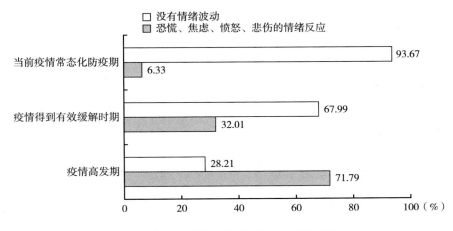

图6 在抗击疫情不同时期民众心态的变化

染的都是老年人，小孩没事"的信息，51.90%受访者在疫情期间看到过"多戴几层口罩才可以防病毒"信息（见表4）；在问及"您受到虚假信息的影响了吗?"时，受到虚假信息的影响非常大的受访者占42.68%，没受影响的占11.21%；受访者中58.77%买了双黄连口服液，87.34%的受访者家庭囤积米面油等，86.69%的受访者家里买了很多的口罩（见表4）。可见，从民众受到虚假信息的影响及抢购风潮盲目从众心理反映出当时权威防疫信息不足，民众防控知识缺乏。同时，也可以看出媒体提供积极正面信息可以稳定民众的心绪，而过量负面的信息则会加剧民众焦虑的心理。

表4 在疫情期间民众收到的虚假信息及受到的影响

单位：人，%

问题	选项	人数	比例
您在疫情期间看到过或者听到过这些信息吗?	双黄连口服液可以预防新冠肺炎	332	60.04
	开暖气或空调能预防新冠肺炎	213	38.52
	感染的都是老年人，小孩没事	156	28.21
	喝板蓝根、熏醋可以预防新冠肺炎	278	50.27
	抽烟、喝酒可以防止感染新冠肺炎	197	35.62
	多戴几层口罩才可以防病毒	287	51.90
	盐水漱口防病毒	193	34.91

续表

问题	选项	人数	比例
您受到虚假信息的影响了吗?	影响非常大	236	42.68
	一般	255	46.11
	没有受到影响	62	11.21
在疫情期间您囤积哪些防疫物资?	米面油	483	87.34
	双黄连口服液	325	58.77
	口罩	496	86.69

3. 防控措施的升级提高了民众的安全感

2019 年 12 月底,我国受到疫情侵袭,民痛国殇。在党的团结带领下,全国各族人民进行了一场惊心动魄的抗疫大战,取得了抗击新冠肺炎疫情斗争重大战略成果。防控措施的升级提高了民众的安全感。在疫情高发期受访者感到"非常安全"的比例从 30.92% 增加到了疫情得到有效缓解时期的 43.58%,增加到当前疫情常态化防疫期的 72.15%,分别增加了 12.66 个百分点、41.23 个百分点;"很不安全"的比例从 12.84% 下降到当前的 1.08%,下降了 11.76 个百分点(见图 7)。

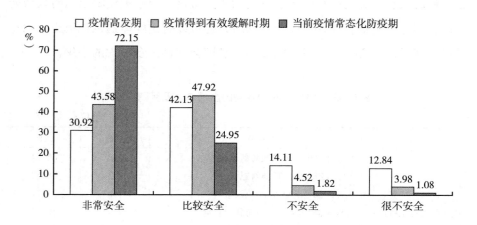

图 7 随着防控措施的升级民众安全感的变化趋势

（三）民众对新冠肺炎疫情的防控行为

1. 多数民众认识到疫情防控措施的必要性，采取了必要的方法防御疫情

多数民众对于新冠肺炎防疫有较高水平的了解，认为防控措施非常必要，采取了必要的方法防御疫情。82.83%的受访者认为疫情防控措施"十分必要"，15.73%的受访者认为"有必要"，"十分必要"和"有必要"的比例之和是98.56%；绝大多数民众的防范意识和防范行为都很到位，对"外出戴口罩、勤洗手、减少'聚会''串门'等"知晓率100%，99.46%的受访者采取了戴口罩、勤洗手、酒精消毒、少外出等防范措施，70.34%的受访者认为用醋消毒、用盐水漱口、服用抗生素等不恰当的预防措施"没必要"，受访者认为自己周围群众采取防疫措施的占70.71%，"没有"的占29.29%（见表5）。77.94%的受访者认为当然要无条件配合地方政府做好疫情防控工作，认为"当然是""应该是""差不多是"的受访者共占98.92%，还有1.08%的受访者不清楚是否应该无条件配合地方政府做好疫情防控工作（见图8）。新冠肺炎疫情发生以来，我国启动全社会依法科学有序防控，民众自觉响应"戴口罩、少出门、少聚集"的要求，积极主动

表5　民众对新冠肺炎疫情防控行为的认识及行为

单位：人，%

问题	选项	人数	比例
在疫情期间您是否觉得有必要采取防控措施吗？	十分必要	458	82.83
	有必要	87	15.73
	没必要	6	1.08
	不清楚	2	0.36
疫情期间您知道外出戴口罩、勤洗手、减少"聚会""串门"等措施吗？	知道	553	100
	不知道	0	0
您觉得有必要采取用醋消毒、用盐水漱口、服用抗生素等预防措施吗？	有必要	164	29.66
	没必要	389	70.34
疫情期间您采取了戴口罩、勤洗手、酒精消毒、少外出等防范措施吗？	采取了	550	99.46
	没有	3	0.54
疫情期间您身边群众是否采取防疫措施呢？	没有	162	29.29
	采取了	391	70.71

以行动抗击疫情，减少了聚集性感染风险，体现了众人拾柴火焰高的中华民族团结精神！但是，还有少部分的民众认为防疫没有必要、没有采取防疫措施及不清楚是否应该无条件配合地方政府做好疫情防控工作，这些数据反映的问题都是我们今后心理调适需要做的工作。

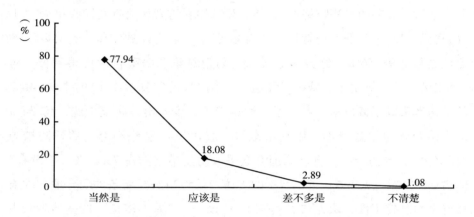

图8　民众对是否应该无条件配合地方政府做好疫情防控工作的认识

2. 心理危机干预的服务供需落差较大

疫情期间心理援助需求与能够满足心理援助需求落差较大。在问及"在疫情期间您有心理援助的需求吗"时，选择有心理援助需求的占45.57%；与需求相比，仅有22.24%的受访者反映当地能够满足心理援助需求（见表6）。调查结果显示，项目地区民众对突发事件危机心理干预不甚了解，对专业心理援助认识不足，获取专业心理援助的意识不强。

表6　在疫情期间民众对心理援助需求及当地满足心理援助需求的情况

单位：人，%

问题	选项	人数	比例
在疫情期间您有心理援助的需求吗？	有	252	45.57
	没有	301	54.43
在疫情期间当地能够满足心理援助需求吗？	能	123	22.24
	不能	430	77.76

（四）民众对政府等各方面疫情防控工作的评价和需要加强的工作

1. 民众对地方政府等各方面的疫情防控工作给予高度的肯定

中国共产党和中国政府坚持人民至上、生命至上、对人民负责的鲜明态度，国家领导人、医护人员、军人、新闻工作者、基层干部等全线上阵，多方考量、坚决果敢、凝聚合力、及时出手，所在社区和地方政府落实防疫措施到位，截至目前我国疫情得到基本控制，全力保障了人民生命权、健康权。在以美国为首的一些西方国家疫情还在蔓延的情况下，民众充分信任党和政府，对党中央、地方政府等各方面的疫情防控工作给予高度的肯定，自豪感、安全感、凝聚力普遍增强。53.71%的受访者对地方政府的疫情防控工作满意，40.33%的受访者表示比较满意，4.16%的受访者不太满意。在问及"谁发挥的作用最大"，排在第一的是"基层工作者和志愿者"，占37.43%；排在第二的是"医护人员"，占32.37%；排在第三的是"地方党政领导"，占23.33%（见表7）。在防控疫情期间社会各界积极捐款捐物，民众对社会各界的捐助行动也给予了好的评价。"社会各界非常给力"的比例占59.78%，"比较给力"的占40.22%。

表7 民众对当地政府疫情防控工作的评价

单位：人，%

问题	选项	人数	比例
您对地方政府的疫情防控工作总体满意吗？	满意	297	53.71
	比较满意	223	40.33
	不太满意	23	4.16
	不清楚	10	1.81
您认为当地政府的疫情防控工作措施是否科学合理？	是	487	88.07
	否	22	3.98
	不清楚	44	7.96
您认为在当地政府防控疫情期间，谁发挥作用最大？	地方党政领导	129	23.33
	医护人员	179	32.37
	党员干部	38	6.87
	基层工作者和志愿者	207	37.43

2. 民众认为疫情防控工作需更加关注基层执行中的科学性与法理性

88.07%的受访者认为当地政府的疫情工作措施科学合理，23.33%的受访者认为当地政府防控疫情工作措施还有不合理的地方。有几位民众反映，疫情期间，一些领导干部当机立断、因情施策，扛起防控的责任，一心为民。也有部分干部轻松麻痹、放任恣肆、好大喜功、急功近利、优柔寡断，导致错失良机。有些防控举措存在"一刀切"，个别基层干部在防控过程中出现简单粗暴的行为，如设障断路、封锁隔离人员家门等，在群众中造成极坏的影响。资料显示，"这场疫情中的某些'疼痛'，本是可以通过基层有效治理加以避免、减轻的，但一些地方的干部'冷处理'的老脑筋和旧方法，充分暴露出了治理能力不足的细节。"① 由此可见，政府加快建立科学的疾病防控体系、加快提升对突发公共卫生事件的防控能力很重要。

3. 民众对化解突发公共卫生事件风险提出的建议

随着我国疫情的有效控制，民众基于冷静的反思，积极参与疫情战疫的意识增强，设身处地对一线工作人员的处境考虑，在平衡民众心态上提出了建设性措施。在问及"您对重大突发公共卫生事件的解决有什么建议"时，选择"建立更完善的应急管理体系"占83.18%，"政府及相关部门的有效管控"占73.96%，"加强公共卫生心理干预人才队伍建设"占79.39%，"筑牢突发公共卫生事件的舆情防线"占71.61%（见图9）。资料显示："人才缺乏，卫生救治专业性不够。2018年末全国卫生人员总数中，卫生技术人员952.9万，其中乡村医生和卫生员仅90.7万。很多农村医生数量不足，部分农村医务人员专业性不够，农村疫情防控工作人员大多没有接受过专门的疫情防控培训和应急演练，对突发危机情况的观察、判断、报告和先期处置能力都较欠缺。"② 在访谈中，几位民众认为在后疫情时代，希望政府根据疫情形势变化灵活决策，要一手抓疫情防控，一

---

① 《人民网评：疫情是考题，各级领导干部请答卷》，人民网，2020年1月25日。
② 张仪娜、鲍文：《重大突发公共卫生事件下农村应急管理研究——以新型冠状病毒肺炎为例》，《安徽农学通报》2020年第15期。

手抓社会经济恢复，做到"两手都要抓，两手都要硬"，统筹抓好疫情防控和社会经济发展工作。

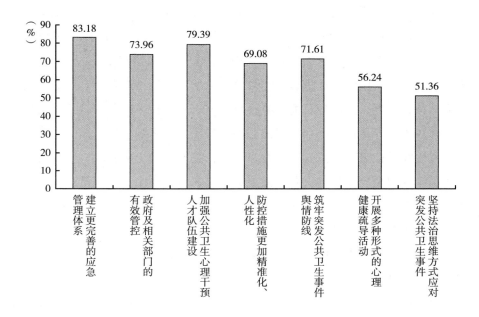

图9 民众对应对重大公共卫生事件提出的建议

三 讨论

重大突发公共卫生事件作为一种影响很大的应激源，不但给人们的身体带来损害，也会使个体和群体出现不同程度的心理危机。面对突如其来、防控难度大的新冠肺炎疫情，民众生命安全和身体健康受到严重威胁，其心理也会常常出现负面情绪应激反应。在抗击疫情期间，及时提供心理调适是十分必要的。

本研究调查期间，我国新冠肺炎疫情已得到有效的控制，取得了抗击新冠肺炎疫情斗争重大战略成果进入常态化防疫期。调查结果显示，大部分民众高度关注和重视新冠肺炎疫情，认为疫情影响十分严重，在疫情初期，面对虚假疫情信息传播、网络谣言滋生，医疗防护物资短缺、工作强度大、工作时的高防护级别负重和环境的封闭性，新冠肺炎无症状感染者比例高、人群普遍易感、传播速度快、尚无特效治疗药等情况，多数民众的安全感降低了，出现较为明显的恐慌、愤怒、悲伤等心理问题和情绪障碍，2020年2月5日起政府严格开展全面排查，"应收尽收"、"应治尽治"，果断采取隔离观察和保护措施，快速进行技术攻关，从信息的供给端发力有效缓解民众负面情绪，减轻民众心理负荷，减轻事件危害。在较多细节的披露和较高的自媒体舆论引导下广大民众整体的心态表现出集体客观理性，谨慎接受、转发、发表相关信息与言论，不再盲目指责，提升了社会包容度。中央权威媒体是民众获取疫情信息的主要传播渠道，民众对政府制定的政策和采取的防控措施满意度很高，对抗击疫情抱有很强信心，认为疫情防控措施非常必要，积极配合政府主动参与疫情防控，采取了必要的防护措施。相信中国共产党的坚强领导、秉持同舟共济的命运共同体心态是绝大多数中国民众面对此次疫情的基本选择。

反思此次疫情防控中民众心态的异常波动，暴露出我国在应对重大突发公共卫生事件中存在一些短板和不足。一是网络舆论还需拓展空间精准调控，疫情谣言在网络上盛行，加剧了社会民众恐慌情绪，心理健康水平降低。二是疫情初期缺失防控预案，疫情初期权威防疫信息不足、疫情信息披露不及时、组织协调不够顺畅，多头指挥、各自为政，对防控早期情况的"误判"及应对决策不科学，民众防控知识匮乏，盲目从众，都加大了疫情防控的难度。可见，建立健全国家突发公共卫生事件应急管理体系、及时发布可靠权威信息、及时普及防控知识、及时治理谣言等对于消除民众的恐慌情绪不可缺少。三是国家还未建立相应的心理调适体系以及缺乏心理危机干预的资源，公共卫生心理干预专业人才短缺、民众心理预警机制缺失、民众心理疏导工作缺位，助长了民众心理问题升级，加强公共卫生队伍建设、完善心理调适体系迫在眉睫。四是一些干部工作能力不强、责任意识不足、工作方式缺乏科学性，对疫情防控工作存在松懈和应付思想，压力传导不够，纪律执行不严明，措施落实不细致、不深入。五是一些民众对疫情防控意识淡薄，不同程度存在侥幸心理和麻痹思想，在疫情初期一些民众没有意识到新冠肺炎疫情的严重性，对国家要求的疫情防控措施置若罔闻，不采取任何防范措施，仍然聚会聚餐，造成群体性感染。六是突发公共卫生事件的应急物资储备和防护物资不足，在应对新冠肺炎疫情时各地医疗资源、物资储备普遍短缺，不能为应对疫情充分、迅速、有效提供口罩、抗病毒药品、相关医疗器械、消毒杀菌用品等应急物资。完善重要应急物资储备的标准体系，也是确保人民心理健康、维护国家安全的当务之急。

事实证明，加强社会心态引导，做好心理调适服务，不仅有利于防范新冠肺炎传播风险，更有利于巩固和加强疫情防控工作成效。从疫情开始发展到现阶段人民心态的变化提示我们，突发性公共卫生事件中各级行政部门有效的管理，心理健康服务体系的建立和完善，多方参与，共享共治，是降低民众在灾难期间的心理压力、赢得民众积极配合支持的重要手段，是事前预防、事中控制、事后引导的有效策略，也是战胜突发性公共卫生事件的密码。

中国经济社会改革进入深水期，在疫情全球传播蔓延的态势下，我们仍然需要冷静、客观地关注、反思与舆论环境仍然存在不匹配的一些因素，面对内生性及外源性的舆论风险点尚未完全扑灭、舆论战场上的硝烟弥漫，我们要着力于心理疏导和心理干预的特殊性，政府和媒体应尊重心理防疫活动的客观规律，凸显心理调适的重要性，提高政府的治理效能，不断强化舆情引导工作，构建舆情应急体系，筑牢突发公共卫生事件舆情防线，健全重大突发卫生事件防控法律法规体系，有效地开展突发公共卫生事件心理调适工作，加强民众心理健康知识的教育普及，保障重大突发公共卫生事件频发时代民众的身心健康。

四　多措并举加强突发公共卫生事件中民众心态的调适工作

在突发公共卫生事件中对民众多层次心态进行准确把握，有助于重大疫情的防控，使突发公共卫生事件处理可以真正变成党和政府领导的一场人民战争。为了更好地做好突发公共卫生事件中社会民众的心理调适，本研究提出了以下建议。

（一）规范的制度操作，加强精神力量引导

突发公共卫生事件处理中做好民众心理调适是一个长期的过程，需要我们用规范的制度操作、用积极的精神力量引导，把心理调适工作不断规范化和常态化。一是用规范的制度助力心理调适。此次疫情再次凸显中国共产党是中国人民最可靠的主心骨，是我国经济社会发展的坚强领导力，人民对于国家的期望和情感依赖更加强烈；党的坚强领导，中国特色社会主义制度本身的科学性，强有力的制度执行力，秉持生命至上，新中国成立以来所积累的坚实国力，是做好心理防疫工作、抵御风险挑战、提高国家治理效能的基本经验和根本保障。在应对重大突发公共卫生事件中，我们坚持中国共产党领导，坚持和完善中国特色社会主义根本制度、基本制度和重要制度，大力发扬中国特色社会主义制度和国家治理体系的强大生命力和巨大优越性，大力发展经济，提高国家综合实力，加大公共支出，稳定物价，解决人们对未来生活的担忧，保证社会经济的基本正常运行，特别是对有特殊需要的群体（如贫困群体）给予及时帮扶，保障全体人民的基本日常生活，让老百姓真正感到从容不迫应对自如，举国同心有效集中配置优势资源，夯实应对惊涛骇浪的深厚底气。加强心理调适的制度建设，增强心理调适制度的执行力建设，让制度真正落到实处，提升民众的获得感和对国家满意度，不断唤醒民众舍小我之心成大我之志，使民众以积极的心态从容应对重大突发公共卫生事件。二是充分发挥中国精神的作用助力心理调适。抗击疫情期间，广大人民携手并肩，展现出强大的精神力量。共产党员敢于冲锋的先锋精神、广大医护人员不计生死不计报酬的奉献精神、广大志愿者甘愿付出的奋斗精神等，这些精神是生命至上、举国同心、舍生忘死、尊重科学、命运与共的伟大抗疫精神的具象化表达，伟大抗疫精神是中国精神、社会主义核心价值观、中国特色社会主义先进

文化的生动诠释，集中体现了中国人民深厚的仁爱传统、中国共产党人以人为本的价值追求及中国人民万众一心、同甘共苦、全力以赴的团结伟力。疫情发生后我国及时向民众宣传科学的防控知识，教会民众防护的基本方法，做好科学防护，减少被感染人数。党的领导、人民力量、制度优势、坚实国力、核心价值、人类命运共同体是抗疫斗争取得伟大胜利的制胜法宝，也是中国人民用实际行动所展现出来的精神品质、思想境界、胸怀格局，更是从容应对各种复杂局面和风险挑战的宝贵财富。正是伟大抗疫精神，不断化危为机、浴火重生，支撑和激励全党全国各族人民有效地遏制疫情蔓延。习近平总书记指出，"唯有精神上站得住、站得稳，一个民族才能在历史洪流中屹立不倒、挺立潮头"。[①] 我们要大力弘扬伟大的抗疫精神、社会主义核心价值观、中华优秀传统文化、中国特色社会主义先进文化，转化为实现中华民族伟大复兴的强大力量，继续凝聚人心、汇聚民力，构建人类命运共同体的广泛感召力，在危机中育新机、于变局中开新局，不畏艰难、勠力同心，持续助力全体民众在思想上精神上紧紧团结在一起，共同应对重大突发公共卫生事件对人类带来的挑战，建设富强文明和谐美丽的中国，建设更加繁荣美好的世界。

（二）建立健全心理调适体系，提高政府治理效能

在重大疫情的民众心态调适方面，有效而强有力的治理是关键。科学理性的治理不但可以降低民众在灾难期间的心理压力，同时也能改变民众对防疫工作的支持态度。各级政府要切实重视突发公共卫生事件心理调适工作，精准把握民众心态，掌握民众心理调适的主导权，建立健全突发公共卫生事件心理调适体系，不断提升制度保障，提高政府的管控效能。一是建立属地管理为主的重大突发公共卫生事件应急管理体制。各级党委领导高度重视重大突发公共卫生安全工作，在政策制定和人财

---

① 《新华社评论员：弘扬爱国精神，共创新的辉煌——热烈庆祝中华人民共和国成立71周年》，新华网，2020年9月30日。

物等方面加大投入，坚持以人为本，实行行政领导突发事件的防疫责任制，切实把保障民众健康和生命财产安全作为首要任务，分区分级实行差异化防控，将心理调适纳入重大突发公共卫生事件应急管理体系和心理精神健康服务工作。以人的心理为目标，以信息为武器，以法律为依据，坚持"疏堵结合，以疏为主"的工作方针，建设重大突发公共卫生临床中心，打造医疗物资战略储备中心，建立信息监测中心，将"兵战"与"心战"完美结合起来，充分发挥领导力、组织力和资源力的合力作用，持之以恒常抓不懈，最大限度地减少突发公共卫生事件及其造成的人员危害。二是建立健全针对突发公共卫生事件的民众心理调适机制。在疾病预防控制中心设立心理调适管理部门，采取先进的监测、预测、预警、预防、溯源和应急处置技术及设施，建立指挥协调、评估预警、分级响应、专业援助、信息发布、服务保障、跟踪监测等组织协调工作机制，定期确立民众心理调查和预警系统预案，及时监测个体、群体、社区、街道乡镇或更大区域的信心指数、价值观变化、行为取向、民众满意度，研究民众心态的变化动态，建立传染病流行期间的检疫制度，早发现、早报告、早治疗，避免发生次生、衍生事件，将损失控制到最低程度。大力加强突发公共卫生事件危机心理干预的专业队伍建设，加强心理调适专业人才培养、心理服务资质分级认证，建设心理调适专家库等各类人才资源库。三是加强以属地管理为主的应急队伍建设。充分动员和依靠乡镇、社区、企事业单位、社会团体和志愿者队伍等大众力量协同应对重大突发公共卫生事件。要大胆提拔工作扎实、埋头苦干、忠于本职、有突出贡献、群众认可的好干部，强化对基层干部管理能力的培训，提高应对突发公共卫生事件的科技水平和指挥能力，使民众在突发公共卫生事件中真正有靠山、有帮手。四是加强心理调适科学研究。鼓励学者们开展重大突发公共卫生事件的专项心理科研，组织应激反应监测、学术交流等活动，研推如全能型机器人、智能家电、手机、音乐放松椅等高新技术产品，让它们扮演民众日常生活的"好伙伴"、健康心态培育的助推器，助力民众良好心态养成。

（三）构建舆情应急体系，筑牢舆情防线

民众心态与舆情存在极大的相关性，一方面，民众心态的变化直接反映在舆情中。另一方面，舆情引导对民众心态起到不可替代的重要作用。构建有效的重大突发公共卫生事件舆情应急体系，成为民众心态调适的必要之举。第一，树立系统性治理理念。重大突发公共卫生事件舆情的治理，必须站位、立意、格局要高，秉持公开透明原则、及时有效原则、态度与事实同样重要的原则，以共识最大化实现风险最小化的舆论治理导向，着力于"强信心、暖人心、聚民心"的根本要求，遵循舆情传播客观规律，采取辩证的系统性治理策略，通过政府、媒介、社会等多元主体进行建设性沟通、跟踪研判、精准性干预，积极发挥其监测社会环境、协调社会关系的作用。第二，健全信息回应机制。在持续推进现有舆情回应制度、平台、队伍等改革的基础上，通过高效、精准地进行网上信息发布、组织专家解读、召开新闻发布会、接受媒体专访等形式，第一时间公开事件真相和事情解决的决策部署，多层次、高密度发布权威信息，增强舆论引导的及时性、针对性、专业性，进一步从提升政府信息回应质量，主动发声、正面引导，满足民众知情权，发挥好舆论引导安定人心、振奋精神、增强信心、凝聚共识的正面效应。规范舆情反映问题的受理、转办、反馈等工作流程，定期通报网络社情民意办理和处置情况，形成滚动式、多批次、可持续的权威信息发布格局，针对民众认知和情感需求进行定向疏解，把问题解决在萌芽状态，培育民众的健康信息素养和媒介素养。第三，夯实信息导控机制。政府需要推进舆情监管行为的立法与执法，进一步完善突发公共卫生事件舆情应对和依法处置导控机制，加强对政府网站、政务微博等平台建设管理工作的督查指导，及时进行解疑、辟谣、纠错、封杀、查处等不同操作，铲除网络谣言滋生土壤，发挥舆论场的"主心骨"、"定盘星"与"压舱石"作用，牢牢掌握舆情的引导权、主动权、管理权和话语权，通过不断地向社会民众传播值得信赖的信息和意见，潜移默化地持续平衡社会民众的心理与判断，缓解社会情绪。第四，要建立健全舆情问责机制，加大问责力

度，及时向社会公布引发次生舆情事件的责任单位和责任人，注重提升法治的软实力，并结合德治手段，进行刚柔相济模式下由"管控"到"导控"的重大突发公共卫生事件舆情治理策略升级，引导和规范重大突发公共卫生事件舆论环境。

（四）加大心理健康宣传教育力度，提高民众心理应急能力

民众对心理调适的需求调查结果提示我们在应对突发公共卫生事件时必须大力开展宣传教育工作，加强信息沟通，培养民众积极面对、积极预期、沉着应对、自我调适、果断配合、勇敢承担的心理资本，提高民众防范各类突发公共卫生事件的综合素质，以积极心理状态避免社会民众的恐慌。一是利用主流媒体大力宣传党和国家的相关政策，实现宣传对象的全覆盖，促进民众认识中国共产党是我们最坚强有力的领导保障，增强政府正面信息对负面社会情绪的疏解力，降低恶意网络信息对负面情绪的诱导力。二是将心理健康教育加入社区、学校中，定期开设关于心理健康知识、心理疏导方法、减压和防控知识等方面的心理讲座，使民众的心理和思维向正确、健康的方向发展，以坚定信念和必胜信心应对突发公共卫生事件。二是及时调动全国心理健康教育专业领域的官方与民间资源，通过互联网新媒体点对点、一对一、一对多的方式第一时间介入心理干预，帮助民众梳理各种复杂的信息，克服恐慌、无助、愤怒等心态，也帮助医护人员积极排解因长期超负荷从事防护工作而在心理层面出现的问题。三是充分利用短视频平台，提高民众对心理健康的兴趣和重视程度，及时疏导民众负面社会情绪。四是主流媒体及时跟进报道，引导民众做好突发公共卫生事件之后工作和生活节奏变化的自我心理调适，营造强信心、暖人心、聚民心的社会氛围，让民众在自我意识里正确认识自己，正确看待自己的优势和劣势，善于扬长避短，尽力化解民众累积的困惑、不安、焦虑等消极心态。五是鼓励医学专业人员和传媒专业人士共同创作民众喜欢的医学科普动漫、动画视频，同时通过互联网的线上普及与社区线下的宣传，开展日常科学常识普及教育。

（五）坚持依法治理，强化法制保障

习近平总书记在 2020 年 2 月 5 日中央全面依法治国委员会第三次会议上强调："各级党委和政府要全面依法履行职责，坚持运用法治思维和法治方式开展疫情防控工作，在处置重大突发事件中推进法治政府建设，提高依法执政、依法行政水平。"① 会议讲话精神要求将法治思维和法治方式贯穿战"疫"全过程、各环节、各方面，从立法、执法、司法、守法上全面发力，构建系统完备、科学规范、运行有效的重大突发卫生事件防控法律法规体系，用依法治理来提高民众的心理防控能力。一是全面加强公共卫生领域相关法律法规建设。认真修改完善《传染病防治法》《野生动物保护法》《动物防疫法》《突发事件应对法》《突发事件应急预案管理办法》等法律法规，尽快推动出台生物安全法，全面提高国家生物安全治理能力。加强法治宣传和法律服务，让法治成为全社会的基本共识和行为准则，使处理突发事件的工作规范化、制度化、法制化。二是强化执法力度。要严格执行《中华人民共和国突发公共卫生事件应急条例》等法律法规，维护民众的合法权益，加大对阻碍突发公共卫生事件防控行为的执法司法力度，对失职渎职行为要依纪依法惩处。要鼓励民众、法人和其他组织通过公共卫生热线等多种方式举报有关迟报、谎报、瞒报、漏报突发公共卫生事件隐患行为，对因工作重视不够、应对无方、处置不力、发生重大问题、造成严重社会影响的相关单位和人员加大问责力度，轻者批评教育，重者追究刑事责任。通过法律的手段从源头上控制重大突发公共卫生风险，保障人民身心健康和社会安定有序。

（六）提高心理调适的主动性，学会自我心理调节

重大突发公共卫生事件给民众带来了紧张、担忧、恐慌、焦虑等心理问题是不争的事实，面对人们出现的正常应激反应，我们要学会及时、科学地

---

① 《习近平主持召开中央全面依法治国委员会第三次会议》，央视新闻客户端，2020 年 2 月 5 日。

进行自我心理调节，提高心理免疫力，守护好心理健康。第一，要对国家、对自己有信心。要认识到随着我们国家的经济发展，国家的科研能力、医疗能力等综合实力的提升，我们党和政府完全有能力带领全国人民化解重大突发公共卫生事件风险。同时，让理性战胜感性，要相信自身价值，相信自己可以战胜困难，保护好自己和他人。第二，合理安排关注时间。要掌控好重大突发公共卫生事件的关注时间，不要时时关注，定时掌握事件的发展状况，要避免过度接收网络信息，不信谣、不传谣。同时，要有规律地生活、学习、餐饮、运动、休息，增强心理免疫力，更好地照顾自己，更好地爱自己，以积极心态有信心有力量应对未知的困难。第三，恰当地释放情绪。要与亲人朋友多联系，倾诉心理感受，分忧解愁调整心态。看一些让人精神振奋的书籍、电影等，还可以通过瑜伽、唱歌、跳舞、有氧运动等方法来帮助放松自己的情绪，真正达到自我实现心理健康的精神境。第四，欣赏认同自己的应对能力。面对疫情告诉自己已经做到了努力学习关于疫情的知识和自我保健的知识，做到了遵守国家、政府的各项防控规定，积极地照顾家人，等等。告诉自己在以后的防控中自己依然有能力保护自己、应对各种困境。还可以作为一名志愿者给身边的儿童和老年人等弱势群体以更多鼓励和生活上的照顾，做一些力所能及的事情，为社会献上一份爱心，把社会正能量传递给身边的人，让大家通过主动调整、积极应对，有信心携起手来更持久地化解突发公共卫生事件风险。

B.14
民众对中小学在线教育的看法与评价

宋晓琴*

摘　要： 2020年的新冠肺炎疫情让在线教育突然从边缘地位走向舞台中央，成为广大民众关心和讨论的重要事件。本报告通过问卷调查形式，从组织方式、在线平台、学习资源、教学内容、家校共育和满意度等方面了解民众对中小学在线教育的看法与评价。基于调查结果，从促进线上线下融合、丰富线上教育资源、注重家校协同、培养学习自主性、加强在线教育信息基础设施建设等方面提出了甘肃在线教育健康可持续发展的若干对策建议。

关键词： 中小学　在线教育　甘肃民众

2020年最大的黑天鹅事件当属新冠肺炎疫情的出现，在党中央的坚强领导下，我国统筹推进疫情防控和经济社会发展工作。为了防止疫情在校园扩散，保证广大师生和人民群众的生命安全和身体健康，全国教育系统依托互联网平台，按照教育部部署，组织学生"停课不停学"，[①] 积极推进居家在线学习。在线教育突然从边缘地位走向舞台中央，成为广大民众关心和讨论的重要事件。这是一场全社会动员的超大型在线教育实践，将对未来的在

---

* 宋晓琴，甘肃省社会科学院决策咨询研究所助理研究员，主要研究方向为情报、信息技术。

① 《教育部：利用网络平台，"停课不停学"》，http://cn.chinadaily.com.cn/a/202001/29/WS5e317e41a3107bb6b579c28b.html。

线教育发展以及人们的生产、生活、学习方式产生巨大影响。甘肃的中小学在线教育实践效果如何，生成了哪些宝贵经验，存在哪些不足和问题，对未来的中小学在线教育带来了怎样的启示，这些都是值得探讨的问题。基于此，本研究以甘肃省为调研区域，从组织方式、在线平台、学习资源、教学内容、家校共育和满意度等方面调查甘肃中小学在线教育的实践效果，力求得到较为科学、全面的认识和发现，以期为将来的中小学在线教育健康科学发展提供参考和借鉴。

一 调查基本情况

（一）调查对象

本次调查以在线调查为主、纸质问卷为补充的形式展开。调研区域选择兰州市、白银市、天水市、定西市、武威市、临夏州等6个市州。新冠肺炎疫情期间在线教育的影响不单在教育领域，属于应急之举，离不开在线教育保障者的超常态投入。在疫情结束后，如此大规模的在线教育必然无法持续，所以了解疫情期间在线教育保障者在非常态情形下的切身感受，梳理其中的问题并找到应对措施，是保证在线教育在后疫情时代不致于迅速退场、昙花一现，继续发挥积极建设作用的关键。因此，本研究主要针对在线教育的保障者进行了调查，主要将教育工作者、学生家长、既是教育工作者又是家长和一般民众等四类人群作为分层抽样对象，共发放问卷360份，回收问卷332份，其中有效问卷317份。

被调查者当中，教育工作者83人，占26.18%；家长95人，占29.97%；既是教育工作者又是家长75人，占23.66%；一般民众64人，占20.19%。从性别结构看，男性105人，占33.15%；女性212人，占66.85%。从年龄分布看，18~35岁121人，占38.05%；36~50岁161人，占50.76%；50岁以上35人，占11.19%。从文化程度看，高中及以下53人，占16.72%；大专72人，占22.71%；本科127人，占40.06%；研究生及以上 65 人，占 20.50%。被访对象生活在城区的占 38.49%，城郊占 20.82%，县城占 29.65%，乡镇占 11.04%。

（二）调研问题

本调研的调查问题集中在三个方面：一是甘肃中小学在线教育的条件与形式；二是民众对甘肃中小学在线教育的感受与评价；三是民众对中小学在线教育的期望与建议。具体的问卷题项见表 1。

表 1　甘肃中小学在线教育调查问卷题项描述

维度	题项信息
条件与形式	您熟悉或者使用的在线教育平台有哪些？
	您熟悉或者使用的在线教育资源是哪种类型？
	您认为在线教育有哪些优势？
	您认为在线教育有哪些劣势？
	您熟悉或者使用的在线教育方式有哪些？
感受与评价	您是否支持疫情期间开展中小学在线教育？
	您认为中小学在线教育的互动情况如何？
	您认为中小学在线教育的实际效果如何？
期望与建议	您最希望采用哪种在线教育方式？
	相对于传统教育，您对在线教育有哪些新期待？
	您认为中小学在线教育在哪些方面需要改进？

（三）调查过程

基于战"疫"期间中小学在线教育活动的实际情况，课题组采用问卷调查法对教育工作者、家长、既是教育工作者又是家长、一般民众四类人群进行了分层抽样调查。对于兰州市的调查对象，课题组采用了纸质调查问卷，对于其他市州的调查对象，课题组采用了在线调查问卷。对于收集到的调查问卷数据，采用 SPSS 23.0 软件进行统计分析。

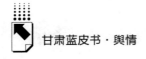

二　调查问卷数据分析

（一）民众反映的甘肃中小学在线教育条件与形式

1. 被访者多数选择在线交互平台为在线教育的平台

通过问卷调查，了解到甘肃开展中小学在线教育的基本条件与形式。就问题"您熟悉或者使用的在线教育平台有哪些"，34.32%的被访者选择QQ，20.76%的被访者选择微信，29.24%的被访者选择钉钉，22.88%的被访者选择电视，51.27%的被访者选择腾讯会议，14.41%的被访者选择门户网站，13.14%的被访者选择其他（见图1）。

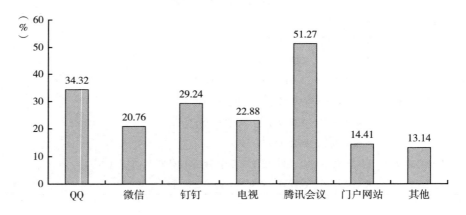

图1　被访者熟悉或者使用的在线教育平台占比

2. 接近九成被访者选择政府主导的在线教育资源

就问题"您熟悉或者使用的在线教育资源是哪种类型"，62.71%的被访者选择"国家级教育资源平台"，45.34%的被访者选择"省级教育资源平台"，27.54%的被访者选择"区县级教育资源平台"，35.59%的被访者选择"学校学科组集体选用和制作"，29.24%的被访者选择"教师自主制作"，13.56%的被访者选择"其他"（见图2）。

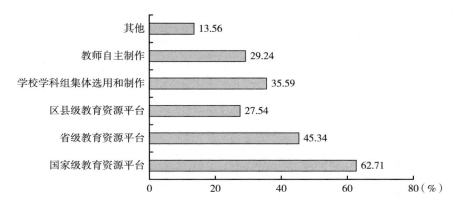

图2　被访者熟悉或者使用的在线教育资源类型占比

3. 接近八成被访者认为在线教育最突出优势是"自由选择授课教师"

就问题"您认为在线教育有哪些优势"，79.42%的被访者选择"自由选择授课教师"，77.14%的被访者选择"自由选择听课地点"，62.27%的被访者选择"自由选择听课时间"（见图3）。

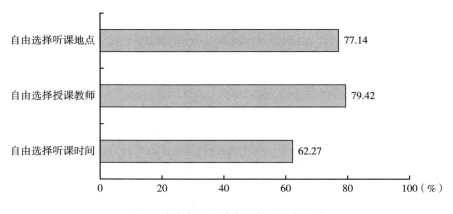

图3　被访者认为的在线教育优势调查

4. 八成多被访者认为在线教育的劣势是"学生不能集中注意力，效率不高"

就问题"您认为在线教育有哪些劣势"，64.41%的被访者选择"缺乏有温度、有热量的情感交流"，79.24%的被访者选择"缺少集体学习的氛围"，80.51%的被访者选择"监督不足"，82.63%的被访者选择"学生不能集中注意力，容易分神"，57.64的被访者认为"对身体健康不利，损伤视力"，33.81%的被访者选择"时常会出现网络卡顿现象"，具体见图4。

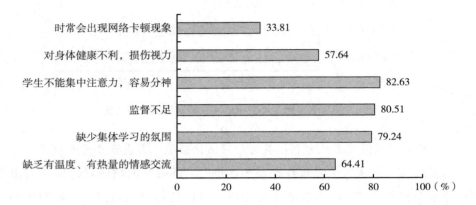

图4　被访者认为的在线教育劣势调查

5. 八成多被访者认为在线教育互动性较低

就问题"您熟悉或者使用的在线教育方式有哪些"，47.03%的被访者选择"录播"，16.11%的被访者选择"直播＋高频次师生互动"，36.86%的被访者选择"直播＋低频次师生互动"（见图5）。

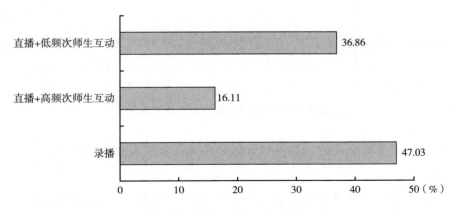

图5　被访者熟悉或者使用的在线教育方式占比

（二）民众对甘肃中小学在线教育的感受与评价

1. 九成以上被访者表示支持疫情期间开展在线教育

就问题"您是否支持疫情期间开展中小学在线教育"，42.44%的被访者选择"非常支持"，40.25%的被访者选择"支持"，10.96%的被访者选择"比较支持"，5.14%的被访者选择"不太支持"，1.21%的被访者选择"不支持"（见图6）。

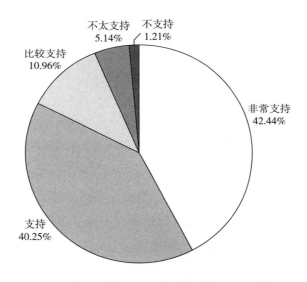

图6　民众支持疫情期间开展中小学在线教育的占比

2. 超过七成的被访者认为在线教育互动情况不好

就问题"您认为中小学在线教育的互动情况如何"，4.76%的被访者选择"非常好"，22.86%的被访者选择"比较好"，54.29%的被访者选择"不太好"，18.10%的被访者选择"不好"（见图7）。

3. 超过六成的被访者认为中小学在线教育的实际效果不好

就问题"您认为中小学在线教育的实际效果如何"，2.86%的被访者选择"非常好"，34.76%的被访者选择"比较好"，53.33%的被访者选择"不太好"，9.05%的被访者选择"不好"（见图8）。

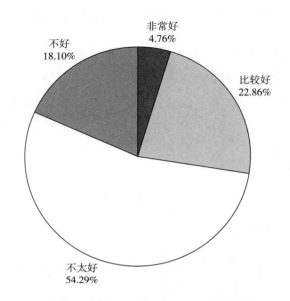

图7 被访者感知的中小学在线教育的互动情况占比

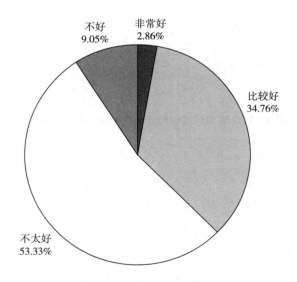

图8 被访者感知的中小学在线教育实际效果占比

（三）民众对中小学在线教育的期望与建议

1. 接近六成被访者期望中小学在线教育选择"直播+高频次师生互动"形式

就问题"您最希望采用哪种在线教育方式"，16.95%的被访者选择"录播"，59.75%的被访者选择"直播＋高频次师生互动"，23.31%的被访者选择"直播＋低频次师生互动"（见图9）。

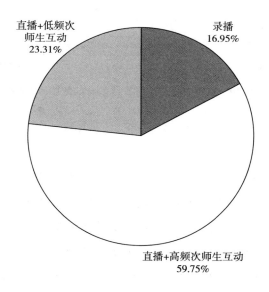

图9　被访者期望的中小学在线教育方式占比

2. 超过六成的被访者期待在线教育能够"优化监督功能，提升学生的参与度"

关于问题"相对于传统教育，您对在线教育有哪些新期待"，38.17%的被访者选择"让在线教育更加智能"，47.95%的被访者选择"更好地促进教育公平"，46.37%的被访者选择"实现个性化教育"，64.47%的被访者选择"优化监督功能，提升学生的参与度"，56.47%的被访者选择"改善在线教育过程当中的情感沟通"，52.78%的被访者选择"将 VR、AR 技术等新技术逐步应用到在线教育当中,丰富学生的学习体验"(见图 10)。

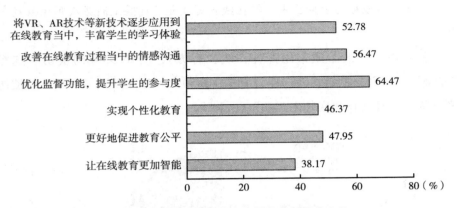

图 10 被访者对中小学在线教育的新期待占比

3. 接近八成被访者建议在线教育在"培养学生学习的自主性和自控性"方面得到改进

关于问题"您认为中小学在线教育在哪些方面需要改进",58.08% 的被访者选择"提升教师的信息技术能力",59.75% 的被访者选择"在线教学平台的互动功能仍需增强",30.51% 的被访者选择"压缩教师讲授的时长,增加课堂交流活动",55.93% 的被访者选择"丰富教学素材和资源",77.97% 的被访者择"培养学生学习的自主性和自控性",57.20% 的被访者选择"学生家庭在线学习条件的支持与保障",36.02% 的被访者选择"增加家长陪同",39.41% 的被访者选择"加强信息基础设施建设"(见图 11)。

三 调查结论与分析

(一)民众对疫情期间开展在线教育支持率比较高

调查结果显示,九成以上被访者表示比较支持疫情期间开展中小学在线教育,"不太支持"和"不支持"的被访者只占 6.35%,这说明被访者总

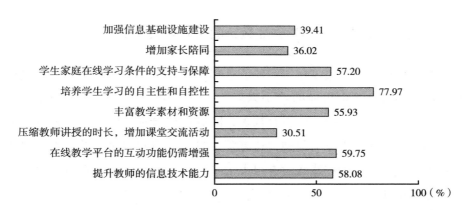

图 11　被访者对改进中小学在线教育的建议占比

体上还是支持中小学在线教育的开展，大多数被访者对这种新生事物持正面态度，仅有少数被访者不太支持中小学在线教育。事实上，新冠肺炎疫情期间在线教育的兴起属于社会的刚性需求和权宜之计，虽然在线教育在某些细节方面存在一些不足，但在线教育确实具有线下教育难以具有的功能和优势，除了实现学习时间、学习空间的拓展，自主地选择授课教师外，还能够增进优质教育资源的传播，促进教育公平。

（二）甘肃中小学在线教育的实施要素还有待提高

调查结果显示，被访者多数选择互联网大型企业开发的在线交互平台如QQ、腾讯会议、钉钉等，专门针对中小学教育的专业性平台亟待开发。有将近八成的民众认为"自由选择授课教师"是在线教育的优势，这实际上涉及优质教育资源的供给问题。长期以来优质教育资源不平衡、不充分问题是广大民众的核心关切，在线教育在一定程度上部分满足了民众对于优质教育资源的需求。八成多被访者认为在线教育互动性较低，说明中小学在线教育以师生互动性较低的"录像"和"直播 + 低频次师生互动"为主要表现形式，师生隔着冰冷、小块的屏幕开展教育活动，主要以接受式方式为主，师生交流、生生交流确实面临较大的挑战，在线教育当中的师生互动、生生互动需要强化。

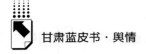

（三）民众认为中小学在线教育的实际效果并不理想

调查结果表明，超过六成的被访者就问题"您认为中小学在线教育的实际效果如何"给出负面的"不太好"和"不好"评价，导致中小学在线教育实际效果不理想的原因有很多，既有在线教育平台功能不完备的原因，也有网络通信带宽的限制，还有学生自主学习意识不足的影响，也和教师不熟悉、不善于在线教学有很大关系。为了提高中小学在线教育的实效，需要从硬件、软件、人员培训、学习习惯培养等多个角度着手改进，而不能因噎废食，反对在线教育。要从本次中小学在线教育的不足和成绩中总结教训和经验，对中小学在线教育进行系统化改进与循环式迭代，以提高在线教育质量为追求，建立强大、有效、普及的中小学在线教育体系。

（四）民众认为优化中小学在线教育迫在眉睫

调查结果显示，四成左右的被访者选择"让在线教育更加智能"，将近一半的被访者期待在线教育"更好地促进教育公平"和"实现个性化教育"，超过六成的被访者选择"优化监督功能，提升学生的参与度"，接近六成的被访者选择"改善在线教育过程当中的情感沟通"。另外，超过一半的被访者就改进中小学在线教育提出了"培养学生学习的自主性和自控性""在线教学平台的互动功能仍需增强""提升教师的信息技术能力""学生家庭在线学习条件的支持与保障""丰富教学素材和资源"等建议，还有不少被访者提出了"加强信息基础设施建设""增加家长陪同""压缩教师讲授的时长，增加课堂交流活动"等建议。这些建议涉及学生学习、在线教育平台、教师能力、信息技术硬件设施、教学资源、家长教育、信息基础配套设施、在线课堂互动等多个方面，对优化中小学在线教育具有重要的参考价值。

四 思考及建议

（一）促进线上和线下教育融合，提高教学质量

在新冠肺炎疫情之前，在线教育属于新生事物，民众对于它的认知并不全面，看法也褒贬不一，是否采用和接纳在线教育属于选做题。但新冠肺炎疫情的出现让这道选做题变成了必答题，无论是否熟悉在线教育、无论是否接受在线教育，都要面对大规模在线教育展开的现实。疫情之前，在线教育呈现"上热、中温、下冷"的格局，即国家政府层面出台政策推进教育信息化、鼓励在线教育发展，学校层面响应政府号召积极回应，但教师个体层面不温不火、推进迟缓。本课题的调查显示，七成左右的民众非常支持或者比较支持疫情期间开展中小学在线教育，不支持的民众占比为 1.21%，这说明民众总体上还是支持中小学在线教育的开展，大多数民众对这种新生事物持正面态度。疫情给中小学基础教育带来的不仅有危机，还有变革传统教育教学方式的契机。

后疫情时代，融合线上和线下教育将成为新的教育常态，表面上是教育教学方式的变化，实质上是教育教学质量和效率的提升。中小学在线教育是应对城乡基础教育要素不均衡、不充分问题的重要途径。把名师的课堂直播到教育薄弱学校，可以让那里的学生享受到和教学先进学校一样的师资；借助国家基础教育资源平台等专业网站，偏远地区的教师可以下载教学资源和教学案例，为学生准备更加丰富的学习活动；依托线上线下混合式教学方式，教师可以先让学生在线预习，将一些基本的学习内容提前消化，然后在课堂上重点讨论和解决疑难核心知识点和开放式问题。未来的中小学教育将依托线上、线下的互动交融，为学生创造更加友好、润泽的学习机会和环境，让学生更有质量和更高效率地学习。

（二）丰富在线教育资源，优化课堂教学模式

在线教育基于开放的网络空间，为拓展教育资源提供了便利性，同时也有利于教师的教学设计，是推动课堂教学模式转型的重要支撑。疫情期间，在线教育的运行主要基于三种模式展开，一是"录播"，47.03%的民众最熟悉或使用该模式；二是"直播＋高频次师生互动"，16.53%的民众最熟悉或使用该模式；三是"直播＋低频次师生互动"，36.86%的民众最熟悉或使用该模式。每种在线教育形式都有自己的优点，都在某些特定方面优化了课堂教学过程。一些教师在自己的在线教育过程中引入了网络上已有的优质慕课资源，作为在线课程的主体内容，极大地丰富了课程资源；一些教师依托现代信息技术优势，在自己的课程 PPT 中融入了文本、视频、音频、图片等多媒体资源，拓展了课程的内容，增强了教学内容的趣味程度；也有教师通过弹幕、文本对话框等形式，促进了学生的课堂参与，增加了课程的互动性。

在线教育资源的丰富以及课堂教学模式的创新都是问题的表面，更为根本的是新的教育资源、新的课堂教学模式是否促进了学生的学习，新的课堂教学模式是否比之前的模式更加适合学生的学习，是否有更高的效率和更深入的学习过程。本研究的调查同时表明，民众最期望的在线教育方式是"直播＋高频次师生互动"，这说明增强互动是保证高质量在线教育的关键因素之一，新的课堂教学模式必然要重视这方面的诉求。事实上，随着科技的进步，5G、物联网、大数据、虚拟现实、增强现实、人工智能等新技术必然会对转变课堂教学方式起到关键的助推作用，也必然会生发出更具互动性的在线教育模式和样态，使学生的学习更高效和更深入。

（三）注重家校协同，中小学在线教育离不开家长的参与

关于问题"您认为中小学在线教育在哪些方面需要改进"，36.02%的民众选择了"增加家长陪同"。事实上，疫情期间中小学教育的主阵地从学校转向家庭，学校和家长怎样合作才能切实保障学生在线学习的效果成为全

社会关注的焦点。虽然居家在线教育为家校协同创造了条件，开拓了家校协同的新局面，但同时也暴露出一些难以回避的问题。比如，家长的家校协同意识淡薄，[①] 不少家长总感觉教育是学校的事，自己的任务主要就是为孩子提供衣食住行，所以在线教育期间缺乏对孩子的监督与管理，导致孩子的在线学习效果欠佳；又比如，部分家长的信息素养堪忧，不能指导孩子尤其是小学生利用在线学习软件和系统；再比如，农村偏远山区的家长没有为孩子提供电脑等上网设备，仅提供网速十分有限的手机上网，导致这部分孩子难以有效参与学校组织的在线学习。

要解决中小学在线教育家校协同的难题，需要统筹采取措施应对，从多个层面着手改进。一是形成家校协同的机制，提升家校协同意识水平。长期以来，家校协同总是教师和家长相互推诿，行动没有跟上意识愿望及困难问题。为了真正落实家校协同，需要构建由家庭、学校、学生三方组成的协同机制，要明确家长、学校、学生彼此之间的角色和分工，既要彼此相对独立，也要经常密切沟通。另外也需要发挥家委会的协同职能，家委会可以制定一些家长需要注意的重点事项，使家长群体能够及时配合学校开展对于学生的学习活动。二是提升家长的信息技术水平，消除家校协同的技术壁垒。不少家长的信息技术素养较为有限，在线教育需要家长掌握班级管理软件、直播软件、资源平台等工具去陪伴、监督、引导学生学习，尤其对于低年级的学生家长则要求更多，因此家长需要主动提升自己的信息技术水平，使自己快速掌握信息时代的信息交流技能。学生事实上也可以指导家长，尤其对于中学生，他们作为信息社会的原住民天然地熟悉信息技术的环境，他们可以在一定程度上帮助家长。三是善用在线教育平台大数据，助力家校协同。在线教育平台往往可以提供整体性的以及个性化的学情数据，这些数据可以指导家校之间展开更有目的和更具针对性的协同，实现"1+1＞2"的效果。

---

① 胡小勇、林梓柔、梁家琦：《疫情下的在线教学，家校协同准备好了吗？》，《现代远距离教育》2020 年第 3 期。

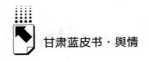

（四）发展5G网络，为中小学在线教育提供强大网络保障

如上所述，33.81%的民众反映，在线教育的过程中"时常会出现网络卡顿现象"。实际上，网络便捷畅通是在线教育得以施行的前提条件，尤其对于在线直播授课方式，更需要高带宽的优质网络条件保障。然而，我国城乡二元结构的信息基础设施建设差异短时间内难以消除，对于经济欠发达区域，尤其是边远贫困山区，中小学生难以享受到优质的网络条件，网络"卡顿"难以避免，这限制了在线教育的普及和发展。其实，除了偏远落后地区的网络带宽与速率影响中小学在线教育的效果和运行外，在城市中也会出现网络在高峰时段"卡顿"的情况，大力发展5G网络，建设广覆盖、快传输、低延时的高质量信息高速公路正当其时。

随着国家新基建战略的启动和实施，我国对于互联网基础设施的建设投入将不断加大，在可期的未来，低时延、高带宽、无线有线结合的5G网络将彻底消除在线教育面临的网络"卡顿"问题，保证广大中小学生时时、处处享受高速率、广覆盖的网络便利，提升在线中小教育的质量。除此之外，更重要的是高带宽的网络联结会进一步赋予在线教育以新模式和新样态，创生出新的教育教学方式。比如，借助高速率的网络可以实现跨区域课堂的同步互动，结对课堂的师生之间可以实现即时的交流和互动，一起探索学习任务、一起解决困难问题、一起展示解答思路、一起开展学习评价；再如，5G网络对中小学教师的专业发展模式也将产生影响，针对新手教师的授课，不同区域的专家、教研员可以就某位新手教师的教学开展异地诊断教研活动，在交流探究中提升新手教师的教学能力和教学智慧，反过来也为教研员、教育专家提供了教育研究的实践土壤。

（五）培养学生的学习自主性，让"要我学"变为"我要学"

根据前述调查结果，民众认为中小学在线教育最需改进的方面是培养学生学习的自主性和自控型。不少家长反映，孩子经常无法自主合理规划学习时间，很多时候趁家长不注意会以在线学习为托词，在网络上看漫画、玩游戏，学生的学习自主性较差。① 没有教师或者家长的陪伴和监督，不少学生的在线学习难以正常进行，一方面反映出学生的自主学习能力不足，也暴露出教师和家长对学生监督和管理措施的滞后，也缺少对学生学习的反馈机制。事实上，学生学习后如果得不到及时的反馈，那么其就会缺乏持续专注学习活动的动力，所以建立在线学习的管理和反馈机制十分必要，只有这样，才能逐步让学生实现从"要我学"到"我要学"的转变。

构建在线学习的管理和反馈机制可以从以下几个方面着手。一是充分利用在线学习平台的监督功能。在线学习平台具有比较强大的学习轨迹记录功能，比如可以记录学生使用平台的时间区间、是否不间断使用平台等，这些都可以辅助教师和家长监督和管理学生。二是可以要求学生在学习一段在线课程后，即时提供纸质版的学习笔记照片。学生借助记笔记活动可以提升学习时的专注程度，使其有事可做，避免无事生非。三是家长可以为学生提供专供在线学习的硬件设备，该硬件设备无法安装与在线学习无关的游戏和程序，这样可以防止学生利用在线学习时间去做与在线学习无关的事情。四是教师可以在在线教学过程中进行不定时、不定人的提问和互动，尽量引导学生长时间处于与教师、同伴对话的学习状态。五是丰富对学生在线学习的评价手段，每节课可以开展课后自评、家长评价等，让学生及时获得有关在线学习效果的反馈信息。

新冠肺炎疫情让在线教育短时间内大踏步进入中小学教育，是是非非不能一概而论，需要理性地面对。在线教育虽然不能彻底取代线下的面对面教育，但其确实是传统教育的重要补充方式。拥抱在线教育是时代潮流，不可阻挡，但需要发挥其优点，尽量克服其缺点。调查结果显示，大多数民众对中小学在线教育持拥抱态度，也对中小学在线教育建言献策，希冀通过在线教育解决教育资源的不平衡、不充分难题。广大教育工作者应该转变观念、提升技能，充分借助在线教育提供的契机和资源，为广大学生提供更加优质的教育供给。在线教育的路还很长，在线教育也将面对诸多挑战，但挑战就

---

① 李澄：《在线教育教学方法改进策略》，《贵州民族报》2020 年 9 月 15 日。

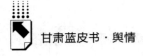

是动力，只要把学生的全面发展和健康成长作为一切教育行动的初心，在线教育的未来必将乘风破浪，必然切实提高整个中小学教育的效能和质量。

参考文献

《习近平在全国宣传思想工作会议上强调 举旗帜聚民心育新人兴文化展形象 更好完成新形势下宣传思想工作使命任务》，新华网，2018 年 8 月 22 日。

燕道成、陈思好：《媒介融合背景下的舆论引导：特点、挑战与策略》，《传媒观察》2020 年第 3 期。

宋守山：《转型语境中主流媒体新闻评论引导力的困境与提升路径》，《中国记者》2020 年第 7 期。

段鹏、朱瑞庭、朱敏倩：《试论 5G 技术的发展为我国主流媒体舆论引导带来的机遇与挑战》，《当代电视》2020 年第 9 期。

双传学：《马克思主义大众化的主流媒体担当》，《新闻战线》2019 年第 23 期。

B.15
民众对兰州市轨道交通建设
运营的评价与建议

张　拓[*]

摘　要： 兰州市轨道交通建设由于其独特的地理因素影响，建设运营中线路的布局合理性成为关键，而民众的意见和反馈则成为判断其合理性与发展方向的标准和参考之一。随着城市轨道交通的运营，民众对其使用程度不断加深，基础设施设备、服务质量、列车运行存在的问题、秩序与安全等均需要以民众意见作为未来城市轨道交通建设发展的方向和路径。本次调研选取了在兰州市轨道交通1号线所途经区域内的居住人口作为调查对象，通过数据分析，结合兰州市轨道交通发展现状，分析兰州市轨道交通目前存在的问题，为兰州市轨道交通建设运营提供理论基础和实质性建议。

关键词： 民众　城市轨道交通　建设运营　兰州

随着城市化过程的不断深入，城市人口不断壮大，其作为生产力在推动城市经济快速发展的同时，城市内部亦正面临着巨大的横向与纵向的空间压力。轨道交通成为众多城市解决空间压力的途径之一，由于城市公共交通压力不断上升，城市轨道交通在近几年快速发展，城市轨道交通的建设呈密集

---

* 张拓，甘肃省社会科学院马克思主义研究所助理研究员，主要研究方向为地方法治及城市管理。

化状态飞速发展，从供需关系角度看，城市轨道交通的发展现状也是基于民众对于出行交通途经的选择趋于高效化、绿色化的体现。自2010年起，城市轨道客运量保持着每年10%以上的增速，2010～2017年年均复合增速达18.69%。2019年6月23日，随着兰州市轨道交通1号线正式开通，兰州市的城市交通建设实现了新的跨越。轨道交通更是作为城市文化的视觉传播途径之一，其地域性、动态性、可视性等特征成为城市文化潜移默化传播的重要媒介。兰州市作为唯一的黄河穿城而过的城市，其城市交通的建设受自然地理因素的影响，限制与优势共存，尽管如此，对于城市发展，"木桶效应"的规避成为重中之重，如何规避自然环境等因素带来的负面限制和发挥其带来的优势与特色就成为兰州市城市轨道交通建设的首要问题。因此，城市轨道交通从建设、运营、发展等各个阶段都对城市发展具有不同的意义和影响，而民众对其评价的可视化与实效性分析就成为城市轨道交通不断完善和发展的重要依据。

一　调查基本情况

（一）调查问卷的基本情况

为更好地了解民众对兰州市轨道交通运营的评价和建议，寻求完善兰州城市轨道交通建设运营的方向和路径，本课题以兰州市普通民众为调查对象，采用社会学问卷调研法与访谈调研法，运用文献分析法对问题进行梳理，使用SPSS软件对调研数据进行统计。

本次调查共发放问卷300份，回收问卷274份，有效问卷257份，问卷回收率为91.33%，有效问卷的回收率达到85.67%。

本次调查以兰州市城关区、七里河区、安宁区、西固区的居民为调查对象，按照各区的常住人口比例确定样本容量。其中城关区发放问卷103份，七里河区发放问卷82份，安宁区发放问卷50份，西固区发放问卷65份。

轨道交通以其高效快捷、环境舒适，成为民众交通出行的重要选择之一，但由于不同的年龄、收入、职业特性等因素，人们对地铁的需求会产生差异，因此，影响地铁运营评价的因素有很多，基于此，通过对部分文献分析与整理以及结合兰州市地铁 1 号线各停靠站的运营现状，本次调查报告主要参考评价影响因素包括以下几种：导向指引、乘车环境、秩序与安全、方便快捷、票务服务、设备设施、员工服务、信息宣传、商业配套共九类核心问题，共同构建评价指数体系的影响因素。调查问卷的题目设置均根据中国顾客满意度模型进行设置（见表 1），并以兰州市地铁 1 号线的质量感知为重点，通过车站（站台）服务、列车服务、其他服务三方面对前述九个影响因素进行融贯和归纳体现（见表 2）。

　　调查问卷中所设置的问题对开放性问答题、封闭性问答题和半封闭性问答题进行了综合运用，以此确保结论的精确性与科学性。

<h4 style="text-align:center">表 1　主体问卷题目设置</h4>

CCSI 组成部分		对应评价题目	问卷题目
前提变量	期望质量	对服务能力的预估	Q3
	感知价值	性价比或对现有服务的接受程度	Q3
	质量感知	对地铁各方面服务的感知	A1 – A23、B1 – B13、C1 – C7、D1、E1 – E3
品牌形象		整体形象	Q1
满意度		达到要求的程度	Q2
		总体满意程度	Q3
		理想服务差距	Q4
结果变量	用户抱怨	抱怨情况	Q5
		投诉情况	Q5
	忠诚度	可直达时的选乘意愿	Q7 – Q9
		不可直达时的选乘意愿	Q10
		推荐其他人乘坐的意愿	Q11

表2 兰州市地铁1号线民众评价指标

序号	项目		指标的主要内容
1	车站服务	导向指引	车站内外的各种导向指引等方面的清晰性、易懂性、准确性
2		车站环境	车站各部位的明亮、整洁、通畅程度
3		设备设施	车站各种设备设施的便利性、合理性、可靠性等
4		车站秩序与安全	车站内各类行为文明程度、候车安全性、运营故障频率、治安情况等
5		人员服务	地铁员工的整体形象、服务态度、业务水平等
6		票务服务	人工办理票务业务的便利性与准确性,车票种类及适用的便利性等
7		信息宣传	信息宣传的途径与内容的充分性,投诉的渠道公示情况
8	列车服务	列车指引	列车广播、各种电子显示等提示信息的准确程度
9		列车环境	车厢内外卫生、车厢空气、温度、噪声等表现情况
10		设备设施	车厢设施和手机信号的可靠程度、电视传媒表现等
11		准时快捷	首末班车运营时间的合理性、列车到站的准点性等
12		列车安全	车门开关提示、列车行驶的安全、平稳性等
13		列车信息	列车广告、设施使用指引标识显眼易见、清晰美观等
14	其他服务	官方网站	界面美观程度、信息内容丰富程度等
15		服务热线	服务热线人员的服务态度、业务水平等
16		乘客互动	活动的内容、形式、举办频率等
17		特色服务	特色服务项目、服务提升举措等
18		官方微博	微博认知、改进、内容等方面的表现

（二）调查对象基本情况

1. 地铁乘客年龄分布

本次调研对象中，15岁及以下的乘客占0.33%，16~25岁的乘客占35%，26~30岁的乘客占23%，31~35岁的乘客占14%，36~40岁的乘客占7%，41~45岁的乘客占7%，46~50岁的乘客占6%，51~55岁的乘客占3%，56~60岁的乘客占3%，61岁及以上的乘客占1.67%（见图1），乘客总体上集中在16~35岁，以中青年为主，乘客年龄分布正常且合理。

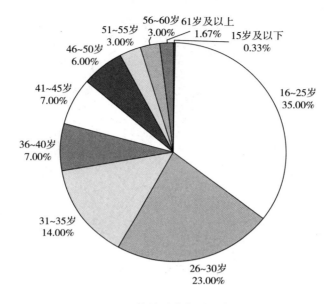

图1 地铁乘客年龄分布

2. 文化程度

本次调研对象中，小学文化程度占比 0.66%，初中文化程度占比 0.44%，高中及其同等学力占比 17%，大专文化程度占比 22%，本科文化程度占比 52.9%，研究生及以上文化程度占比 7%（见图2）。可以看出，本次调研中本科文化程度的人数超过半数。

3. 月收入分布情况

本次调研对象中，地铁乘客的收入 1500 元及以下占 6%，1501～3000 元占 28%，3001～4500 元占 30%，4501～6500 元占 19%，6501～10000 元占 11%，1 万元以上占 6%（见图3）。由此可知，4500 元以下收入人员构成地铁乘坐的主要群体。

4. 乘客的居住区域分布

从调研对象数据看，居住于城关区的占 50%，七里河区占 30%，安宁区占 15%，西固区占 5%（见图4）。兰州轨道交通 1 号线西起西固区陈官营站，途经安宁区、七里河区，东至城关区东岗站，东西横贯兰州市中心城

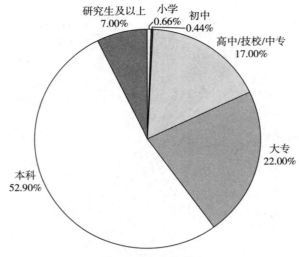

图2　乘客文化程度

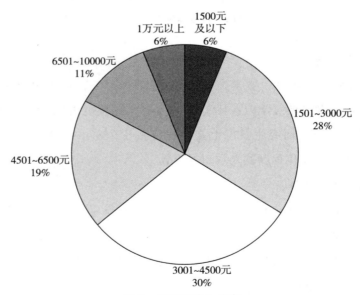

图3　乘客月收入分布

区，在沿途20个站点中，西固区2个、安宁区3个、七里河区6个、城关区9个（含省政府站）。由此可知，兰州市地铁1号线的主要乘客集中在城关区与七里河区。

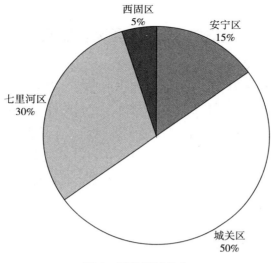

图 4 居住区域分布

5. 乘客的身份信息分布

本次调研接触的乘客有 98% 为本地居民，2% 为因出差、旅游、访友等事项在兰州市乘坐地铁的外地人员（见图 5）。

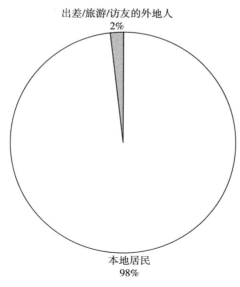

图 5 乘客身份信息分布

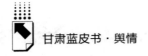

二 兰州市轨道建通运营服务现状

兰州市内黄河穿城而过，在为兰州市带来独特的地理优势的同时，也为兰州市交通的发展和建设提出了诸多挑战。狭长的带状分布格局、复杂的地质地貌等因素均是兰州市交通建设的关键问题，而随着城市轨道交通的普及，兰州市的轨道交通运营建设究竟是否达到了预期效果？通过对民众的问卷调查与数据整理，我们得到了民众对于兰州市轨道交通投入运营以来的服务评价与运营现状。

（一）乘客满意度

乘客对兰州市地铁 1 号线的总体评价满意度为 8.06 分，满意人数占 50.1%。其中满意度评分为 8~9 分的人数占 28%，评分在 9~10 分的占 22.1%（见图 6）。

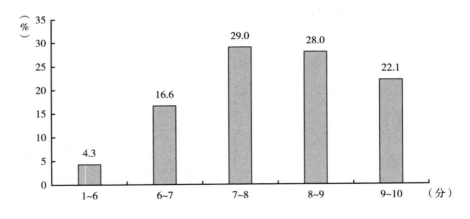

图 6　乘客满意度评分

（二）各项服务评价及满意度

2019~2020 年兰州市地铁在不同的服务环节，乘客满意度相差波动均在 1 分左右，最高评分人员服务（8.32 分），与最低评分乘客互动服务（7.3 分）相差 1 分左右，服务水平之间的差异较大，具体见图 7。

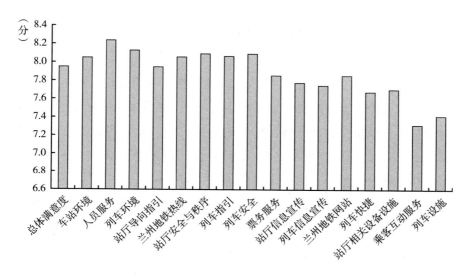

图 7　乘客满意度（评分）

服务水平明显较好的环节包括人员服务（8.32）、列车环境（8.2 分）两方面，评价分数明显超过其他环节评分。

服务水平较差的环节为列车信息宣传（7.78 分）、站厅相关设备设施（7.73）、列车快捷（7.7 分）、乘客互动服务（7.3 分）、列车设施（7.41分），为服务评价项目中评分较低的环节。

其他服务环节，服务水平与总体满意度均值相差不大的是：车站环境（8.11 分）、站厅导向指引（8 分）、兰州地铁热线（8.12 分）、站厅安全与秩序（8.16 分）、列车指引（8.13 分）、列车安全（8.13 分）、票务服务（7.9 分）、站厅信息宣传（7.81 分）、兰州地铁网站（7.9 分）。

通过以上数据统计可以看出，首先兰州市轨道交通运营建设总体上民众的满意度较高，超过半数的民众对于轨道交通的评价超过均值，对于服务类的评价总体上明显高于基础设备设施类的评价，说明兰州市轨道交通的运营服务已接近或达到现有条件的峰值，并且得到了民众的广泛认可。

其次，兰州作为省会城市，亦是西北区域的交通枢纽与物资集散地，人口流动频繁，对于道路交通的承载力要求很高，而也正是由于兰州独特的地理位置，作为国家的地理中心，狭长的带状城市布局对于城市的链接产生了不可避免的困扰，比如道路无法大规模拓宽、城市内部各区域之间的交通联系方式单一等。但是在轨道交通投入运营后，兰州最先取得显著效果的应当就是交通拥堵问题，道路横向上的拓展空间有限，城市化进程加快导致的机动车辆迅速增加成为城市交通发展的主要矛盾，根据高德地图公布的2019年《中国主要城市交通分析报告》中的数据，兰州市公共交通的幸福指数为69.2%，居于全国前列，拥堵比仅有13%，较之前兰州市内公共交通均有了明显提升和转变。

最后，城市轨道交通自运营以来，所产生的影响不仅在于对城市交通现状的改善，更为重要的是，城市轨道交通所赋予的"绿色出行"意识对民众的思想观念产生了巨大的催化与促进作用。轨道交通普及后，兰州市民的绿色出行意识得到加强，这种对意识形态领域的改变发挥的作用远比对于城市拥堵等现实问题的改善更为重要，从这一点来看，兰州市城市轨道交通的建设对兰州市交通的发展和改善作用具有长远性的现实意义。

三 问卷调查数据分析——存在的问题

（一）地铁站的导向指引需要进一步完善与健全，指引标识部分缺漏或不够清晰，地铁与公交的换乘导向指引标志略显混乱或不明显

在调研数据中，地铁导向指引总体满意度为8分，服务质量较好。服务内容中表现较好的内容环节是站台中对列车行驶方向的指引（8.3分），表现较差的方面是站台电子提示（7.78分），其他服务环节评价一般（见图8）。

通过问卷调查，民众反馈的意见主要有以下几个方面：一是对地铁站台的信息更新和提示方面不满意，主要体现在地铁1号线在部分站台中提示不

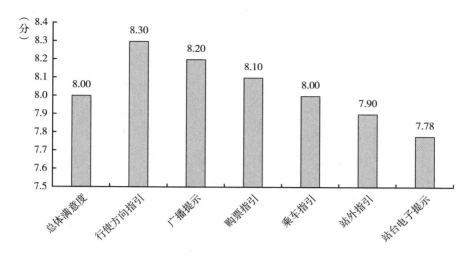

图8　地铁导向指引满意度

准确或无提示，比如省政府站未建成时，却一直呈现在线路所经站点中，并且经过时并未提醒乘客；二是对地上交通与地铁的无缝接驳不满，体现在地铁站台与地面交通站台距离较远，地上与地下相互指引不清晰等；三是对公交车的换乘指引不满意。地铁站内缺少公交车换乘的详细信息与标志等；四是站台内扶梯、电梯等设施的导向指引缺少，乘客经常面临找不到扶梯或电梯的场景；五是站台出入口标志不明显，比如东方红广场站，因周边施工，地铁站的出入口标志不明显。

（二）设备设施存在问题，设备的故障率偏高

地铁站内设施总体满意度为7.73分，服务满意度偏低，不同环节内容的细项差异较大。自动售票机与闸机的便捷性得分相差甚小，评价较差的内容是闸机故障率（7.3分），其他服务内容评价一般（见图9）。

根据问卷数据统计，乘客对于设备设施的评价总体偏低，主要是因为：第一，检票机检票时故障率太高，并且信息显示经常出现错误；第二，洗手间设施缺乏；第三，售票机放置位置识别率低；第四，站台候车座椅缺少。

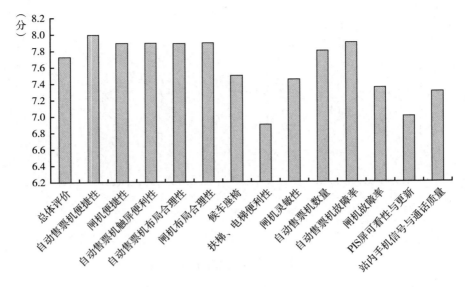

图9　设备设施满意度评价

（三）地铁站内秩序维护在候车阶段出现断层，乘客上下列车时的安全与秩序存在风险

问卷调查数据中所体现的对于站厅秩序与安全的总体评价为8.16分，不同的服务内容水平有一定的差异：进站时的安全标语与提醒较为清晰（8.2分），评价较差的内容是上下车的秩序（7.70分）、突发情况应对预案（7.85分）（见图10）。

数据中反映的问题主要集中在候车安全与上下车秩序混乱导致的安全问题。并且根据调研对象的反馈，地铁站工作人员数量的匮乏与服务态度还需要更进一步改进。

（四）票务服务方面存在细节性问题，民众对电子票、纸质票、地铁卡等使用存在不同程度的误区与混乱

总体上，票务服务评价为7.9分，低于此次调研评价的平均值，虽然评分相差不大，但细项的环节存在一定的差异。车票种类的评分为8.2分、客

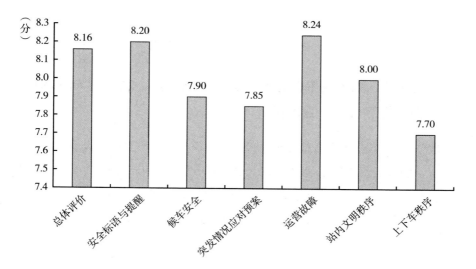

图 10　秩序与安全评价

服中心人工服务的评分为 8.02 分, 而对于车票使用的评分仅有 7.89 分 (见图 11)。

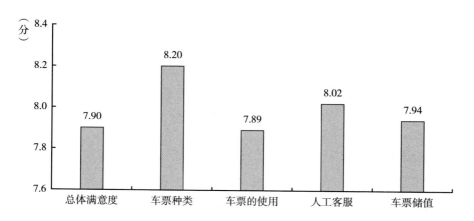

图 11　票务服务评价

　　根据问卷调查中的意见反馈, 票务方面主要存在以下几类问题: 一是乘坐地铁可使用的票种类和方式较多, 但是民众对于其了解程度偏低, 对不同的车票种类使用方法和用途不熟悉; 二是自动购票机中的价格明细显示不清晰；三是客服中心与售票点、进站点三处地方距离较远，对于问题的解决缺乏时效性。

（五）地铁相关宣传信息缺少城市文化特色，宣传标语等内容单一性、滞后性等现象一直存在

地铁站内外的宣传信息总体满意度为7.81分，明显低于此次调研评价的均值，服务表现一般。地铁站内公益广告的评价得分为8.01分；企业相关信息与投拆渠道的评价得分较低，分别为7.79分和7.78分；出入口宣传栏和乘车相关信息的评价得分分别为7.83分和7.82分（见图12）。

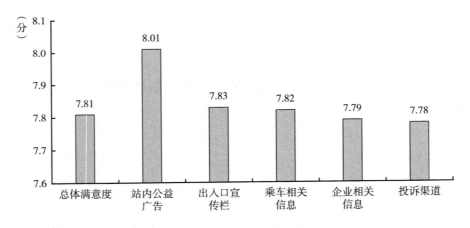

图12 地铁宣传信息评价

问卷数据中，对于地铁宣传信息相关问题的反馈较多。主要问题在于宣传信息不充分、城市特色文化未能充分体现、运营阶段实时信息的更新滞后并未能及时宣传；并且在部分站点，宣传广告过于冗长，对于出行服务咨询的相关内容涉及较少；站内的公告信息补充不及时、公示不清晰等。

列车服务中的导向指引、到站提示、环境卫生与列车内部的设施设备存在较大问题，列车快捷性也成为此次调研数据中暴露的问题之一，具体见图13至图16。

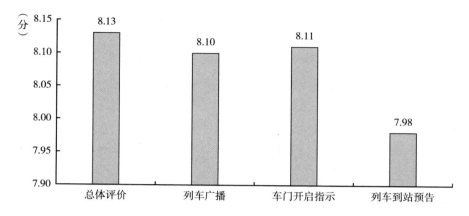

图13　导向指引评价

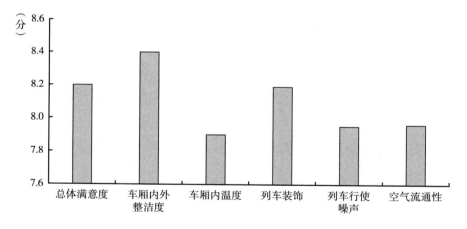

图14　环境卫生评价

　　问卷统计显示，列车的导向指引中到站预告评价偏低，主要问题在于到站车门指示灯较小，不够明显，到站广播提示与开门时间之间间隔太短，广播声音偏小，乘客容易出现乘坐过站的现象。列车环境卫生等问题主要体现在列车内部空气的流通不畅、列车内温度不能根据外界温度进行适当的变化，导致列车内空气质量差、温度不适应民众需要；并且列车行驶过程中内部噪声较大，车厢内部灯光单一。列车内部的设施设备不健全主要体现在扶手数量不充足，即使不在上下班高峰期仍能出现扶手、座位不充足的境况；

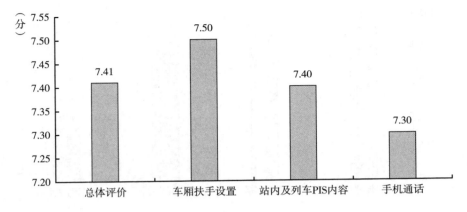

图15 列车内部设施评价

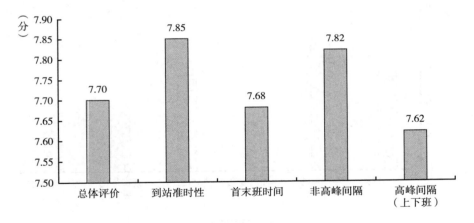

图16 列车快捷评价

车厢内手机通话质量无法保证，到站提示 PIS 显示屏太小，并且配置较少，在上下班人流高峰期，座位上的乘客无法知晓到站相关信息。

同时，通过问卷反馈统计，较多乘客认为列车中商业广告信息太多，不具有实用性，同时还缺少生活气息，经过实地走访确实存在广告偏多的现象，而对出行等生活信息的涉及较少。

地铁网站建设存在板块混乱、重点信息不突出等问题；乘客互动程度偏低，导致乘客对地铁运营相关文化缺乏清晰的认知和了解（见图17）。

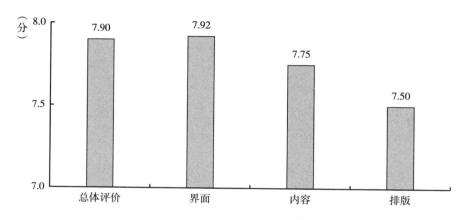

图 17 兰州市地铁网站评价

兰州市地铁网站的建设界面布局不合理，主要体现在线路站点查询等关键信息均位于网页中下部分，广告标语、宣传语占据页面过多，网页内公告、公示内容标题不明显，重点内容不突出，排版混乱，没有明确的"乘客服务"等类似板块，导致乘客在浏览网页时无法便捷地捕捉关键信息。

并且在地铁运营过程中，调研组发现，与乘客互动的服务较少，很多乘客对地铁运营相关的文化了解甚少，更多的时候只是将地铁作为一种必要交通工具的替代品。

四 结论与分析

（一）兰州市地铁运营评价良好，但相关基础设备设施的布局合理性、充足性有待改进和完善

从总体上来看，此次调研数据所反映的兰州市地铁运营评价良好，大多数乘客之所以选择地铁，主要是由于其不堵车、节省时间等客观优势，只是作为公交车、私家车等交通工具的替代品，并非基于地铁建设运营、服务的主观能动性吸引。在评价分数偏低的运营环节中，较多的基础设施设备建设成为民众不满意的聚焦点。基础设施设备作为城市轨道交通运营功能实现的

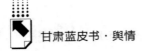

关键，直接影响到列车运行系统、客服服务系统、检修保障系统三大主体功能的衔接。① 民众对城市轨道交通的选择在基础设施不完备情况下的高选择度，成为一种刚性选择的体现。

（二）地铁的服务水平有待提升，公益性服务较少，缺乏对乘客的关怀

调研中发现，兰州市地铁运营过程中，对于站台卫生环境和进站口的安全检测等方面评价较高，但是进站后的运营服务总体偏低，比如进站后没有工作人员对乘客进行线路的指引、候车时无人排队、上下车秩序无人引导和规范等。增值服务类环节硬件功能薄弱，与乘客的互动频率偏低，比如站内候车区缺少问询服务、导乘服务等，并且对于老、弱、病、残、孕等特殊群体缺乏完善的公益性特殊服务。

（三）地铁文化特色不太明显，兰州市城市文化宣传力度需要进一步加强

问卷数据显示，民众对地铁站的宣传广告、公示信息等内容评价较低。地铁等城市轨道交通的建设，为城市文化的视觉传播提供了新的载体，尤其在外来人员进入城市访友、办公等情形下，城市文化的传播将在地铁中得以不自觉地传播和扩散。在兰州市地铁1号线的建设运营中，地铁文化的传播和影响力并未能得到足够的重视，站台内大量重复的商业广告与部分站台空置的广告栏形成两种截然不同的现象，兰州市的城市特色文化却很少得到宣传与普及。

（四）列车速度与发车间隔等外界因素缺陷成为地铁运营的缺陷所在

根据兰州市轨道交通运营信息以及此次调研数据，兰州市地铁运营中的

---

① 吴命利、温伟刚、李春青：《城市轨道交通概论》，北京交通大学出版社，2014。

列车速度慢、发车间隔时间长、运营服务时间短三个方面的运营服务问题是目前服务缺陷之一。与西安同线路地铁进行比较，兰州市地铁的发车间隔与运营时长明显偏低。

五 对策与建议

通过对乘客的问卷调查，课题组对调查数据进行分析后，得出了兰州市地铁自2019年6月23日运营以来民众的评价情况，同时也发现了兰州市地铁运营中的现状与不足，基于此，下面就前文数据中反映的问题进行相关对策与建议的厘清和构想。

（一）设施服务类的基础建设及其合理性是地铁建设稳定运营的关键

1. 加强站厅导向指引服务，优化站台电子屏的准确性和清晰性

首先，地铁站的指引标志应当清晰且准确。在调研中部分乘客认为诸如东方红广场站、西客站等站点，地铁站出入口与周边建筑不易区别，辨识度不高，出入口的指引缺乏标志性、明确性。

其次，站内各服务区域的指引应当予以标清和明确。民众进入地铁站后，对于售票区、客服区、安检区等区域的分布无法知悉，可通过在地面、墙壁等地方粘贴指引标志或安装显示屏的方式对民众进行指引。

最后，地铁与公交车的换乘指引需要进一步完善。民众在公交车与地铁的转换之间因为指引标识混乱，无法及时获取地铁/公交车信息，造成乘车不便捷。

2. 地铁站内及列车内环境卫生需要进一步改进

首先，地铁站内垃圾桶的数量较少，且位置放置不合理，并且列车内部分列车未放置垃圾桶等设施。

其次，车站内部的地面及高架桥站台的清洁程度、站内各通道以及购票大厅的空气流通性与清新程度都是影响地铁站环境的因素。

3. 基础设施的布局和完善是设备设施改进方向的关键环节

站内 PIS 屏栏目内容单一且更新速度滞后，与乘客出行等生活相关内容较少，商业广告频繁且冗长。闸机故障率偏高，乘客经常在闸机处出现堵塞现象。因此，地铁站的建设运营对基础设施设备的更新与质量监测尤为重要。地铁网站的页面布局合理性有待提升。

4. 安全与秩序的制度和设施健全是地铁运营的核心，必须建立健全完整的安全与秩序维护、应急制度和体系

调研中根据乘客普遍反映，地铁内的上下车秩序、站内购票、进出闸机、上下楼梯/电梯等秩序大多依赖乘客的自觉性遵守，缺少引导和规范，秩序较为混乱。"安全第一位"标语与安全预防、秩序维护的制度没有实现双向呼应，因此，对于地铁站的安全与秩序就需要从制度上进行健全，从实际中进行落实。对工作人员缺乏的现状，可以通过招募志愿者的方式，在列车候车区对乘客的候车、上下车行为和秩序进行引导。

（二）列车运力的提升是地铁建设运营取得发展的前提

兰州市地铁发车时间间隔过长，从数据来看间隔时间是周边城市的两倍，因此，缩短发车时间间隔就很有必要，同时还可以降低列车满载率，提升民众对地铁这一交通工具的认同感。

通过外力干预控制客流量，通过官网、广播、微博等自媒体及时发布各地铁站人流量等出行信息，鼓励错峰出行，让乘客对地铁的乘坐选择更加理性。

（三）信息宣传、广告播放应当与兰州市城市文化特色相结合，扩大城市文化影响力

目前兰州市地铁站的不满意评价有相当一部分比例，民众对地铁站各区域、各站点、换乘信息、经过区域等信息都存在或多或少的盲区，而这些仅仅依靠地铁站的标识指引显然是不现实的。因此，可以通过地铁网站对地铁相关的重要出行信息进行公示或通知。地铁站的广告屏幕可适当穿插乘客所

需要的出行信息，如天气、温度、湿度等，并且可加入具有兰州市特色的广告和广播信息，比如设置专门的时间段进行讲解和播放。每个城市都有独特的自然和人文气息，城市文化经历史的沉淀与洗礼提炼形成，是一个城市的名片。兰州市依托黄河穿城而过所形成的黄河文化就是其代表。而城市轨道交通恰恰是可以让城市文化流动起来的媒介之一，所以，兰州市地铁运营中应注重对城市元素的吸收和融合。

（四）城市轨道交通的建设不仅需要结合线路经过的地理区域，还要结合线路周边的行政区域与人文因素

兰州市位于西北地区，城市分布呈现狭长的带状分布，沿黄河两岸东西走向排列，因此兰州市的城市轨道交通在地理选择上并不具有太多的可选性，但是在地铁 1 号线及其后续地铁线路规划中，可以明显看出，兰州市地铁的主骨架采用了双螺旋结构，既解决了带状线路纵深区域的问题，又避免了"一线独大"的客流不平衡问题。但是问题在于，后续的规划中如何与 1 号线形成"螺旋"引流的问题，就目前 1 号线的运营来看，站点之间的人流量差异太过巨大，比如城关区的西关十字站、东方红广场站等站点人流量始终保持高峰，而像深安大桥站等西固区与安宁区的部分站点，人流量一直较少，该区域乘客乘坐率偏低。因此，地铁线路的建设需要区别各区域的不同情况，城关区乘客在公共交通工具的选择上只有公交车、地铁两种，而安宁区乘客因为快速公交（BRT）的存在，加之地铁站与安宁区主干道有一定距离，并且学生居多，因此，民众对地铁的选择率并非刚性，快速公交成为该区域地铁的替代品。所以，地铁站点的选择需要结合途经区域内的现实情况，如此才能避免资源的浪费与地铁建设质量的实质性提升。

B.16
甘肃省城市社区垃圾分类政策实施
情况及满意度调查

——以兰州市为例

魏　静 *

摘　要：　2017年3月，兰州市被划定为生活垃圾强制分类试点城市，以
　　　　　"减量化、资源化、无害化"为原则开展垃圾分类工作。
　　　　　2018年，兰州市人民政府制定了《兰州市城市生活垃圾分类
　　　　　管理办法》，明确了垃圾分类标准、实施原则以及强制分类
　　　　　区域。经过几年的努力，兰州市基本实现了城区所有已分类
　　　　　片区垃圾分类收运全覆盖，居民对垃圾分类的知晓率有所提
　　　　　高。目前存在的主要问题首先是居民垃圾分类意识不够、垃
　　　　　圾分类习惯尚未养成，居民政策知晓率高，但参与率和准确
　　　　　投放率低。其次是垃圾分类推进实施效果参差不齐，居民对
　　　　　垃圾分类效果满意度不高。最后是垃圾分类激励机制推进滞
　　　　　后、政府监管力度弱、符合资质的垃圾收运企业少等。基于
　　　　　此，应从创新宣传普及渠道、加大专项资金投入、规范企业
　　　　　市场运作等方面持续推进社区垃圾分类提质升级。

关键词：　甘肃　城市社区　垃圾分类

---

* 魏静，甘肃省社会科学院副研究员，主要研究方向为社会史。

对垃圾进行科学分类并进行有效回收利用和无害化处理是一个国家、地区和社会文明程度的标志，也是社会发展的必然要求和选择。近些年来，我国政府十分重视城乡垃圾分类及其回收利用和无害化处理，并首先在城市中实施，然后逐步扩展到整个城乡地区。2017 年 3 月，国务院办公厅转发了国家发改委、住建部《关于生活垃圾分类制度实施方案的通知》。2017 年 12 月，住建部印发了《关于加快推进部分重点城市生活垃圾分类工作的通知》。为响应中央的号召，2017 年 10 月，甘肃省人民政府办公厅转发《甘肃省城市生活垃圾分类制度实施方案》的通知。2019 年 11 月甘肃省人民政府办公厅印发了《甘肃省城市生活垃圾分类工作实施方案》，其中明确指出，甘肃省将推行生活垃圾源头减量机制，个人和单位分投垃圾行为将逐步纳入社会诚信体系。2019 年，甘肃省在 14 个地州市启动生活垃圾分类工作，并计划到 2025 年实现城市生活垃圾分类全覆盖。实施垃圾分类一是推行垃圾源头减量；二是严禁工业废弃物混入生活垃圾；三是坚持分类投放，各个单位及城市住宅小区需设置可以分类投放垃圾的容器，其他公共场合应合理设置垃圾分类投放容器；四是政府及社区应加大垃圾分类宣传力度和监督监管力度。在政府大力实施城市垃圾分类政策的背景下，如何有效地将这项工作开展下去，推动和加快垃圾分类的覆盖力度，提高政策的实施效能是当前亟须研究和解决的重要课题。为更好地了解甘肃省城市生活垃圾分类政策实施和居民满意度情况，本课题主要选取省会兰州市作为调查研究对象，因为我国实施垃圾分类政策首先是在城市展开，且兰州市 2017 年就被划定为全国 14 个强制垃圾分类城市，所以选择省会兰州市比较有代表性。在调查方法上，本课题主要采取问卷法，选取兰州市五区共六个社区进行调查，并向社区居民随机发放问卷 150 份，收到有效问卷 146 份。此外，还分别对兰州市四个街道居民委员会和三个社区物业管理处进行访谈调查，以便于对垃圾分类实施和宣传方面的情况进行深入了解。

一　甘肃省城市社区垃圾分类政策实施情况

　　2017 年 3 月，兰州市被划定为生活垃圾强制分类试点城市，以"减量化、资源化、无害化"为原则开展垃圾分类工作。2018 年，兰州市人民政府制定了《兰州市城市生活垃圾分类管理办法》，明确了垃圾分类标准、实施原则以及强制分类区域。在全市 35 个居民小区进行垃圾分类试点工作，同时配备各类垃圾分类收集容器 7000 个、生活垃圾专用运输车辆 900 多辆，建成 6 座垃圾转运站，升级改造了密闭化垃圾转运站 29 座。社区垃圾分类实施管理方面主要包括三个方面的内容，一是坚持政府推动和系统治理，居民全体参与和源头减量的原则。二是社区居委会负责垃圾分类的宣传指导工作，协助社区内的单位组织和居民个人参与垃圾分类工作。社区物业处应在小区内开展垃圾分类实施和宣传工作，指导居民对垃圾进行分类投放，物业管理处应要求保洁人员做好分类收集垃圾的工作。三是改扩建项目时，应建立垃圾房、转运站等卫生配套设施，已建成住宅小区应当健全垃圾分类收集运输设施，并设置可回收物、有害垃圾、易腐垃圾等收集容器。经过两年来的实施推广，目前兰州市城市社区垃圾分类工作主要取得了以下几方面的成绩。

（一）社区垃圾分类知识普及度提高，城市小区垃圾分类建设进展迅速

各区政府联合社区居民委员会加大垃圾分类的宣传，通过张贴宣传标语、分发宣传手册以及广播等形式加大垃圾分类宣传力度，提高居民生活垃圾分类知识的普及度。通过加大执法监督力度，强力推进垃圾分类片区全覆盖。截至 2020 年 6 月底，兰州市居民小区、党政机关单位、公共场所等生活垃圾分类设施配备率达到 100%，居民知晓率达到 95%，居民户数覆盖率达到 81.04%。城区生活垃圾无害化处理率达到 100%，回收利用率达到 33.2%。目前兰州市已配备 1200 余辆生活垃圾收运车，基本实现了城区所有已分类覆盖片区垃圾分类收运。①

---

① 《兰州市着力构建生活垃圾分类体系》，中国甘肃网，2020 年 10 月 12 日。

（二）利用网格化管理促进垃圾分类全覆盖

实行垃圾分类网格化管理是提高城市社区垃圾分类工作效能的重要途径，兰州市各社区街道按照社区网格化管理工作要求将网格员、志愿者或督导员等相关工作人员进行分组编配，参与到各个社区的垃圾分类与卫生巡查工作中，对小区内垃圾分类投放进行督导宣传，引导居民正确投放垃圾。如一些社区街道给楼院小区分类垃圾收集器配备1名督导员，指导居民正确分类投放垃圾。网格化管理还要求小区物业必须设立垃圾分类工作台账，认真记录每天每户投放情况。

（三）建立了生活垃圾分类监督机制

兰州市各城区社区街道委员会联合区环卫局、执法大队组成联合督查组，对辖区内小区及"三不管"住宅楼院进行垃圾分类专项检查。督查组主要通过检查小区垃圾定点投放处、分类垃圾容器、询问物业工作人员等检查垃圾分类推进情况。对垃圾分类设施设备配备不全、不按分类标准投放垃圾等问题，要求小区内物业管理部门及时整改，对督查过的小区楼院进行再次督查，对仍不达标和拒不履行的物业部门，将由城市行政执法队立案处罚。为推进生活垃圾分类和全域无垃圾工作，兰州市城管委还建立了垃圾分类工作"红黑榜"媒体监督曝光工作机制。对纳入红榜的机关、小区、公共场所所在地辖区政府，在考核评比中给予加分项；对于纳入黑榜拒不整改或整改不到位的，由辖区市容环境卫生行政主管部门对相关责任人及物业单位依据法规进行处罚。同时，在全域无垃圾和生活垃圾分类工作考核中给予扣分及通报处罚。

（四）推行社区垃圾分类声光报警电子督导系统，提高居民垃圾分类的便捷性

兰州市部分社区引入了垃圾分类声光报警电子系统，垃圾分类逐步进入智能化服务，有效提高了居民生活垃圾分类的便捷性。通过该智能系统，物

业小区、街道、社区三级构建了"垃圾分类+互联网+大数据"的社区垃圾分类新模式。通过整合城市社区管理数字化平台和小区物业监控平台，连接居民小区 AI 垃圾智能识别监控设备，建构城市社区垃圾分类电子督导系统，通过电子智能系统，实现了垃圾清运、数量设置以及统筹点位，转变了过去小区居民垃圾分类投放不准确、清运不及时、垃圾分类设施设置不合理等问题，节省了人力、物力。

（五）建立了生活垃圾分类积分兑换模式

从 2018 年起，为使居民养成垃圾分类习惯，提高居民垃圾分类的参与度、知晓度，兰州市积极探索推行垃圾分类积分奖励兑换模式。生活垃圾分类积分兑换模式由省妇联发起，具体做法是在社区每周的垃圾分类"兑换日"，居民可通过将家中积攒的可回收垃圾进行积分兑换，通过累计积分可以在指定超市中免费兑换相应物品。目前甘肃省妇联发起的生活垃圾分类积分项目已投入各类资金 1700 万元，完成 3438 家"超市"布点，1611 家建成运营。[1]

（六）政府通过购买第三方服务的方式推进垃圾分类收运工作

为推进垃圾分类工作的有效实施，自 2018 年以来，兰州市相关政府部门以每个小区 10 万元经费的标准，通过购买第三方服务的方式投入相应资金引进一批企业进行垃圾分类收运工作。2019 年，通过市场招标，企业与街道社区继续签订服务合同，持续推进兰州市垃圾分类工作。

二 甘肃省城市垃圾分类居民知晓率与满意度调查

（一）社区居民对垃圾分类知晓度的调查

在我国政府大力推行垃圾分类政策的背景下，通过政府和社区的大力宣

---

[1] 《垃圾分类"积分制"亮相兰州 居民兑换生活用品"尝鲜"》，中国新闻网，2019 年 8 月 7日。

传督导，许多城市小区在所在单位和物业部门的努力下进行了垃圾分类设施和设备升级改造，这对垃圾分类的推广覆盖奠定了物质设施基础，但是垃圾分类最终还是要靠居民自身的知识和素养，没有居民的配合，即使政府下很大的力气整治，也难以取得满意的效果。那么，对甘肃城市社区居民进行垃圾分类认知和理解的调查就十分必要，本课题对兰州市五区六个社区进行了问卷调查，发放的 150 份问卷中有效问卷为 146 份，其中 18 岁以下的 39 人，19~30 岁的 53 人，31~60 岁的 47 人，60 岁以上的 7 人。男性 60 人，女性 86 人。大专以下学历 62 人，大专、大学学历的 51 人，研究生以上学历的 33 人。对居民进行生活垃圾分类知晓度的调查，首先调查的是垃圾分类的习惯问题，图 1 显示了城市社区居民生活垃圾分类的习惯度，图 2 是社区居民是否能够正确分辨可回收垃圾和不可回收垃圾的调查结果。图 3 是社区居民生活区域垃圾投放形式的调查结果。

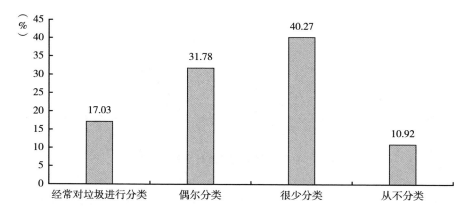

图 1　城市社区居民生活垃圾分类习惯调查

图 1 显示有多数被访者（40.27%）很少对生活垃圾进行分类，31.78%的被访者偶尔对生活垃圾进行分类，10.92%的被访者从来不对生活垃圾进行分类，经常对生活垃圾进行分类的只占 17.03%，这说明绝大多数居民没有生活垃圾分类的习惯。要培养社区居民垃圾分类的习惯，就要对生活垃圾分类知识进行大力宣传，使垃圾分类由知识转变为人人皆知的生活常识。图

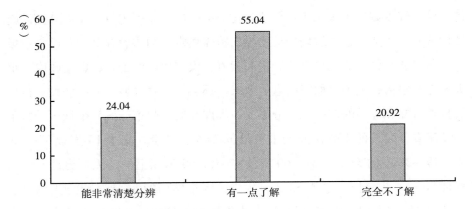

图2　社区居民是否能正确分辨可回收垃圾和不可回收垃圾

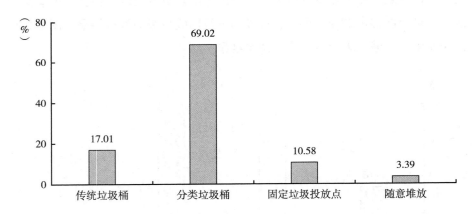

图3　社区居民生活区域垃圾投放形式

2是对城市社区居民是否能正确分辨可回收垃圾和不可回收垃圾的调查，结果显示出多数被访者（55.04%）只了解一点分辨可回收垃圾和不可回收垃圾的知识，20.92%的被访者完全不了解，只有24.04%的被访者能非常清楚地分辨可回收垃圾和不可回收垃圾，由此说明多数被访者还不能正确分辨可回收垃圾和不可回收垃圾，这对养成社区居民生活垃圾分类习惯产生了不利影响。图3是对社区居民生活区域垃圾投放形式的调查，结果显示有多数居民社区已经在小区内配备了分类垃圾桶（69.02%），有10.58%的小区只有固定的垃圾投放点，17.01%的小区还是传统垃圾桶，3.39%的小区还存在随意堆放垃圾的现象，说明城市垃圾分类政策已经在绝大多数居民小区落实，不能落实的小区多为"三无小区"（无物业、无主管部门、无人防物防的院落、楼栋）。

（二）影响社区居民不能有效进行生活垃圾分类的因素调查

城市小区居民是否能有效进行生活垃圾分类受到多重因素的影响，一方面，即使小区建有完善的垃圾分类设施，如果居民本身不了解如何对生活垃圾进行分类或没有垃圾分类的意识，那么社区垃圾分类的成效就会降低，增加垃圾收运工人的工作负担。另一方面，一些小区特别是"三无小区"没有能力配备生活垃圾分类设施，那么小区居民的生活垃圾也不能进行有效分类。图 4 是对影响小区居民能否有效进行垃圾分类的因素调查结果。图 5 主要调查分类垃圾桶上的分类信息是否对小区居民进行有效垃圾分类有帮助。图 6 主要调查小区居民是否接受过有关垃圾分类的宣传教育。

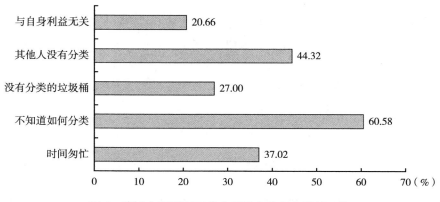

图 4　影响小区居民不能有效进行垃圾分类的因素

图 4 显示被访者中多数（60.58%）认为不能有效进行垃圾分类的因素是不知道如何进行分类，44.32% 的受访者认为其他人没有进行分类，自己也无须分类，37.02% 的受访者认为不能有效进行垃圾分类是因为时间匆忙，27% 的受访者认为是小区没有设置垃圾桶，20.66% 的受访者认为不能有效进行垃圾分类是因为和自身利益无关，由此说明影响小区居民不能有效进行

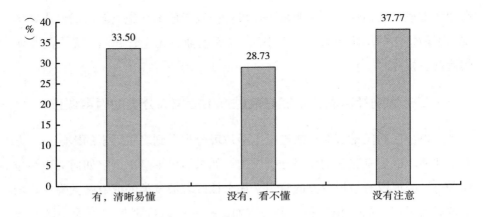

图5　垃圾桶上的分类信息是否对小区居民有帮助

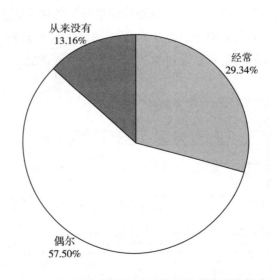

图6　小区居民是否接受过垃圾分类的宣传教育

生活垃圾分类的因素是多重的，既和自身欠缺垃圾分类常识有关，同时也受其他人没有进行垃圾分类、小区无设施等因素有关。在问到垃圾桶上的分类信息是否对自己有帮助时，图5显示有多数受访者（37.77%）选择"没有注意"选项，33.5%的受访者选择"有，清晰易懂"，28.73%的受访者选择"没有，看不懂"，这说明垃圾分类桶上的信息对多数小区居民帮助不大。以上说明居民生活垃圾分类参与率和准确投放率都很低。在问到是否接受过有关垃圾分类的宣传教育时，有多数（57.5%）的受访者认为只是偶尔有过，29.34%的受访者认为经常接受垃圾分类的宣传教育，13.16%的受访者认为从没有接受过相关教育，说明只有少数受访者经常接受有关垃圾分类的宣传教育。

（三）居民对生活垃圾分类实施效果满意度调查

垃圾分类的目的就是要打造环保、资源节约和可循环利用的社会。我国目前实施的垃圾分类政策既顺应全球环境保护的大势，同时也对有力推动我国经济社会的全面可持续发展、打造环境友好型社会起着重要作用。2018年兰州市政府办公厅出台了《兰州城市生活垃圾分类制度实施方案》三年工作计划，根据工作计划，2020年兰州市将全面建成生活垃圾分类投放、收集、运输及回收处理体系。城区各街道、所辖各县区政府所在地必须全面推进垃圾分类工作，各居民小区应配备相应的垃圾分类设施、建立生活垃圾分类台账、健全垃圾分类收运体系。生活垃圾分类片区内所有老旧院落、商场超市、市场、企事业单位等场所必须全部覆盖到位。根据上述工作方案和计划，2020年是城市生活区域垃圾分类实施验收达标年，居民对这项政策实施情况的满意度是本次调查的重点，图7是兰州市小区居民对政府实施垃圾分类政策的评价，图8是社区在实施垃圾分类过程中遇到的困难的问卷调查结果，图9是小区居民对实施垃圾分类政策效果的满意度调查结果。

图7显示有多数被访者（74.88%）认为社区应该实施垃圾分类政策，认为无所谓的有25.12%，没有人认为社区不应该实施垃圾分类政策，这说明多数居民认同垃圾分类政策。在问到社区在实施垃圾分类政策时遇到的困难时，图8显示有84.33%的被访者认为是居民环保意识淡薄造成的，有82.1%的被访者认为是居民欠缺垃圾分类知识造成的，有70.22%的被访者认为是政府宣传力度和激励机制不够，有63.96%的被访者认为是垃圾分类设施不够完善，47.8%的被访者认为垃圾分类是垃圾收运工人的事，与自己无关。以上说明，社区在推行实施垃圾分类的过程中遇到了各种各样的困

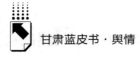

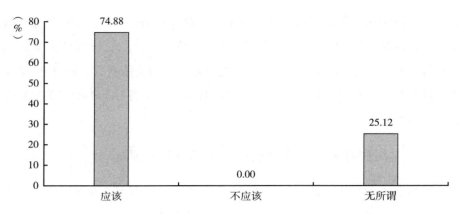

图7 政府是否应该推行实施垃圾分类政策

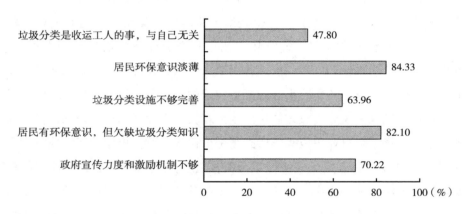

图8 社区实施垃圾分类过程中遇到的困难

难，既有居民自身素质的原因，又存在外部因素，如政府工作不到位，欠缺相关的激励机制，一些小区还存在设施不健全等。图9是居民对实施生活垃圾分类政策满意度的调查，结果显示有多数被访者（40.4%）对垃圾分类政策的实施效果持一般态度，有33.2%的被访者持满意态度，不太满意和不满意的各占15%和11.4%，可见有多数被访者对垃圾分类的实施效果持一般或不太满意的态度，由此说明当前城市社区垃圾分类政策还需进一步努力完善。

从以上可以看出，多数被访者对城市社区垃圾分类政策持肯定态度，但

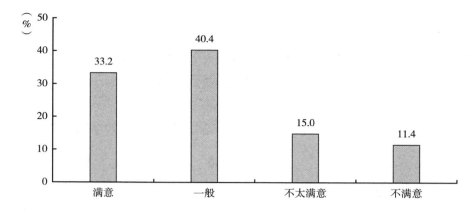

图9　居民对实施垃圾分类实施效果满意度调查

是生活垃圾分类在实施过程中存在各种各样的困难，比如居民环保意识不足，垃圾分类知识欠缺，这一方面是由于我国实施生活垃圾分类的时间较晚，另一方面是居民垃圾分类的意识和习惯还未养成。根据调查，居民垃圾分类的知晓度普遍较高，但真正能够准确进行垃圾分类的人群很少，能长时间坚持垃圾分类的人更少。居民垃圾分类参与率、投放准确率较低，导致在清运环节收集到的"分类垃圾"还是"混合垃圾"，制约了分类处理的运行效率。在调查过程中发现很少有居民在家中事先进行生活垃圾的源头分类，很多是将垃圾随手丢入垃圾桶中，并不关注垃圾桶上的分类信息。还有些居民认为多数人并未进行垃圾分类，分类垃圾桶的设置只是一个摆设。垃圾分类是长期习惯的养成，需要从小培养，而目前学校在这方面的教育和培养还十分欠缺。以上种种原因都导致居民垃圾分类意识的淡薄和行为习惯的欠缺。在这种情况下，即使政府强制推行城市社区垃圾分类政策，居民也不能从源头上准确进行垃圾分类处理，无法有效配合政策的实施，从而严重影响了这项政策的实施效果。另外，如果居民不能从源头上进行垃圾分类，那么在清运环节就仍然是混合垃圾，因为环卫企业也无法做到对垃圾进行准确分类和运输，这对后端垃圾回收利用和无害化处理产生了严重影响，致使垃圾分类这项政策在实施结果上不能产生令人满意的效果。总之，目前垃圾分类的主要矛盾表现为居民源头分类投放参与率低和准确性差。

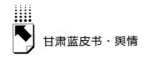

三　当前城市社区垃圾分类政策在
实施过程中存在的问题

（一）社区居民环保意识不够，垃圾分类习惯还未养成

垃圾分类既是卫生问题，又是资源问题。多数城市社区居民公共意识不强，认为环境保护和自己切身利益不大，生活垃圾分类是环卫工人的事。在社区里，随地吐痰，乱扔垃圾，对垃圾桶分类标识视而不见的现象随处可见。有些居民认为别人都不按垃圾分类的要求处理垃圾，自己也没有必要按规则办事。这些都说明当前城市社区居民的环保意识还比较薄弱。在生活垃圾分类问题上，许多居民抱着事不关己高高挂起的态度，没有积极主动参与到垃圾分类的实践行动中。虽然当前居民对政府大力推行垃圾分类政策持肯定态度，但参与率和投放准确率都很低。由于城市生活垃圾分类处理工作尚处于起步阶段，部分市民群众缺乏对生活垃圾分类工作的正确认识和良好习惯，存在"上热下冷"的现象，市民群众分类意识有待进一步提高，分类习惯的养成有待在宣传教育引导中逐步改变。

（二）分类设施不够完善，垃圾分类整体推进还不平衡

目前，绝大多数居民小区已经配备垃圾分类设施，但还存在相当一部分小区，特别是"三无小区"还没有建立完善的垃圾分类设施。居民生活垃圾分类需要政府、社区、单位、小区物业以及居民的合力配合，任何一方缺乏都无法有效推进垃圾分类的顺利实施。从生活垃圾分类推进整体情况来看，多数机关单位能够按照要求快速开展工作，有些小区还安装了声光报警电子智能垃圾分类系统，但也有部分居民小区工作滞后，垃圾分类整体推进还存在不平衡的现象。

（三）垃圾分类投入资金不足

垃圾分类从宣传普及、设施建设、人员配备等都需要政府大量资金投

入。兰州市在生活垃圾分类宣传推广方面主要是由街道社区来完成，但是街道社区工作繁杂，既缺乏充足的专项资金，也缺乏相应的专门人员来保障这项工作的开展。垃圾收运工作是由环卫部门通过购买第三方服务、市场招标等方式与企业合作完成的，但是企业研发技术、雇佣环卫作业工人、升级改造垃圾收运车辆、增设垃圾桶、垃圾收运站升级改造、后勤保障等都需要大量的资金投入，而目前的情况是资金缺口大，导致企业垃圾分类技术落后，增加了垃圾回收利用难度。同时，前期居民垃圾分类的不准确性，导致"先分后混"，直接增加了企业垃圾分拣成本。从小区垃圾分类建设方面看，兰州市大多数小区都通过所在单位或物业公司完成了垃圾分类设施配备工作，建立了工作台账，但也存在一些"三无小区"由于物业管理混乱，垃圾分类工作还较为滞后，对于这些居民小区的垃圾分类还需要政府的资金投入。

（四）政府的宣传效果不明显

当前，对垃圾分类的宣传教育还不到位，许多居民对垃圾分类的重要性认识不足，缺乏相应的垃圾分类知识。兰州市在生活垃圾分类宣传方面主要是采取张贴标语、广播宣传、分发垃圾分类知识手册等方式，但这种宣传方式比较单一，不容易收到实际效果。有些居民认为对家中垃圾进行分类耽误时间，不愿意主动学习相关知识，也不愿意改变长期以来养成的习惯。有些居民虽然有垃圾分类意识，但由于缺乏专门知识，仍不能按分类标识处理垃圾。许多小区虽然设置了垃圾分类设备，但大多时候只是摆设和形式，垃圾混装的现象十分普遍。

（五）居民垃圾分类的激励机制推进慢

要养成居民生活垃圾分类的习惯，除了大力宣传教育外，还应建立一整套激励机制。虽然部分居民小区建立了垃圾分类积分兑换体系，但推广范围太小，推广速度过慢，这不利于城市社区垃圾分类的有效推进。

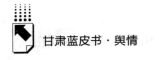

（六）垃圾分类法制法规不健全，监管不到位

目前，我国涉及垃圾分类问题的专门法律法规文件还不太健全，原则模糊笼统，缺乏可操作性。一些居民小区在推广实施垃圾分类上，落实不到位的现象普遍存在，同时，也没有建立相应的监督和管理机制。当前，在垃圾分类实施上，政府扮演着制定政策、推广宣传的角色，社区是宣传助推这项政策的主力，真正落实政策的是单位和物业，居民是垃圾分类的最终践行者。垃圾分类在实施过程中，之所以存在不到位的问题，主要是在落实和践行方面。就目前的情况看，有些居民小区由于缺乏主管单位、缺乏物业管理，垃圾分类的硬件设施无法配备，在这种情况下政府的职能如果缺位，就无法顺利推进垃圾分类政策。因此，政府应积极构建垃圾分类处理的顶层设计，结合国情民情，吸取国内外垃圾分类的成功经验和教训，有针对性地完善垃圾分类的法治法规建设、文化宣传建设、制度机制建设以及设施设备建设。

（七）符合资质的垃圾分类收运企业较少

垃圾分类需要先进的分类处理技术，而目前兰州市符合资质的企业较少。企业以利益为驱动，在垃圾收运处理过程中由于缺乏相应的技术和研发能力，末端垃圾分类处理不能达到预期的效果。垃圾分类要求企业技术含量高，但是产业周期长、投资大、回报率低，这些都极大地降低了企业参与垃圾分类的积极性。2018 年参与兰州市垃圾分类的企业有 7 家，由于不符合规范和要求，到 2019 年只剩下 3 家。

四　进一步推进实施甘肃城市社区垃圾分类的对策建议

（一）提升居民的垃圾分类意识

（1）加大垃圾分类的宣传。充分借助广播、电视、电影、标语、广告、网络、通信、公共空间等线上线下平台，通过有奖问答、知识竞赛、明星代言、环保公益演出等方式加强环保宣传，这对提高居民的环保意识是非常有用的。当前，我国城乡居民文化素质水平有了普遍的提高，但道德素质还存在参差不齐的现象，特别是环保意识普遍薄弱。在垃圾分类宣传教育过程中，要将垃圾分类的意义与理念融入居民日常生活中，让居民认识到垃圾分类与自身生活息息相关，逐渐提高居民对垃圾分类的认知度。提高居民的环保意识是一个长期的过程，社区居委会可以经常举办一些相关讲座、有奖知识问答，提高居民对垃圾分类知识的学习兴趣。还可以通过印发宣传手册、打造网络宣传标语和公益广告等方式，将垃圾分类的知识和重要性融入居民日常生活中。

（2）充分重视对青少年环保意识的培养。环境保护意识的提高应从学校教育抓起，提高青少年的环保意识对提高整个社会的环保意识意义重大。学校应高度重视包括垃圾分类知识在内的环保教育，将其纳入正规教学科目中，并建立一整套完整而系统的教学体系。

（3）从实践着手，提高居民的垃圾分类认知度。在环保宣传与教育过程中，要从实践着手，通过列举事实来引发居民对垃圾分类问题的思考。同时，要结合相关政策和法律法规来进行宣传，使居民认识到垃圾分类的重要性。还可以结合一些节日，如植树节、世界环境日、世界无烟日等来加强宣传教育，努力提高居民对垃圾分类的知晓率和参与率，努力提高市民垃圾分类意识，培养分类投放习惯，促进源头减量。

（4）广泛发动群众，加强共治共享。可以依托街道社区、党组织和网格化管理平台，充分发动社区党员干部、群众骨干等工作力量，全面推行"社区 + 物业 + 志愿者"宣传引导方式，切实增强市民群众垃圾分类工作的紧迫感和自觉性，进一步提升居民垃圾分类认知度，营造"垃圾分类、人人参与"的良好社会氛围。

（二）进一步完善政府职能和监管力度

（1）加大城市社区垃圾分类专项投入，加强"三无小区"垃圾分类治理力度。加大城市垃圾分类专项资金支持，用于街道社区专项工作、居民垃圾分类积分奖励、企业扶持以及"三无小区"整改。针对缺乏资金配备垃圾分类设施的"三无小区"，政府应对社区加大专项投入，首先由社区对辖区内"三无小区"进行归类统计，然后再对其进行设备投入。由社区建立"三无小区"工作台账，由专人负责，定时定点负责"三无小区"的垃圾收运。同时对具备条件的"三无小区"进行物业管理组建，由物业处负责小区环境卫生、垃圾分类收运以及基建维护等，"三无小区"的初始改造升级费用由政府出资投入。

（2）实行示范引领，加快推广复制。在城市社区垃圾分类实施过程中，借助电子智能垃圾分类系统，可以建成一批可示范和推广的示范点。社区应加强与主管部门联动配合，凝聚工作合力，深入推进省、市、区机关单位及公共机构生活垃圾分类示范点建设，推进垃圾分类示范片区建设，形成可复制的样板。适时组织部门、乡镇街办、社区、居民小区等实地参观学习，积极推进城市小区及公共机构生活垃圾分类全覆盖。

（3）加强督查考评，推进工作落实。各级政府应按照"责任清单＋任务清单＋进度表"工作机制，制定城市社区生活垃圾分类工作考核办法，进一步健全完善管理运行机制，督促街办、社区严格落实属地管理和网格化管理职责，加强上门督促检查指导力度。督促重点行业主管部门落实行业主管责任，切实做好本部门、本行业的垃圾分类宣传引导、教育培训、设施配备、监督纠错、协助收运、台账记录等工作，确保生活垃圾分类各项任务落到实处，取得实效。

（4）按以点带面的工作思路，推进城区垃圾分类均衡化开展。党政机关等公共机构应带头示范引领，复制推广垃圾分类示范小区模式，有序均衡推进城区生活垃圾分类工作开展。党政机关等公共机构，教育、医疗等重点行业应按管理职责，由相应责任部门和行业主管部门具体负责督促落实。对工作开展中遇到的难点问题，由社区生活垃圾分类办公室负责统一督查指导跟进。创新"政府＋物业服务企业"的管理模式，充分发挥物业管理服务作用。对物业管理规范的居民小区实行"六定一督"（定时、定点、定量、定设、定质、定管及督导），对管理责任人缺失的小区，按照属地管理原则，实行"三定一督"管理模式（定时、定点、定人及督导），确保垃圾分类工作取得实效，示范片区建设工作快速推进，城市社区垃圾分类能够均衡开展。

（5）完善和推进垃圾分类激励机制。我国垃圾分类政策实施起步较晚，居民还缺乏这方面的意识，因此建立一定的激励机制是十分必要的。例如可以实行居民垃圾分类积分制，通过积分可以兑换各种生活用品。社区或志愿者可以定时在居民小区设置生活垃圾分类服务站。居民通过下载手机 App，扫描相应的二维码，对于正确投放的每件垃圾分别给予不同的积分，当达到一定的积分后可以在服务站兑换相应生活物品。社区可以和商家签订协议，由商家向小区服务站供货，区级政府每年可向社区划拨一定的资金用于生活垃圾分类积分奖励。围绕居民小区垃圾分类服务站，可形成居民、社区（志愿者）、政府、商家、手机平台方等合作共赢的局面。另外，也可以参照国外的模式，在超市门口设置饮料瓶、塑料桶等可回收垃圾投放处，通过投放件数和不同类型的物品获取相应的超市购物券。通过建立生活垃圾分类激励机制，可以逐步培养居民垃圾分类的习惯，从而提高居民的环保意识。

（6）完善垃圾分类的法律法规建设。垃圾分类的目的是提高垃圾的资源和经济价值，营造资源可持续发展的社会，同时也可以有效促进城市环境卫生整治。因此，应尽快完善城市生活垃圾管理条例，加快城市社区垃圾分类的全覆盖，对于违反规定，不按垃圾分类制度处置垃圾的单位、社会团体、组织、小区物业等责令改正，逾期不改的处以罚款。对于"三无小区"应明确实施垃圾分类的责任主体，明确社区垃圾分类的监管单位，明确各级政府以及社区的职责。明确生活垃圾收容器和设施设置的责任人，如新建住宅区由开发建设单位负责，已建成的商品住宅区应由业主或者业主委托的物业管理处负责，单位小区由产生单位负责，其他公共区域由市、区、县环卫管理部门负责。另外，还应对生活垃圾收运工作制定细则，如各级环卫部门应根据实际情况，合理划定生活垃圾收运服务区域，并以招标方式确定每个服务区域内的收运单位。各级环卫部门应与中标单位签订收运作业服务合同，包括工作内容和标准的服务协议，并向收运单位颁发资质证书。总之，

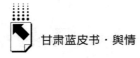

只有进一步完善垃圾分类的法律法规，制定更为细化的制度，才能有效推进城市垃圾分类工作的开展。

（7）推进垃圾分类的市场化运作。政府应通过公开招标方式，引进符合资质的企业参与到兰州市垃圾分类收运和处理过程中。通过为企业搭建融资平台以及税收减免和优惠鼓励企业自主研发，并参与到城市垃圾分类基础设施建设中，提高垃圾分类收运末端处理技术。此外，政府还应对企业服务能力和服务水平进行考核，对优质企业进行财政奖励，引导企业主动提升服务质量，推进企业参与市场化运作水平。

参考文献

彭亮、李黎：《长沙生活垃圾分类协同治理研究》，《产业创新研究》2020 年第18 期。

王天戈：《生活垃圾分类应该简单化》，《人民政协报》2020 年 9 月 17 日。

程鹏立等：《社会工作介入社区居民垃圾分类意识提升研究》，《重庆科技学院学报》（社会科学版）2020 年第 5 期。

社会科学文献出版社

皮 书

智库报告的主要形式
同一主题智库报告的聚合

✤ 皮书定义 ✤

皮书是对中国与世界发展状况和热点问题进行年度监测，以专业的角度、专家的视野和实证研究方法，针对某一领域或区域现状与发展态势展开分析和预测，具备前沿性、原创性、实证性、连续性、时效性等特点的公开出版物，由一系列权威研究报告组成。

✤ 皮书作者 ✤

皮书系列报告作者以国内外一流研究机构、知名高校等重点智库的研究人员为主，多为相关领域一流专家学者，他们的观点代表了当下学界对中国与世界的现实和未来最高水平的解读与分析。截至2021年，皮书研创机构有近千家，报告作者累计超过7万人。

✤ 皮书荣誉 ✤

皮书系列已成为社会科学文献出版社的著名图书品牌和中国社会科学院的知名学术品牌。2016年皮书系列正式列入"十三五"国家重点出版规划项目；2013~2021年，重点皮书列入中国社会科学院承担的国家哲学社会科学创新工程项目。

中国皮书网

（网址：www.pishu.cn）

发布皮书研创资讯，传播皮书精彩内容
引领皮书出版潮流，打造皮书服务平台

栏目设置

◆ 关于皮书

何谓皮书、皮书分类、皮书大事记、
皮书荣誉、皮书出版第一人、皮书编辑部

◆ 最新资讯

通知公告、新闻动态、媒体聚焦、
网站专题、视频直播、下载专区

◆ 皮书研创

皮书规范、皮书选题、皮书出版、
皮书研究、研创团队

◆ 皮书评奖评价

指标体系、皮书评价、皮书评奖

◆ 皮书研究院理事会

理事会章程、理事单位、个人理事、高级
研究员、理事会秘书处、入会指南

◆ 互动专区

皮书说、社科数托邦、皮书微博、留言板

所获荣誉

◆ 2008 年、2011 年、2014 年，中国皮书
网均在全国新闻出版业网站荣誉评选中
获得"最具商业价值网站"称号；
◆ 2012 年，获得"出版业网站百强"称号。

网库合一

2014年，中国皮书网与皮书数据库端口
合一，实现资源共享。

中国皮书网

权威报告 · 一手数据 · 特色资源

皮书数据库
ANNUAL REPORT(YEARBOOK)
DATABASE

分析解读当下中国发展变迁的高端智库平台

所获荣誉

- 2019年，入围国家新闻出版署数字出版精品遴选推荐计划项目
- 2016年，入选"'十三五'国家重点电子出版物出版规划骨干工程"
- 2015年，荣获"搜索中国正能量 点赞2015""创新中国科技创新奖"
- 2013年，荣获"中国出版政府奖·网络出版物奖"提名奖
- 连续多年荣获中国数字出版博览会"数字出版·优秀品牌"奖

成为会员

通过网址www.pishu.com.cn访问皮书数据库网站或下载皮书数据库APP，进行手机号码验证或邮箱验证即可成为皮书数据库会员。

会员福利

- 已注册用户购书后可免费获赠100元皮书数据库充值卡。刮开充值卡涂层获取充值密码，登录并进入"会员中心"—"在线充值"—"充值卡充值"，充值成功即可购买和查看数据库内容。
- 会员福利最终解释权归社会科学文献出版社所有。

数据库服务热线：400-008-6695
数据库服务QQ：2475522410
数据库服务邮箱：database@ssap.cn
图书销售热线：010-59367070/7028
图书服务QQ：1265056568
图书服务邮箱：duzhe@ssap.cn

社会科学文献出版社 皮书系列
SOCIAL SCIENCES ACADEMIC PRESS (CHINA)
卡号：969319376215
密码：

S 基本子库
SUB DATABASE

中国社会发展数据库（下设 12 个子库）

整合国内外中国社会发展研究成果，汇聚独家统计数据、深度分析报告，涉及社会、人口、政治、教育、法律等 12 个领域，为了解中国社会发展动态、跟踪社会核心热点、分析社会发展趋势提供一站式资源搜索和数据服务。

中国经济发展数据库（下设 12 个子库）

围绕国内外中国经济发展主题研究报告、学术资讯、基础数据等资料构建，内容涵盖宏观经济、农业经济、工业经济、产业经济等 12 个重点经济领域，为实时掌控经济运行态势、把握经济发展规律、洞察经济形势、进行经济决策提供参考和依据。

中国行业发展数据库（下设 17 个子库）

以中国国民经济行业分类为依据，覆盖金融业、旅游、医疗卫生、交通运输、能源矿产等 100 多个行业，跟踪分析国民经济相关行业市场运行状况和政策导向，汇集行业发展前沿资讯，为投资、从业及各种经济决策提供理论基础和实践指导。

中国区域发展数据库（下设 6 个子库）

对中国特定区域内的经济、社会、文化等领域现状与发展情况进行深度分析和预测，研究层级至县及县以下行政区，涉及省份、区域经济体、城市、农村等不同维度，为地方经济社会宏观态势研究、发展经验研究、案例分析提供数据服务。

中国文化传媒数据库（下设 18 个子库）

汇聚文化传媒领域专家观点、热点资讯，梳理国内外中国文化发展相关学术研究成果、一手统计数据，涵盖文化产业、新闻传播、电影娱乐、文学艺术、群众文化等 18 个重点研究领域。为文化传媒研究提供相关数据、研究报告和综合分析服务。

世界经济与国际关系数据库（下设 6 个子库）

立足"皮书系列"世界经济、国际关系相关学术资源，整合世界经济、国际政治、世界文化与科技、全球性问题、国际组织与国际法、区域研究 6 大领域研究成果，为世界经济与国际关系研究提供全方位数据分析，为决策和形势研判提供参考。

法律声明

"皮书系列"（含蓝皮书、绿皮书、黄皮书）之品牌由社会科学文献出版社最早使用并持续至今，现已被中国图书市场所熟知。"皮书系列"的相关商标已在中华人民共和国国家工商行政管理总局商标局注册，如 LOGO（▨）、皮书、Pishu、经济蓝皮书、社会蓝皮书等。"皮书系列"图书的注册商标专用权及封面设计、版式设计的著作权均为社会科学文献出版社所有。未经社会科学文献出版社书面授权许可，任何使用与"皮书系列"图书注册商标、封面设计、版式设计相同或者近似的文字、图形或其组合的行为均系侵权行为。

经作者授权，本书的专有出版权及信息网络传播权等为社会科学文献出版社享有。未经社会科学文献出版社书面授权许可，任何就本书内容的复制、发行或以数字形式进行网络传播的行为均系侵权行为。

社会科学文献出版社将通过法律途径追究上述侵权行为的法律责任，维护自身合法权益。

欢迎社会各界人士对侵犯社会科学文献出版社上述权利的侵权行为进行举报。电话：010-59367121，电子邮箱：fawubu@ssap.cn。

社会科学文献出版社